再苦也要笑一笑

Laugh at the pain

修炼自我/启迪智慧人生

思　履◎主编

煤炭工业出版社

·北　京·

图书在版编目（CIP）数据

再苦也要笑一笑／思履主编．--北京：煤炭工业出版社，2019

ISBN 978-7-5020-7292-6

Ⅰ.①再…　Ⅱ.①思…　Ⅲ.①人生哲学—通俗读物
Ⅳ.①B821-49

中国版本图书馆CIP数据核字（2019）第042866号

再苦也要笑一笑

主　　编　思　履
责任编辑　马明仁
封面设计　刘明彬

出版发行　煤炭工业出版社（北京市朝阳区芍药居35号　100029）
电　　话　010-84657898（总编室）　010-84657880（读者服务部）
网　　址　www. cciph. com. cn
印　　刷　三河市天润建兴印务有限公司
经　　销　全国新华书店

开　　本　710mm×1000mm 1/16　**印张**　18　**字数**　280千字
版　　次　2019年7月第1版　2019年7月第1次印刷
社内编号　20180767　　　　**定价**　49.80元

前　言

山有巅峰，也有低谷；水有深渊，也有浅滩。人生之路也一样，总是充满坎坷与挫折，时而波峰，时而谷底。英国作家萨克雷说："生活就像一面镜子，你对它笑，它就对你笑；你对它哭，它也对你哭。"因此，当挫折、不幸或厄运降临的时候，请记住，再苦也要笑一笑。

困境是人生的财富，只有超越困境，才能获得幸福与成功。人是哭着而不是笑着来到这个世界上的，这或许就注定了在人的一生当中，苦难永远多于快乐。人的一生，就是不断地与痛苦抗争的过程。挫折与不幸是人生的伴侣，但又是人生的一笔财富，它能使人清醒，催人奋进。挫折是可怕的，但却是成长路上不可缺少的基石，实际上，每个困境与障碍都会成为一个超越自我的契机。困境，是成功者的阶梯，失败者的地狱。莎士比亚说："成功的秘诀就在于懂得怎样控制痛苦与快乐这两股力量，而不为它们所反制。"面对挫折与不幸，悲观的人看到的是危机，乐观的人看到的是转机。

笑对人生，是最正确的人生态度。拿破仑得到了世界上绝大多数人渴望拥有的荣誉、权力和金钱，辉煌一时，但他却说："我这一生从来没有过一天幸福的日子。"海伦·凯勒失聪又失明，可她却说："生活多么美好。"人生的快乐与否，完全取决于个人对人、事、物的看法如何。任何的痛苦与快乐都由自己决定，幸福与否全在于你的心态。一位哲人说过："一个健全的心态，比一百种智慧更有力量。"一个人，即使一无所有，只要有希望，他就可能拥有一切；而一个人即使拥有一切，却没有希望，那就可能丧失他已经拥有的一切。可以说，一个人有什么样的心态，就会有什么样的人生。积极的心态能帮助我们获取健康、幸福和财富，而消极的心态则会使我们一无所有。笑对人生是一种境界，更是一种应对暴风雨的法宝。态度，决定了人一生的高度。

笑对人生，改变命运就在一念之间。生命的意义，不在于我们走了多少崎岖的路，而在于我们感悟到了多少哲理。“上帝并没有创造一个标准的人。世上的每个人都如同被上帝咬过一口的苹果，他们都是有缺陷的。有的人缺陷大些，那是因为上帝特别喜欢他的芬芳。”每一个人都要遇到挫折，挫折是成功的必经之路，挫折让强者更强，弱者更弱。一个人如果积极进取，喜欢挑战，自信乐观，那他就成功了一半。法国启蒙思想家卢梭说过：“在我一生中的苦难日子里，我却始终满怀温馨、感人、甜美的情感，这些情感为我悲痛的心灵的创伤抹上香膏，仿佛将痛苦化为快感。”笑对人生，才能于人生的旅途中不断发现生机盎然的绿色，于绝境中看到希望，找到向上攀登的阶梯，而不会在途中搁浅。是前进还是后退，是奋进还是屈服，有时就在一念之间。

追求快乐是每个人的天性，但经历苦难也是人生的必然。笑对人生，是一种超然的心态，更是一种凌驾于命运之上的气度。任大雨滂沱、道路崎岖，我自勇往直前；笑对人生，是一种勇气，更是一种淡泊。保持一颗平静、平常之心，“宠辱不惊，看庭前花开花落；去留无意，望天空云卷云舒。”这本《再苦也要笑一笑》从“学会接受”、“学会应对”、“学会解脱”、“学会调节”、“学会行动”几个方面阐述了如何面对并走出人生的困境；如何在苦难中成长，学会应对人生旅途中不断出现的挫折；如何在逆境中奋起，战胜痛苦与不幸，找到快乐的方法；如何学会享受生命，珍惜你所拥有的一切。阅读本书，将使你在辛勤耕耘之时、在遭遇磨难之际、在厄运降临之后，能够微笑着面对生活，不抱怨生活中有太多的曲折、不公和磨难，感谢折磨你的人，感谢折磨你的事。当你走过世间的繁华，阅尽世事，你就会幡然明白：人生总会有不圆满，再苦也要笑一笑。

目 录

第一章 学会接受
——人生的苦难永远多于快乐

第二章 学会应对
——跌倒了就再爬起来

第四章 学会调节
——快乐是最重要的

第五章 学会行动
——做一个实干家

第一章

学会接受

——人生的苦难永远多于快乐

人只要生活在这个世界上，就会有很多烦恼。但是，痛苦和快乐取决于你的内心。再重的担子，笑着也是挑，哭着也是挑。再不顺的生活，微笑着撑过去了，就是胜利。多笑一笑，你的人生会更美好。

第一节 苦难是人生必须经历的一课

苦难是人生必须经历的一课

人生的痛苦永远多于快乐。一个人的降生就意味着痛苦的开始，而一个人生命的结束，则是痛苦的终结。人的一生，就是不断地与痛苦抗争的过程。人生的意义，就在于从与痛苦的抗争中寻找少许的欢乐。

现在，很多人活得很累，过得也不快乐。其实，人只要生活在这个世界上，就有很多烦恼。痛苦或是快乐，取决于你的内心。人不是战胜痛苦的强者，便是屈服于痛苦的弱者。再重的担子，笑着也是挑，哭着也是挑。再不顺的生活，微笑着撑过去了，就是胜利。

彩蝶在由蛹变成幼虫时，翅膀萎缩，十分柔软；在破茧而出时，必须要经过一番痛苦的挣扎，身体中的体液才能流到翅膀上去，翅膀才能坚韧有力，才能支持它在空中飞翔。

因为经历痛苦，成功才那么美丽动人；因为历经灾患，所以欢乐才那么令人喜悦；因为饱尝饥饿，佳肴才让人觉得那么甜美。因为有痛苦的存在，才能激发我们的力量，使我们的意志更加坚强。

瓜熟才能蒂落，水到才能渠成。和彩蝶一样，人的成长必须经历痛苦挣扎，直到双翅强壮后，才可以振翅高飞。

人生若没有苦难，我们会骄傲；没有挫折，成功不再有喜悦，更得不到成就感；没有沧桑，我们不会有同情心。因此，不要幻想生活总是那么圆满，生活的四季不可能只有春天。每个人的一生都注定要跋涉沟沟坎坎，品尝苦涩与无奈，经历挫折和失意。痛苦，是人生必须经历的一课。

因此，在漫长的人生旅途中，苦难并不可怕，受挫折也无须忧伤。只要心中的信念没有萎缩，你的人生旅途就不会中断。艰难险阻是人生对你的另一种形式的馈赠，坑坑洼洼也是对你意志的磨炼和考验——大海如果缺少了汹涌的巨浪，就会失去其雄浑；沙漠如果缺少了狂舞的飞沙，就会失去其壮观。生活如果都是两点一线般地顺利，就会如白开水一样平淡无味。只有酸甜苦辣咸五味俱全才是生活的全部，只有悲喜哀痛七情六欲全部经历才算是完整的人生……

所以，你要从现在开始，微笑着面对生活，不要抱怨生活给了你太多的磨难，不要抱怨生活中有太多的曲折，更不要抱怨生活中存在的不公。当你走过世间的繁华与喧嚣，阅尽世事，你会明白：痛苦，是人生必须经历的过程！

天才往往来自苦难

身处逆境，历经磨难，才能创造奇迹，功成名就。伟人如此，天才也不例外。

在同一佛山上，有两块相同的石头，几年后有着截然不同的结局。一块石头受到很多人的敬仰和膜拜，而另一块石头没人理睬。

这块石头极不平衡地说道："老兄呀，我们是同样的石头，为什么命运差距这么大啊？"

另一块石头回答："你还记得吗？几年前，山里来了一个雕刻家，你害怕割在身上一刀刀的痛，吃不了那苦，而我却忍受着一刀刀的痛，终于我变成了佛像，所以人家膜拜我而不理睬你啊！"

"自古英雄多磨难，从来纨绔少伟男"，身处逆境，历经磨难，才能创造奇迹。伟人如此，天才也不例外。

有一个人，一生落魄，孤独而又自卑地生活在自己构建的王国里，得不到别人的任何承认。

28岁的时候，他爱上表姐，一个刚刚守寡的孕妇。为了表达自己对她的爱意，他把自己的手掌伸进熊熊的炉火中，以致严重受伤，差点儿残废。

可那位表姐不理解他这种独特的表达爱意的方式，拒绝了他。为此，他差点儿走上绝路。

有一次他跟着朋友出去玩，因为没有5法郎，被拒之门外。一个叫拉舍尔的女人对他说："你没有钱，为什么不把耳朵割下来代替呢？"

他回到家，取刀真的把耳朵割了下来，用布包好送到拉舍尔的面前。小镇上的居民都以为他是疯子，甚至要求市政府把他关进疯人院。

他喜欢作画，而且是个天才的画家。但是，没有一个人能读看他的画，没有人知道画的价值。他的画只能在兄弟的小画廊里寄售，几年来，没有售出一幅画。那位管理小画廊的兄弟差点儿被老板炒了鱿鱼。

他一生大概只售出过一幅画，题目叫作《红色的葡萄园》，价值是4英镑。这幅画是他的兄弟和朋友为了帮助他而买下的。

他最大的愿望是能找一家咖啡馆展出自己的作品，可是，到死也没有一家咖啡馆愿意展出他的画。

在绝望中，他朝自己腹部开了一枪，却不足以致命。他对赶来的医生说："看来，这次我又没干好。"

最后，他死在绝望和旷世孤独中，他的安葬仪式也极其简单。

他就是凡·高，伟大的画家，他的成就无人能及。他的画每一幅都价值连城，他的出生地荷兰和安息地法国都争相把他当做自己的国民，他的画在巴黎、伦敦、荷兰的博物馆都有收藏，并且被放在最显著的位置。

为什么上苍如此亏待他？造就了他的天才，却没有造就出欣赏他的人。是不是一个天才的产生需要搭配相应的苦难，天才至极致，苦难也至极致，上帝在冥冥之中的那双手，难道早已计算好了，尽在他的掌握中？

在《我们的地球》这部大型纪录片中，有一段镜头是蓑羽鹤飞越喜马拉雅山。为了生存和繁殖，蓑羽鹤必须翻越这座世界上最高的山脉到达它在印度的越冬地。它们除了必须克服高海拔的艰险外还得面对金雕的袭击。在生命的禁区，看到这样的情形，就像看到人类攀登喜马拉雅山一样，顽强的生命力在蓑羽鹤身上体现得更加淋漓尽致。

超越极大的苦难越过珠穆朗玛峰，蓑羽鹤才能到达越冬地进行繁殖，开始新的生活。这进一步印证了一个道理：只有经过苦难的洗礼，世界万物才能获得新生。人何尝不是如此呢？

不冒险怎能成功

其实人世间好多事情，只要敢做，多少会有收获。尤其是在困境中，如果能拿出视死如归的勇气，必能化险为夷，任何困难都将迎刃而解。

在非洲的塞伦盖蒂大草原上，每年夏天，上百万只角马从干旱的塞伦盖蒂北上迁移到马赛马拉的湿地，这群角马正是大迁移的一部分成员。

在艰辛的长途跋涉中，格鲁美地河是唯一的水源。这条河与迁移路线相交，对角马群来说既是生命的希望，又是死亡的象征。因为角马必须靠喝河水维持生命，但是河水还滋养着其他生命，例如灌木、大树和两岸的青草，而灌木丛还是猛兽藏身的理想场所。冒着炎炎烈日，口渴的角马群终于来到了河边，狮子突然从河边冲出，将角马扑倒在地。角马群扬起遮天的尘土，挡住了离狮子最近的那些角马的视线，一场厮杀在所难免。

在河流缓慢的地方，许多鳄鱼藏在水下，静等角马到来。有时湍急的河水本身就是一种危险。

这天，角马们来到一处适于饮水的河边，它们似乎对这些可怕的危险了如指掌。领头的角马慢慢地走向河岸，每头角马都犹犹豫豫地走几步，嗅一嗅，叫一声，不约而同地又退回来，进进退退像跳舞一般。身后的角马群闻到了水的气息，一齐向前挤来。角马群已经有很长时间没饮过水，你甚至能感觉到它们的绝望，然而舞蹈仍然继续着。

终于有一只小角马“脱群而出”，开始饮水。为什么它敢于走入水中，是年幼无知，还是渴得受不了？那些大角马仍然惊恐地止步不前。不久，角马群将一头角马挤到了深水处，它恐慌起来，进而引发了角马群的一阵骚乱。然后它们迅速地从河中退出，回到迁移的路上。只有那些勇敢地站在最前面的角马才喝到了水，大部分角马或是由于害怕，或是无法挤出重围，只得继续忍受干渴。每天两次，角马群来到河边，一遍又一遍地重复着这仪式。

生活中的你是否也像角马一样？是什么让你藏在人群之中，忍受着对成功之水的渴望？是对未知的恐惧，害怕潜藏的危险，还是你安于平庸的生活，放弃了追求？大多数人只肯远远地看着别人成功，自己却忍受干渴的煎熬。不要让恐惧阻挡你的前进，不要等待别人推动你前进。只有勇于冒险的人才可能成功。要知道，成就和风险是成正比的。世界上很少有报酬丰厚却不要承担任何责任的便宜事。怕担风险，只会让自己和成功无缘。

苹果电脑公司是闻名世界的企业。大家只知乔布斯是苹果电脑创办人，其实30年前，他是与两位朋友一起创业的，其中一名叫惠恩的搭档，人称美国最没眼光的合伙人。

惠恩和乔布斯是街坊，大家都爱玩电脑，两人与另一朋友合作，制造微型电脑出售。这是又赚钱又好玩的生意，三个人十分投入，并且成功制造出“苹果一号”电脑。在筹备过程中，用了很多钱。这三位青年来自中下阶层家庭，根本没有什么资本可言，大家四处借贷，请求朋友帮忙，惠恩只筹得 1/10 的资本。不过，乔布斯没有怨言，仍成立了苹果电脑公司，惠恩也成为小股东，拥有 1/10 的股份。

“苹果一号”以 660 美元出售，原本以为只能卖出一二十台，岂料大受市场欢迎，总共售出 150 台，收入近 10 万美元，扣除成本及债项，赚了 4.8 万美元，惠恩只分得 4800 美元，但当时已是一笔丰厚的回报。不过，惠恩没有收到这笔红利，只是象征性地拿了 500 美元作为工资，甚至连那 1/10 的股份也不要，急于退出苹果电脑。

苹果电脑后来发展成超级企业，如果惠恩当年就算什么也不做，单单继续持有那 1/10 股权，今时今日，应该有大概十亿美元的身价。事实上，乔布斯的另一位搭档，也是凭股份成为亿万富翁的。

为什么惠恩当年愿意放弃一切？原来他很怕乔布斯，因为对方太有野心了。后来他向传媒说：“为什么我要马上离开苹果公司，要回 500 美元就算了？因为我怕乔布斯太过激进，日后可能会令公司负上巨额债项，那时我也要替公司负上 1/10 的责任！”转念间，惠恩终生与财富绝缘。

其实人世间好多事情，只要敢做，多少会有收获。尤其是在困境中，如果能拿出视死如归的勇气，必能化险为夷，任何困难都将迎刃而解。

勇气是人生的发动机，勇气能创造奇迹，勇气能战胜一切困难。试想，如果我们事事都能拿出破釜沉舟的勇气和决心，那么世间还有什么困难而言！

有压力才有动力

鲨鱼没有鱼鳔才能够称霸海洋，人没有压力就只能走下坡路。记住：压力永远是前进的动力！

很多人觉得自己压力太大，活得很累。但如果没有压力，就不会有动力。压力并不可怕，关键是你如何去应对和化解。

有时候，成就一个人的往往不是外界的客观条件，而是压力。生物学家发现，鲨鱼之所以能成为海洋霸主，就是因为它没有鱼鳔，压力才成就了它。

上帝在创造万物的时候造了一群鱼，为了让它们具有生存本领，上帝把它们的身体做成流线型，而且十分光滑，这样游动起来可以大大减少水的阻力。

待上帝把这些鱼放到大海中的时候，忽然想起一个问题：鱼的身体比重大于水，这样，鱼一旦停下来，它就会向海底沉下去，沉到一定深度，就会被水的压力压死。于是，上帝又给了它们一个法宝，那就是鱼鳔。鱼鳔是一个可以自己控制的气囊，鱼可以用增大或缩小气囊的办法来调节沉浮。这样，鱼在海里就轻松多了——有了气囊，它不但可以随意沉浮，还可以停在某地休息。鱼鳔对鱼来讲，实在是太有用了。

出乎上帝意料的是，鲨鱼没有前来安装鱼鳔。鲨鱼是个调皮的家伙，它一入海，便消失得无影无踪，上帝费了好大的劲儿也没有找到它。上帝想，既然找不到鲨鱼，那么只好由它去吧。这对鲨鱼来讲实在太不公平了，它会由于缺少鳔而很快沦为海洋中的弱者，最后被淘汰。为此，上帝感到很悲伤。

亿万年之后，上帝想起自己放到海中的那群鱼来，他忽然想看看鱼们现在到底怎样了。他尤其想知道，没有鱼鳔的鲨鱼如今到底怎么样了，是否已经被别的鱼吃光了。

当上帝将海里的鱼家族都找来的时候，他已经分不清哪些是当初的大鱼小鱼、白鱼黑鱼了。因为，经过亿万年的变化，所有的鱼都变了模样，连当初的影子都找不到了。面对千姿百态、大大小小的鱼，上帝问："谁是当初的鲨鱼？" 这时，一群威猛强壮、神气飞扬的鱼游上前来，它们就是海中的霸王——鲨鱼。

上帝十分惊讶，心想，这怎么可能呢？当初，只有鲨鱼没有鱼鳔，它要比别的鱼多承担多少压力和风险啊，可现在看来，鲨鱼无疑是鱼类中的佼佼者。这到底是怎么回事呢？

鲨鱼说："我们没有鱼鳔，就无时无刻不面对压力，因为没有鱼鳔，我们就一刻也不能停止游动，否则我们就会沉入海底，死无葬身之地。所以，亿万年来，我们从未停止过游动，没有停止过抗争，这就是我们的生存方式。"

鲨鱼没有鱼鳔才能够称霸海洋，人没有压力就只能走下坡路。压力永远是前进的动力！

一艘货轮卸货后返航，在浩瀚的大海上，突然遭遇巨大风暴。惊慌失措的水手们急得团团转。老船长果断下令:"打开所有货仓，立刻往里面灌水。"

水手们担忧:"险上加险，不是自找死路吗？"

船长镇定地说:"大家见过根深干粗的树被暴风刮倒过吗？被刮倒的是没有根基的小树。"水手们半信半疑地照着做了。虽然暴风巨浪依旧那么猛烈，但随着货仓里的水越来越满，货轮渐渐地平稳了。

船长告诉那些松了一口气的水手:"一只空木桶，是很容易被风打翻的；如果装满水负重了，风是吹不倒的。当船上负重的时候，是最安全的时候；空船时，才是最危险的时候。"

其实，我们每个人都是一只只在生活的海洋中航行的船，生活中的各种压力就是我们的负担，这些压力虽然有时会令我们疲累、烦躁，但它同时也是保证我们前进的动力，若没有这些压力，我们很容易就被生活的波浪打翻。

每个人都会有这样的体会：一个人饭后散步时可以背起手来，闲情漫步；如果让他挑上百斤重担，便会立刻小跑起来。这是为什么？是压力产生了动力。

现在是一个竞争激烈、充满压力的时代。学生有课业升学的压力，员工有工作业绩上的压力，公务员有升迁的压力，商家有市场竞争的压力，就连退了休的人也有压力——健康的压力。压力如同"水可载舟，亦可覆舟"一样，既有好的一面，也有坏的一面。如果能把压力变成动力，压力就是蜜糖；如果把压力憋在心里，让它无休止地折磨自己，那就是砒霜。

人有压力不可怕，可怕的是憋在心里，变成心灵的枷锁，这样，人就会失去理智的判断能力，失去激发潜能的自由。

事情的本身并无绝对的压力可言，压力的真正原因是一个人对问题的态度。只要你能够放开胸怀去面对，压力不但能化解于无形，更能成为成就你的动力。

海伦·凯勒在一岁多的时候，因为生病，从此眼睛看不见，并且又聋又哑了。由于这个原因，海伦的脾气变得非常暴躁，动不动就发脾气摔东西。她家里人看这样下去不是办法，便替她请来一位很有耐心的家庭教师沙利文小姐。海伦在她的熏陶和教育下，逐渐改变了。她利用仅有的触觉、味觉和嗅觉来认识四周的环境，努力充实自己，后来更进一步学习写作。几年以后，当她的第一本著作《我的一生》出版时，立即轰动了全美国。

在她的《假如给我三天光明》一书中，更是表达出了她的坚强、乐观和向上的精神，而这一切都该归功于她对生活的认识。

当把失明仅仅当做一项压力的时候，她痛苦惆怅，所以不能真正面对生活；当她把压力化作动力的时候，生活就选择了她。

人虽然无法逃避生活和工作中的种种压力，但是人有办法战胜它。战胜它的最佳办法就是：先放“心”面对，再用“心”解决。

成长需要一个过程

罗马不是一天建成的。在成长的过程中，我们更需要的是一点耐心和埋头苦干的精神。因为，成长确实需要一个过程。

奥比太太在她的屋子后面种了一大片玉米。经过几个月的辛苦劳作，眼看就到了收获的季节。

一个颗粒饱满裹着几层绿外衣的玉米说道：“收获那天，主人肯定先摘我，因为我是今年长得最好的玉米。”周围的玉米听了，也都随声附和地称赞着。

收获开始了，但是奥比太太只看了看那个最棒的玉米，并没有把它摘走。

“她眼力可能不太好，没注意到我，明天，明天，她一定会把我摘走的！”那个很棒的玉米自我安慰着。

第二天，奥比太太又哼着快乐的歌儿收走了其他的玉米，唯独没有摘这个最好的玉米。

“明天老婆婆一定会把我摘走的！”最好的玉米仍然自我安慰着。

第三天，第四天，奥比太太没有来。从这以后的好多天，奥比太太也没有来过，最好的玉米被摘走的希望越来越渺茫了。

直到一个漆黑的雨夜，最好的玉米才突然感悟到：“我总以为自己是今年最好的玉米，但现在连奥比太太都不要我了。白天，我顶着烈日，原来饱满而又排列整齐的颗粒变得干瘪坚硬，整个像要炸裂一般。夜晚，我又要和风雨做斗争。也许她真的不需要我，也许我真的不是最好的！”

不知不觉，一缕柔和的阳光照在玉米的脸上，它抬起头来，睁开眼睛，一下就看到了站在它面前的奥比太太。

奥比太太用一种柔和的目光瞧着它，自言自语道：“这可是今年最好的玉米，它的种子明年一定比它今年长得还要好呦！”

这时，最好的玉米才明白奥比太太为什么不摘走它的原因。正当它想着的时候，它被奥比太太轻轻地摘了下来……

相信自己，被别人承认需要一个过程，笑到最后的人笑得最甜。只要你有实力和能力，总会得到承认，总能闯出一片自己的天空的。

想要得到别人的认可，你首先就要想办法充实自己，让自己从一粒沙子变成一颗珍珠。自己一旦由普通的沙粒变成珍珠，就会散发夺目的光彩。

飞扬的青春，免不了自信满满，年少轻狂，浮躁冒进。罗马不是一天建成的，在成长的过程中，我们更需要的是一点耐心和埋头苦干的精神。因为，成长确实需要一个过程。

学会在挫折中成长

成长其实就是不断战胜挫折的一个过程。经历过挫折的生命，便是那绚丽无比的彩虹。

城里的儿子回农村老家，发现自家玉米地里玉米长得很矮，地已干旱，可周围其他地里的苗子已长得很高。当儿子买了化肥、挑起粪桶准备浇地时，却被父亲阻止了。父亲说，这叫控苗。玉米才发芽的时候，要旱上一段时间，让它深扎根，以后才能长得旺，才能抵御大风大雨。过了个把月，一个狂风骤雨的日子，儿子果然看到除了自家地里的玉米安然无恙外，别人都在地里扶刮倒了的玉米。

这个故事似乎亦告诉我们这样的人生道理：年轻时苦一点，受一点挫折，没关系，它只会让人多一点阅历，长一点见识，并因此而坚强起来，因此而获取成功。

在生活中，挫折是不可避免的。但是，只要我们正确地看待挫折，敢于面对挫折，在挫折面前无所畏惧，克服自身的缺点，在困难面前不低头，那么，顽强的精神力量就可以征服一切。曾任美国总统的林肯一生中就遭遇过无数次失败和打击，然而他英勇卓绝，败而不馁，不正是因为这惊人的顽强毅力才使他走上光辉大道吗？

不经历风雨，怎能见彩虹。的确，人生需要挫折。

有一位穷困潦倒的年轻人，身上全部的钱加起来也不够买一件像样的西服。

但他仍全心全意地坚持着自己心中的梦想——他想做演员，当电影明星。

好莱坞当时共有500家电影公司，他根据自己仔细划定的路线与排列好的名单顺序，带着为自己量身定做的剧本一一前去拜访。但第一遍拜访下来，500家电影公司没有一家愿意聘用他。

面对无情的拒绝，他没有灰心，从最后一家电影公司出来之后不久，他就又从第一家开始了他的第二轮拜访与自我推荐。

第二轮拜访也以失败而告终。第三轮的拜访结果仍与第二轮相同。

但年轻人没有放弃，不久后又咬牙开始了他的第四轮拜访。当拜访第350家电影公司时，这里的老板竟破天荒地答应让他留下剧本先看一看。他欣喜若狂。

几天后，他获得通知，请他前去详细商谈。就在这次商谈中，这家公司决定投资开拍这部电影，并请他担任自己所写剧本中的男主角。

不久这部电影问世了，名叫《洛奇》。这个年轻人就是好莱坞著名演员史泰龙。

面对1850次拒绝，所需要的勇气是我们难以想象的。但正是这种勇敢，这种不轻言放弃的精神，这种对自己理想的执着追求，让故事中的年轻人的梦想得到了实现。在我们实现梦想的路途中，也会不可避免地遭遇到种种挫折，让我们用执着为自己导航，坚定地树起乘风破浪的风帆，坚信终有一天成功的海岸线会在我们眼里出现。

挫折是一座大山，想看到大海就得爬过它；挫折是一片沙漠，想见到绿洲就得走出它；挫折还是一道海峡，想见到大陆就得游过它。

挫折是可怕的，但却是成长不可缺少的基石。

挫折是会给人带来伤害，但它还给我们带来了成长的经验。

有位名人说过："勇者视挫折为走向成功的阶梯，弱者视之为绊脚石。"上天制造这么多的挫折，就是为了让你在挫折中成长。当你战胜种种挫折，蓦然回首时，你就会惊喜地发现，你成熟了。

痛苦往往是因为追求错误

人的一生中有太多的无奈，我们痛苦往往是因为我们追求错误的东西。如果我们只是忙忙碌碌地追求而无视身边的美好，那么幸福也会远离我们。

古希腊有个寓言：一头驴听说蟑唱歌好听，便头脑发热，要向蟑学习唱歌。于是蟑就对驴说："学唱歌可以，但你必须每天像我一样以露水充饥。"于是，驴听了蟑的话，每天以露水充饥，其结果呢，没有几天，驴就饿死了。

驴子擅长的是劳动而不是唱歌，必须吃青草，它居然按照蟑的做法去喝露水，怎么会有好结果呢？记得有人说过，人之所以痛苦，是因为追求错误——错误的方式或者错误的东西。的确如此，用错误的方式，去追求不适合自己或者本身就是错误的东西，往往就是人生的痛苦之源。

山羊是动物界的贫民，它善良而单纯。虽然地位低微，但是它有自己的追求。它不断地寻找自己的偶像，把偶像当成了生活的动力和希望。在山羊看来，没有树立自己偶像的动物是缺乏热情和思想的动物。

山羊的第一个偶像是黑熊。黑熊是动物界的警察，仪表堂堂、威风凛凛。它负责维护动物界的治安，多次冒着生命危险抓贼，多次奋不顾身地与歹徒搏斗，还在大火中救出了被困的动物。黑熊被动物们称为英雄，山羊对它敬佩得五体投地。可是，后来山羊发现，黑熊偷偷与灰狼来往密切，而灰狼是最可恶的贼呀。山羊家的小羊羔就是被那只灰狼吃掉的。山羊十分气愤，也很悲痛。它恨自己有眼无珠，选择了黑熊做偶像。

于是，山羊决定换个偶像，它选择的第二个偶像是狐狸。狐狸是动物界的明星，擅长表演，唱歌、跳舞、演戏样样精通。山羊喜欢看狐狸表演，把它当做了偶像，十分崇拜。可是，有一天，山羊发现狐狸有偷鸡吃的嗜好。它如同跌入了冰窟窿，心里凉透了。它想：还是怪自己判断能力差，自己怎么没有想到狐狸会有这样丑陋的一面呢？

没办法，还是换吧。山羊选择的第三个偶像是老鼠。老鼠是动物界的著名企业家，办了好多企业，腰缠万贯，富甲一方。老鼠经常给贫困动物捐款，是动物界有名的慈善家。山羊觉得老鼠实在是不凡的动物，有本事而且品德高尚。可是，不久山羊便发现，老鼠不讲信用，是逃税的高手，还借了动物银行大量的贷款，总是找理由不还。而它却花天酒地，一掷千金。

山羊痛苦极了，继续换吧。山羊选择的第四个偶像是猴子。猴子是动物界的名医，曾给许多动物医好了病，把许多动物从死亡线上拉了回来，被一些动物称为再生父母。山羊把猴子当做上帝的使者。然而，山羊又一次失误了。它发现，猴子有一个很大的毛病，就是爱收人家的钱财。你给它钱财它就好好给你看病，不给钱财，它的态度就变得很坏，这令山羊十分气愤。山羊想："作为医生，怎么能这样呢？"

山羊的偶像一个个坍塌了。山羊为此无精打采，它感到生活里一片灰暗，精神几乎要崩溃了。于是，山羊找山神讨教。山羊说："自己为什么这样没有用，找的偶像一个个都靠不住，是不是自己的眼光太差了？"

山神说："不是你的眼光差，而是因为偶像本来就是痛苦的根源。你不断地选择偶像，也就是不停地寻找痛苦。"

山羊恍然大悟。

人之所以有痛苦，往往是因为在追求错误的东西！所以，得不到的或者不属于自己的东西，不要强求。如果我们只是忙忙碌碌地追求而无视身边的美好，那么幸福也会远离我们。所以，有时间静下来的话，不妨想想，什么才是你人生中真正重要的东西。

错误往往是因为选错了方式

努力地做事固然重要，但如果能开动脑筋，讲究方式，就能事半功倍，你的目标也许就会提前实现。做事情若单靠努力和个人意愿，而不懂得注意方式，往往会坏了事情。

克莱克·凯·伍德的母亲对在当地电台工作的儿子很有意见，因为年纪轻轻的儿子偏偏留着小胡子，她不喜欢儿子这样，因为这样显得太老成了。她多次劝说儿子剃掉胡子，都未奏效。

当克莱克·凯·伍德为本地的公共电台筹措资金时，电台的接线员告诉他，一位妇女打电话说，如果克莱克·凯·伍德把他那让人讨厌的小胡子剃掉的话，她愿意捐赠100美元。为了工作，克莱克·凯·伍德决定接受这个条件，晚上回到家里，他便把胡子剃得干干净净。

第二天，支票果然寄来了，可是汇款人栏上却署着他母亲的名字。

伍德的母亲用智慧的爱剃掉了他的胡子。当克莱克·凯·伍德成了美国著名电视节目主持人后，说到此事时还激动得热泪盈眶。

这份情感让人非常感动。但是，好心也要用对地方，否则不但会添乱，还会把事情搞砸。

所以，做事情一定要注意10

方式。只有方式对了，你做的努力才有意义，有时候甚至能带来意想不到的奇效。

快过年了，一位大公司的董事长很苦恼：往年蒸蒸日上的公司，今年的利润大幅度下降。这绝不能怪员工，由于人人都已意识到经济的不景气，干得比以前更卖力。

照惯例，年终奖金最少加发两个月，多的时候，甚至再加倍。今年可惨了，算来算去，顶多只能给一个月的奖金。员工如果知道了，工作积极性会大受影响。

董事长忧心忡忡地对总经理说："许多员工以为最少能领两个月的奖金，恐怕飞机票、新家具都订好了，只等拿奖金出去度假或付账单呢！"

总经理也愁眉苦脸了："好像给孩子糖吃，每次都抓一大把，现在突然改成两颗，小孩子一定会吵。"

"对了！"董事长灵机一动，"你倒使我想起小时候到店里买糖，总喜欢找同一个店员，因为别的店员都先抓一大把，拿去秤，再一颗一颗往回扣。那个比较可爱的店员，则每次都抓不足重量，然后一颗一颗往上加。说实在话，最后拿到的糖没什么差异，但我就是喜欢后者。"

没过两天，公司突然传来小道消息——由于业绩不佳，年底要裁员。

顿时员工人心惶惶了。每个人都在猜，会不会是自己。

但是，跟着总经理宣布："公司虽然艰苦，但大家同坐一条船，再怎么危险，也不愿牺牲共患难的同事，只是年终奖金，不可能发了。"

听说不裁员，人人都放下心头上的一块大石头，没被解雇的窃喜早压过了没有年终奖金的失落。

眼看春节将至，人人都做了过个穷年的打算，彼此约好拜年不送礼，以渡过难关。突然，董事长召集各部门主管召开紧急会议。看主管们匆匆上楼，员工们面面相觑，心里都有点儿七上八下："难道又变了卦？"

没几分钟，主管们纷纷冲进自己的部门，兴奋地高喊着："有了！有了！还是有年终奖金，整整一个月，马上发下来，让大家过个好年！"

整个公司大楼爆发出一片欢呼，连坐在顶楼的董事长，都感觉到了地板的震动……

看看吧，董事长只不过换了种方法，不但帮助公司渡过难关，而且公司的凝聚力也大大提升了。

所以，努力地做事固然重要，但如果能开动脑筋，讲究方式，就能事半功倍，你的目标也许就会提前实现。做事情若单靠努力和个人意愿，而不懂得注意方式，往往会坏了事情。

最大的敌人就是自己

每个人最大的对手就是自己。如果你能战胜自己，走出布满阴霾的昨天，你也能成为幸福的人，获得自己人生的奖赏。

驯鹿和狼之间存在着一种非常独特的关系，它们在同一个地方出生，又一同奔跑在自然环境极为恶劣的旷野上。大多数时候，它们相安无事地在同一个地方活动，狼不骚扰鹿群，驯鹿也不害怕狼。

在这看似和平安闲的时候，狼会突然向鹿群发动袭击。驯鹿惊愕而迅速地逃窜，同时又聚成一群以确保安全。狼群早已盯准了目标，在这追和逃的游戏里，会有一只狼冷不防地从斜刺里蹿出，以迅雷不及掩耳之势抓破一只驯鹿的腿。

游戏结束了，没有一只驯鹿牺牲，狼也没有得到一点食物。第二天，同样的一幕再次上演，依然从斜刺里冲出一只狼，依然抓伤那只已经受伤的驯鹿。

每次都是不同的狼从不同的地方蹿出来，攻击的却只是那一只腿部受伤的鹿。可怜的驯鹿旧伤未愈又添新伤，逐渐丧失大量的血和力气，更为严重的是它逐渐丧失了反抗的意志。当它越来越虚弱，已不会对狼构成威胁时，狼便群起而攻之，美美地饱餐一顿。

其实，狼是无法对驯鹿构成威胁的，因为身材高大的驯鹿可以一蹄把身材矮小的狼踢死或踢伤，可为什么到最后驯鹿却成了狼的腹中之食呢?

狼是绝顶聪明的，它们一次次抓伤同一只驯鹿，让那只驯鹿经过一次次的失败打击后，变得信心全无，到最后它完全崩溃了，完全忘了自己还有反抗的能力。最后，当狼群攻击它时，它放弃了抵抗。

所以，真正打败驯鹿的是它自己，它的敌人不是凶残的狼，而是自己脆弱的心灵。同样的道理，要让自己强大起来，唯一的方法就是挑战自己，战胜自己，超越自己。

每个人最大的对手就是自己。如果你能战胜自己，走出布满阴霾的昨天，你也能成为幸福的人，获得自己人生的奖赏。

第二节　用坦然迎接不幸

用坦然迎接不幸

俗话说，水无常形，兵无常势。人生的失败、挫折也是这样，最重要的是你如何坦然面对它们。

在过去的岁月里，对你而言，或许是页页创痛的伤心史，在检阅过去的一切时，你也许会觉得你处处失败，一事无成。你热烈地期待着成功的事业却不能如愿，连你最近的亲戚朋友，甚至也要离弃你！你的前途，似乎是十分惨淡和黑暗！但是，虽有上述种种不幸，只要你不甘心永远屈服，胜利就会向你招手。

从古至今，有多少英雄豪杰因一次的挫折而一蹶不振，我们不能因他们的美名而去像他们一样经不起挫折。

人的一生不可能一帆风顺，遇到挫折和困难是难免的，你不可能一直处于顺境，一直处于辉煌，当你人生走到了“山”的顶峰必然会走下坡路，但要如何做到坦然面对、心态放平稳，对于我们才是最重要的。

在20世纪60年代初期，美国化妆品行业的“皇后”玛丽·凯把她一辈子积蓄下来的5000美元作为全部资本，创办了玛丽·凯化妆品公司。

为了支持母亲实现“狂热”的理想，两个儿子也“跳往助之”，辞去了较好的工作，加入到母亲创办的公司中来，宁愿只拿250美元的月薪。玛丽·凯知道，这是背水一战，是在进行一次人生中的大冒险，弄不好，不仅自己一辈子辛辛苦苦的积蓄将血本无归，而且还可能葬送两个儿子的美好前程。

在创建公司后的第一次展销会上，她隆重推出了一系列功效奇特的护肤品，按照原来的计划，这次活动会引起轰动，一举成功。但是，“人算不如天算”，整个展销会下来，她的公司只卖出去15美元的护肤品。

在残酷的事实面前，玛丽·凯不禁失声痛哭，而在哭过之后，她反复地问自己：“玛丽·凯，你究竟错在哪里？”

经过认真的分析，她及时调整了自己的心态，坦然地接受了这一切。最后终于悟出了一点：在展销会上，她的公司从来没有主动请别人来订货，也没有向外发订单，而是希望人们自己上门来买东西……难怪在展销会上落到如此的后果。

于是她从第一次失败中站了起来。如今，玛丽·凯化妆品公司发展到现在已经成为一个国际性的公司，拥有一支 20 万人的推销队伍，年销售额超过 3 亿美元。

已经步入晚年的玛丽·凯能创造如此奇迹，并不是上天的怜悯，而是她面对挫折时，坦然地接受了这一切，悟出一个好的想法并着手开始自己的行动，最后获得了巨大的成功。

要善于检验你人格的伟大力量，你应该常常扪心自问，在除了自己的生命以外，一切都已丧失了以后，在你的生命中还剩余什么？即在遭受失败以后，你还有多大勇气？如果你在失败之后，从此一蹶不振，放手不干而自甘屈服，那么别人就可以断定，你根本算不上什么人物；但如果你能雄心不减、大步向前，不失望、不放弃，那么别人就可以断定，你的人格之高、勇气之大，是可以超过你的损失、灾祸与失败的。

无论你做了多少准备，有一点是不容置疑的：当你进行新的尝试时，你可能犯错误，无论你是作家，还是企业家，或者是运动员，只要不断对自己提出更高的要求，都难免失败。但失败并不是你的错，重要的是要从中吸取教训。

古人云：前事不忘，后事之师。在克服挫败方面，我们的祖先已经给我们做出了太多的榜样。在社会竞争激烈的今天，挫折无处不在，若一时受挫而放大痛苦，将会终身遗憾。遭遇挫折，就当痛苦是你眼中的一粒尘埃，眨一眨眼，流一滴泪，就足以将它淹没；遭遇挫折就当它是一阵清风，让它在你耳旁轻轻吹过；遭遇挫折，就当它是一阵微不足道的小浪，不要让它在你心中激起惊涛骇浪；遭遇挫折，不要放大痛苦。擦一擦身上的汗，拭一拭眼中的泪，继续前进吧！

人生本无坦途

人生不可能有坦途，当我们无法改变外在环境时，要想跨越生命中的障碍，取得某种突破，往往需要一定的魄力。

路如蛛网。

老人端坐蛛网中央。

远远地，一个黑点在网上移动。

渐渐地，近了，近了，老人看清，那是一个魁伟英俊、朝气勃勃的年轻人。年轻人着一身牛仔服，穿一双登山鞋，背一个旅行包，拄一根铁拐杖，正急急地向老人靠近。

年轻人来到老人面前，深深地鞠了一躬。

“老大爷，我要到山那边去，该走哪条路？”

老人缓缓地抬起右手，伸出三个指头，反问道：“左、中、右三条路，你想走哪一条？”

年轻人踌躇了一会儿，说：“左边。”

“左边的路坎坷不平！”

老人说完，闭上了眼睛。

年轻人二话没说，拄了拐杖，走了。

不知过了多久，年轻人又来到老人面前。

“老大爷，我必须到山那边去，但怎么也走不出那些坎坷，您老人家能告诉我出山的路吗？”

老人又缓缓地抬起右手，伸出三个指头：“左、中、右，你想走哪条路？”

“右边的。”年轻人声音很轻，似乎不好意思。

“右边的路，布满荆棘！”

老人说完，又闭上了眼睛。

年轻人呆呆地望了老人一会儿，拄着拐杖，一步一步地走了。

不知过了多久，年轻人再次来到老人面前。他放下背包，席地而坐，喘了几口粗气，才说：“老大爷，我一定要到山那边去，但走来走去，总是在原地打转，走不出迷惑的荆棘，您老人家能帮帮忙，告诉我出山的路吗？”

老人还是缓缓地抬起右手，伸出三个指头：“左、中、右，你想走哪一条路？”

“我想走一条平坦的路！”年轻人毫不犹豫地回答，脸上掠过一丝笑容。

“平坦的路是没有的啊！”老人说完，眼光却似乎充满了鼓励。

年轻人用沉思的眼光扫了老人一眼，似乎明白了老人的用意，背起背包，拄着拐杖，一步一步，坚定地向前走去。

很多人希望能在平坦的人生之路上高唱心中最美的牧歌，像海子去草原寻找美丽的灰姑娘，像三毛去天堂寻找心爱的荷西。如果没有平坦的路，我们就要做一些冒险和牺牲，就像愚公为了走上坦途，选择了移山。

人生本无坦途，在漫长的道路上，谁都难免遇上厄运和不幸。但生活的脚步不论是沉重，还是轻盈，我们从中不仅要品尝失败的痛苦，同时也应该学会享受收获与快乐。只要我们善于总结跌倒的教训，在哪里跌倒在哪里爬起来，告别迷惘的昨天，珍惜美好的今天，微笑着面对明天，充满信心展望更加灿烂的后天。不管是从辉煌成功中走出，还是在失败中奋起，漫漫人生路，踏平坎坷成大道，才是我们不懈的追求。

一家公司的主管，在一次培训课上，用一幅图诠释了一个人生寓意。

他首先在黑板上画了一幅图：在一个圆圈中间站着一个人。接着，他在圆圈的里面加上了一座房子、一辆汽车、一些朋友。

主管说："这是你的舒服区。这个圆圈里面的东西对你至关重要：你的住房、你的家庭、你的朋友，还有你的工作。在这个圆圈里面，人们会觉得自在、安全，远离危险或争端。现在，谁能告诉我，当你跨出这个圈子后，会发生什么？"

教室里顿时鸦雀无声，一位积极的学员打破沉默："会害怕。"

另一位说："会出错。"

这时，主管微笑着说："当你犯错误了，其结果是什么呢？"

最初回答问题的那名学员大声答道："我会从中学到东西。"

主管说："是的，你会从错误中学到东西。当你离开舒服区以后，你学到了你以前不知道的东西，你增加了自己的见识，所以你进步了。"

主管再次转向黑板，在原来那个圈子之外画了个更大的圆圈，还加上些新的东西，包括更多的朋友、一座更大的房子等等。

"如果你总是在自己的舒服区里打转，你就永远无法扩大你的视野，永远无法学到新的东西。只有当你跨出舒服区以后，你才能使自己人生的圆圈变大，你才能把自己塑造成一个更优秀的人。"主管说道。

的确，在这个世界上，没有一成不变的环境与事物，每个人随时随地可能都需要转换生存方式、生存环境、生存角色、生存意识。如果始终拘泥于一种思考方式、一个固定的位置，就会成为井底之蛙，看不到更广阔的空间，得不到更长远的发展。

人类科学史上巨人爱因斯坦，在报考瑞士联邦工艺学校时，竟因三科不及格落榜，被人嘲笑为“低能儿”。被誉为“东方卡拉扬”的日本著名指挥家小泽征尔，在初出茅庐的一次指挥演出中，曾被中途“轰”下场来，紧接着又被解聘。为什么厄运没有摧垮他们？因为他们眼里始终把坎坷看做人生的轨迹，是人生的一种磨炼。假如他们没有当时的厄运和无奈，也许就没有日后绚丽多彩的人生。

世上有许多的事情是难以预料的。成功伴随着失败，失败伴随着成功。面对成功或荣誉，不要狂喜，也不要盛气凌人，把功名利禄看轻些，看淡些；面对挫折或失败，要像爱因斯坦、小泽征尔那样，不要忧伤，更不要自暴自弃，把厄运羞辱看远些，看开些。

漫长的人生道路上，难免会有得意与失落的时候，十年河东十年河西，在困难到来的时候，不需要你拼命地往前去冲，只要你别向后退缩，咬着牙挺过去，把手头的事做好了，幸福也就不远了。

人生本无坦途，太顺利了未必就是一件好事，人的一生，既要享受生活带给你的幸福，也要能承受生活带给你的磨难。生活是一把双刃剑，穷有穷的开心，富也有富的烦恼。重要的是你的心态，心态不好你的快乐就会很少，心态好了快乐就会随时在你身边。

在通向成功的人生道路上布满了荆棘，充满数不清的艰难、困苦、辛酸与煎熬。人世间的风风雨雨，就是这个世界赐予我们的智慧，一个人越是经风雨见世面，他的阅历就越广，阅历越广，大脑开发的程度就越高，大脑的开发程度越高，拥有的智慧就越多。

踏平坎坷是坦途，一个人一生中的坎坷，不是苦难，而是财富。每一个挫折与失败，都是一次痛苦的记忆和教训，但也是灯塔、航标，是未来人生路上的指南针。

无论是面对逆境，还是一直走在坦途上，只有怀着积极心态的人，才能不断地超越自己，才能在未来世界的发展之中立于不败之地。因此，我们每个人都要勇于更新自己的思维方式，转换自己的生存状态，调整自己的前进步伐。

乐观地面对一切

一时的困境并不意味着你的整个人生都是灰暗的，只要你永远保持乐观积极的心态，笑迎人生的一切，那么风雨过后，你一定能见到绚丽的彩虹。

人的一生，就像是一次旅行，沿途中既有数不尽的坎坷泥泞，也有看不完的风景。我们既能享受阳光、希望、快乐、幸福……也要面对黑暗、绝望、忧愁、不幸……

在面对人生的美丽时，我们都能微笑迎接，可是当我们面对人生那些不可避免的哀愁时，我们会有什么样的反应呢?

古希腊有一个大政治家叫狄摩西尼。天生的不幸，他的齿唇上留有缺陷，说话含糊不清，很难与人沟通、交流，这令他非常苦恼。为了纠正自己的这个毛病，狄摩西尼找来一块小鹅卵石含在嘴里练习说话。有时跑到海边，有时跑到山上，尽量放开喉咙背诵诗文，练习一口气念几个句子。长时间的练习，石子磨破了他的牙龈，每次都弄得满嘴是血。血染红了他嘴里的那块石头。但这些困难并没有使他放弃练习，一直到口齿流利，能侃侃而谈为止。

狄摩西尼的故事之所以感人，是因为他在用意志与躯体抗争，用美好的愿望与不幸的缺陷抗争……

其实，这更像是在拔河，是在心里拔河。有时候，我们的心中时常会萌生出一些美好的愿望，并按照这美丽的线索，去寻找自己生命的春天。但是自身的缺陷、懒惰、怯懦等等束缚着愿望远行的脚步。为此，双方总要在内心深处较量一番。而较量的结果大概只有这样两种：一种是行动伴着愿望一起走，一种是美好的愿望枯萎在束缚的泥潭里。

有两个姑娘，一个叫珍妮，是美国人，另一个叫南希，是英国人。她们聪明、美丽，但都是残疾人。

珍妮出生时两腿没有腓骨。一岁时，她的父母做出了充满勇气但备受争议的决定：截去珍妮的膝盖以下部位。珍妮一直在父母怀抱和轮椅中生活。后来，她装上了假肢，凭着惊人的毅力，她现在能跑，能跳舞和滑冰。她经常在女子学校和残疾人会议上演讲，还做模特，频频成为时装杂志的封面女郎。

与珍妮不同的是，南希并非天生残疾。她曾参加英国《每日镜报》的“梦幻女郎”选美，一举夺冠。1990 年她赴南斯拉夫旅游，决定侨居异国。当地内战期间，她帮助设立难民营，并用做模特赚来的钱设立希茜基金，帮助因战争致残的儿童和孤儿。1993 年 8 月，在伦敦她不幸被一辆警车撞倒，造成肋骨断裂，还失去了左腿。但她没有被这一生活的不幸击垮。她很快就从痛苦中恢复过来，康复后她比以前更加积极地奔走于车臣、柬埔寨，像戴安娜王妃一样呼吁禁雷，为残疾人争取权益。

也许是一种缘分，珍妮和南希在一次会见国际著名假肢专家时相识。她们一见如故，后来情同姐妹。

虽然肢体不全，但她们都不觉得这是多么了不得的人生憾事，反而觉得这种奇特的人生体验，给了她们更加坚韧的意志和生命力。她们现在使用着假肢，行动自如。只有在坐飞机经过海关检测，金属腿引发警报器铃声大作时，才会显出两位大美人的腿与众不同。

只要不掀开遮盖着膝盖的裙子，几乎没有人能看出两位美女套假肢。她们常受到人们的赞叹：“你的腿形长得真美，看这曲线，看这脚踝，看这脚趾涂得多鲜红！”

珍妮说：“我虽然截去双腿，但我和世界上任何女性没有什么不同。我喜欢打扮，希望自己更有女人味。”

这对姐妹几乎忘了自己是残疾。她们没有时间去自怨自艾，人生在她们眼里仍然是美好的，她们在人们眼中也是美好的。也有异性在追求她们，她们和别的肢体健全的姑娘一样，也有着自己的爱情。

乐观地面对生命的一切，永远积极地生活，这就是珍妮与南希的做事原则和人生态度。

虽然，每个人的人生际遇各不相同，而且命运也并不是对每一个人都很公平，但是相信上帝在关上一扇窗的同时，也会为你开启另一扇窗。面对窗外的大地和天空，就看你能不能高昂起你的头，用一双智慧的眼睛，透过岁月的风尘寻觅到辉煌灿烂的繁星。先不要说生活怎样对待你，而是应该问一问自己，你是怎样看待生活的？

面对人生阴暗时，如果我们的一颗心总是被忧愁、沮丧所覆盖，干涸了心泉、黯淡了目光、失去了生机、丧失了斗志，我们的人生轨迹岂能美好？而我们又岂能成就大事？

永远不要指望靠别人的同情与帮助来获得成功。就现实的情形而言，悲观失望者一时的呻吟与哀号，虽然能得到短暂的同情与怜悯，但最终的结果只会是别人的鄙夷与厌烦。

但假如我们能始终保持一种健康向上的心态，乐观地看待眼前发生的一切，那么，即使我们身处逆境、四面楚歌，也一定会有“山重水复疑无路，柳暗花明又一村”的那一天。

在人生道路上，既有阳光也有风雨，一个人要想赢得人生，就不能总把目光停留在那些消极的东西上，那只会使人沮丧自卑、徒增烦恼，让人生被生活的阴影遮蔽它本该有的光辉。

挫折是成功的法宝

挫折就是阶梯，挫折就是机遇，挫折就是成功的开始。这个世上确有不少被埋没的人，但是，对于一个优秀的人来讲，不管遭遇多大的困难，他们也绝不会沮丧，纵使遭受再大的挫折，也能重新站起，勇往直前。

汤姆在纽约开了一家玩具制造公司，另外在加利福尼亚州和底特律设了两家分公司。

20 世纪 80 年代，他瞄准了一个极具潜力的市场产品——魔方，开始生产并投放市场，市场反馈非常好。于是，汤姆决定大批量生产，两个公司几乎所有的资金和人力都投入进来。谁知，这个时候，亚洲的市场已经由日本一家玩具生产厂家占领。等汤姆厂家生产的魔方投放亚洲市场，市场已经饱和！再往欧洲试销，也饱和。汤姆慌了，立即决定停止生产，但已经晚了，大批的魔方堆积在仓库里。特别是两个分公司，资金几乎完全积压，又要腾出仓库来堆放新产品，汤姆的生意在底特律和加利福尼亚州大大受挫。汤姆无奈之下，决定从加利福尼亚州和底特律撤出来，只保留总部，他的财力已经无法支撑太大的架子。

这是汤姆第一次输掉了一局。

不久，汤姆的财力恢复，于是，在伊朗德黑兰市设了一个分厂，开拓起亚洲市场来了。但好景不长，两伊战争再度爆发，而且持续时间特别长，汤姆的亚洲市场化为灰烬。正逢美国玩具工人大罢工，汤姆处于风雨飘摇中的玩具公司立即破产，他血本无归。

汤姆又一次输了！

汤姆总结了自己失败的原因，萌发了一个庞大的计划。他向银行贷了一笔资金，再度开创一家玩具厂。经过周密计划，严谨的市场调研和销售分析，他立即决定生产脚踏车，他要在日本厂商打进欧美市场之前重拳出击。他一炮打响，美洲市场被他的厂家占领，欧洲市场的厂家也占有优势。两年后，因为脚踏车市场已近饱和，汤姆又决定停止生产，开发另一种产品。

这次汤姆胜了，并且赢了全局！

从这个故事中，我们不难发现：雄鹰的展翅高飞，是离不开最初的跌跌撞撞的。“不经一番寒彻骨，哪得梅花扑鼻香。”要想让自己成为一个有所作为的人，我们就要有吃苦的准备，人总是在挫折中学习，在苦难中成长。

我们每个人都会面临各种机会，各种挑战，各种挫折。成功不是一个海港，而是一个埋伏着许多危险的旅程，人生的赌注就是在这次旅程中要做个赢家，成功永远属于不怕失败的人。

每个人的一生，总会遇上挫折。相信困难总会过去，只要不消极，不坠入恶劣情绪的苦海，就不会产生偏见、误入歧途，或一时冲动破坏大局，或抑郁消沉，振作不起来。

其实在人生的道路上，谁都会遇到困难和挫折，就看你能不能战胜它，战胜了，你就是英雄，就是生活的强者。某种意义上说，挫折是锻炼意志、增强能力的好机会，不要一经挫折就放弃努力，只要你不断尝试，就随时可能成功。

如果你在挫折之后对自己的能力产生了怀疑，滋生了失败情绪，就想放弃努力，那么你就已经彻底失败了。

挫折是成功的法宝，它能使人走向成熟，取得成就，但也可能破坏信心，让人丧失斗志。对于挫折，关键在于你怎么对待。

爱马森曾经说过：“伟大高贵人物最明显的标志，就是他坚韧的意志，不管环境如何恶劣，他的初衷与希望不会有丝毫的改变，并将最终克服阻力达到所企望的目的。”每个人都有巨大的潜力，因此当你遇到挫折时要坚持，充分挖掘自己的潜力，才能使自己离成功越来越近。

跌倒以后，立刻站立起来，不达目的，誓不罢休，向失败夺取胜利，这是自古以来伟大人物的成功秘诀。不要惧怕挫折，挫折是成功的法宝，在一个人输得只剩下生命时，潜在心灵的力量还有多少？没有勇气、没有拼搏精神、自认挫败的人的答案是零，只有坚持不懈的人，才会在失败中崛起，奏出人生的乐章。

世界上有许多人，尽管他们失去了拥有的全部资产，但是他们并不是失败者，他们依旧有着坚忍不拔的精神，有着不可屈服的意志，凭借这种精神和意志，他们依旧能够走向成功。

温特·菲力说："失败，是走上更高地位的开始。真正的伟人，面对种种成败，从不介意；无论遇到多么大的失望，绝不失去镇静，只有他们才能获得最后的胜利。"

在漫漫旅途中，失意并不可怕，受挫折也无须忧伤。只要心中的信念没有萎缩，只要自己的季节没有严冬，即使凄风厉雨，即使大雪纷飞。艰难险阻是人生对你的另一种形式的馈赠，坑坑洼洼也是对你意志的磨炼和考验。落叶在晚春凋零，来年又是灿烂一片；黄叶在秋风中飘落，春天又将焕发出勃勃生机。

看淡生活中的不平事

面对生活中不公平的人和事，不要过分强求。生活本是如此，只要学会生活，懂得生活，就会看淡生活中的不平事。

世上很难有公平的事，本来你想这样，事情偏偏与你的愿望背道而驰，即使你付出辛苦了，付出努力了，也不一定能获得回报。

亨特遭到女友抛弃来请教大师指点，他说女友还活得好好的，感到愤恨难平。

大师问他为什么。亨特回答："我们在一起时发过重誓的，先背叛感情的人在一年内一定会死于非命，但是到现在两年了，她还活得很好，老天真是太没眼睛，难道听不到人的誓言吗？"

大师告诉亨特，如果人间所有的誓言都会实现，那人早就绝种了。因为在谈恋爱的人，除非没有真正的感情，全都是发过重誓的，如果他们都死于非命，这世界还有人存在吗？老天不是无眼，而是知道爱情变化无常，我们的誓言在智者的耳中不过是戏言罢了。

"人的誓言会实现是因缘加上愿力的结果。"大师说。

“那我该怎么办呢？”亨特问。

大师给他讲了一个寓言：

“从前有一个人，用水养了一条非常名贵的金鱼。一天鱼缸打破了，这个人有两个选择，一个是站在水缸前诅咒、怨恨，眼看金鱼失水而死；一个是赶快拿一个新水缸来救金鱼。如果是你，你怎么选择？”

“当然赶快拿水缸来救金鱼了。”亨特说。

“这就对了，你应该快点拿水缸来救你的金鱼，给它一点滋润，救活它。然后把已经打破的水缸丢弃。一个人如果能把诅咒、怨恨都放下，才会懂得真正的爱。”

亨特听了，面露微笑，欢喜而去。

实际上，绝对的公平是不存在的，世界不是根据公平的原则而创造的。但是我们即使遇到不公平的事，也不要怨天尤人。因为，怨也没有用，生活就是这样，有什么办法？有时候没有道理可讲，有时候又似乎不近情理。当生活让你哭笑不得的时候，你不应该太过于抱怨，而是要看淡生活中的不公平才对。

付出与回报的天平上总会出现不尽如人意的误差，苦苦的追寻换来的只能是一身的疲惫，挥洒的汗水总是换不来期待中的收获。这一切都是人生中挥之不去的，是人生竞技场上必不可少的基石。

大自然优胜劣汰，没有公平可言。飓风、海啸、地震等等自然灾害对所有生命来讲都是不公平的。公平是神话中的概念，人们每天都过着不公平的生活，快乐或不快乐，是与公平无关的。这并不是人类的悲哀，只是一种真实情况，过去不曾有过，今后也不会有。面对生活中不公平的人和事，不妨采取以下三种做法：

（1）改变衡量公平的标准。不公平是一种进行比较后的主观感觉，因此只要我们改变一下比较的标准，就可以在心理上消除不公平。比如，自己这次没评上职称，觉得很不公平。但是如果换一个角度想想，就会发现这次评选职称的名额有限，许多和自己条件一样甚至强于自己的人也没评上，这样一想，你也许就会心安理得了。

（2）通过自己的奋发努力来求得公平。比如，有些人认为只要工作踏实肯干、业务能力强就可以得到领导的青睐，而把主动与领导搞好关系的举动错误地当成了溜须拍马。其实，领导也是人，而人都需要得到别人的肯定与尊重，所以有些看似不公平的事正是自己不成熟的观念与言行造成的。

（3）不要事事苛求公平。人的心理常常受到伤害的原因之一，就是要求每件事都必须公平。其实，世界上根本就没有绝对的公平，所以我们不要事事都拿着一把公平的尺子去衡量。

生活也许并不是我们想象的那样美好，它对每个人的待遇都存在着偏心。有的人，从生下来就非常顺利，做什么都一帆风顺，没有什么坎坷，事业、婚姻都让别人羡慕；可有的人，从生下来就注定是个倒霉蛋，事业的挫折，生活的艰苦，情感的失意，都在困扰着他，甚至有时连小小的打算也难以实现。其实这就是正常的生活。因此，不要对生活给予你的不公心存怨恨，尽早地忘却它吧！只有不断地抛弃烦恼，生活才会向你展露它最灿烂的微笑。

付之一笑岂不更好

付之一笑，给自己留一条退路，给自己一点蓄势的时间，给自己一些宽容和理解，我们就会坦然地面对失去，从而心境平和，为自己赢得一个好心情。

无论你的天资多么聪颖，偶尔也会做些蠢事。一般人出了丑，总是羞赧不堪，躲避众人耳目。何必呢？换个角度想想，这些蠢事其实还蛮有趣的，如果能够付之一笑，不是更好吗？

这就是自嘲。

自嘲，大致意思就是自己开自己的玩笑。可是要真探讨起来，这样说就不能说明其真正的内涵了。

约翰逊在华盛顿的就职仪式上发表演讲时，人群中突然有个人高声喊道：“他只是个裁缝匠出身的人！”面对突如其来的嘲弄，约翰逊泰然自若、心平气和地说：“某位先生说我过去曾是个裁缝匠，这根本没有使我感到难堪。因为当我做裁缝匠的时候，我享有一个优秀裁缝匠的良好声誉，而且我特别胜任自己的工作。我总是对我的顾客热情周到，并取得了出色的业绩。”话音刚落，热烈的掌声驱散了恶意的嘲弄。

不可否认，一个人的出身对其成长的影响是很大的。在某些特定的历史条件下，对很多人来说，是八九分天注定，一二分靠打拼。但是，随着历史的发展和社会的进步，一个人的命运越来越不取决于自己的出身，而是越来越多地取决于自己的努力。

当面对别人的嘲笑和挑衅时，聪明的总统没有觉得自卑，也没有因此而感到无地自容。他坦然地面对出身，真诚地热爱自己平凡而普通的父母，并表示出要竭尽全力地用对社会的奉献和生命的成就来报答父母的恩情，他们的聪明的回答赢得了大家的尊重。

自信是自嘲的基础。不自信，不可能自嘲。你让阿Q拿自己的“癞头”自嘲，那是万万不能的，不但不能，就算你提到“灯”，他也会跟你急，轻则“怒目主义”，重则“他奶奶的”。有了自信，才敢自曝家丑。小品演员潘长江，身材矮小，但他自信，自称“袖珍男子汉”，常拿自己的身高开玩笑，一句“凡是浓缩的都是精品”，成为一种自信的象征，自嘲的标志。

大哲人苏格拉底的生活态度就非常值得我们效仿。每天清晨，邻居们都会看见赤着脚的苏格拉底走出家门，踩着晶莹的露水，跳到一块等待雕刻的大石头上，仰起头向远道而来的太阳热情地问候，向正在隐去的星星和月亮挥手告别。他无视众人怪异的眼光，披上他那破旧不堪的袍子，准备到集市上和民众们辩论，行使他“思想助产士”的义务劳动。

这时正为早餐发愁的妻子冲出来，在众人面前厉声责备丈夫，高声发着牢骚，抱怨家里米缸朝天，丈夫却天天游手好闲，不求上进。苏格拉底却不顾众人的窃笑，亲昵地拥抱一下老婆，向外边走边说：“亲爱的，我去工作了，我要帮人们把思想顺利生产下来。”愤怒的妻子把一盆水泼向苏格拉底，他顿时被浇成了落汤鸡。苏格拉底像骑士一样抖抖湿透的袍子，对哈哈大笑的邻居说：“看来我猜对了，电闪雷鸣过后，必有大雨倾盆。”

很多人一定会嘲笑苏格拉底是个“妻管严”，在众人面前很丢面子，殊不知这正是苏格拉底的高明之处。因为他知道自己的老婆是个“河东狮”，既然没办法改变就由她去吧。面子是什么，如果不要面子可以生活得更好，我们又何乐而不为呢？

自嘲的人一定是热爱生活，有生活情趣的人。如果不热爱生活，谁会去发现自己的可笑之处，怎么会觉得这可笑之处可笑，又怎么会将这可笑之处讲出来呢？

自嘲是一种美德。嘲弄他人是缺德，嘲弄自己却是美德。善于自嘲的人，往往就是富有智慧和情趣的人，也是勇敢和坦诚的人，更是将自己上上下下里里外外看得很明白的人。

自嘲还是一种鲜活的态度，它可以使原本很沉重的东西瞬间变得轻松无比，会让别人砸过来的重拳落在棉花上。

自嘲更是一种智慧。生活有时总不那么令人满意，如果我们一味地去追求完美，也许会患得患失，少了做人的乐趣。但是，如果我们换一种方式来对待生活，自己给自己一点安慰，以感恩的心情来生活，也许我们会快乐很多。

羞辱可以成就强者

羞辱是人生道路上一种伟大的力量，它不但能击溃弱者，更能成就强者。

有一个黑人小男孩，出身于一个贫寒的黑人单亲家庭，在他 7 岁时，他遭受到了一次极大的羞辱。

有一次老师让同学们为社区基金捐钱。几天后，小男孩手里攥着自己捡垃圾挣的 3 美元，激动地等待着老师叫他的名字，然后他便可以自豪地走上讲台捐出自己挣的血汗钱。但老师没念他的名字，他感到很奇怪，于是问老师为什么不叫他的名字。

老师说："我们这次募捐正是为了帮助你和像你这样的穷人，这位同学，如果你爸爸出得起你 5 美元的课外活动费，你们就不用领救济了。何况，你没有爸爸……"

小男孩眼含泪水冲出了学校。羞辱让他变得坚强。从此，他拼命学习和做工。这个黑人小男孩就是当今美国著名的黑人电台节目主持人狄克·格里戈。可见，贫穷和羞辱可以摧毁人的自信，但也可以催促人奋进，就看你选择向下还是向上了。

我们应该钦佩那些勇敢者，当他们面对羞辱时，当他们用人性的执着与追求超越过那些仅停留于羞辱表面的伤害与脆弱时，我们会看到他们正向另一种能够打动人心的高贵和境界进发。

所以，当你遭遇羞辱的时候，任何的反击都是疲软无力的。你只有通过加倍的努力获得成功，才是对羞辱最有效的反击。当你有一天功成名就，你就会明白，原来羞辱是人生中的一门必修课。

战国时期政治家苏秦自幼家境贫寒，温饱难继，读书自然是一件非常奢侈的事。为了维持生计和读书，他不得不时常卖自己的头发和帮别人打短工，后来又离乡背井到了齐国拜师求学，跟鬼谷子学纵横之术。

苏秦自以为学业有成，便迫不及待告师别友，游历天下，以谋取功名利禄。数年后不仅一无所获，自己的盘缠也用完了。没办法再撑下去，于是他穿着破衣草鞋踏上了回家之路。

到家时，苏秦已骨瘦如柴，全身破烂肮脏不堪，满脸尘土，与乞丐没有什么差别。落魄景象，溢于言表，令人同情。

妻子见他这个样子，摇头叹息，继续织布；嫂子见他这副样子扭头就走，不愿做饭；父母、兄弟、妹妹不但不理他，还暗自讥笑他说："按我们周人的传统，应该是安分于自己的产业，努力从事工商，以赚取十分之二的利润；现在却好，放弃这种最根本的事业，去卖弄口舌，落得如此下场，真是活该！"

此情此景，令苏秦无地自容，惭愧而伤心。他关起房门，不愿意见人，对自己做了深刻的反省："妻子不理丈夫，嫂子不认小叔子，父母不认儿子，都是因为我不争气，学业未成而急于求成啊！"

他认识到了自己的不足，又重振精神，搬出所有的书籍，发愤再读书，他想道："一个读书人，既然已经决心埋首读书，却不能凭这些学问来取得尊贵的地位，那么，书读得再多，那又有什么用呢！"

于是，他从这些书中拣出一本《阴符经》，用心钻研。他每天研读至深夜，有时候不知不觉伏在书案上就睡着了。第二天醒来，却懊悔不已，痛骂自己没有用，但又没有什么办法不让自己睡着。

有一天，苏秦读着读着实在倦困难当，不由自主便扑倒在书案上，但他猛然惊醒——手臂被什么东西刺了一下。一看书案上放着一把锥子，他马上想出了制止打瞌睡的办法：锥刺股（大腿）。以后每当要打瞌睡时，他就用锥子扎自己的大腿一下，让自己猛然"痛醒"，保持苦读状态。他的大腿因此常常是鲜血淋淋，目不忍睹。

家人见状，心有不忍，劝他说："你一定要成功的决心和心情可以理解，但不一定非要这样自虐啊！"

苏秦回答说："不这样，就会忘记过去的耻辱；唯有如此，才能催我苦读啊！"

经过"血淋淋"的一年"痛"，苏秦很有心得，写出《揣》《摩》二篇。这时，他充满自信地说：“用这套理论和方法，可以说服许多国君了！”

于是苏秦开始用所得的学识和“锥刺股”的精神意志，游说六国，终获器重，挂六国相印声名显赫，开创了自己辉煌的政治生涯。

生活永远在源源不断地制造着羞辱，这是永恒的命题，没有人能一生不遭遇到羞辱，但是比这更重要的是你的态度。有些人一辈子被羞辱淹没，自暴自弃；而有些人则因羞辱而奋发，成就一番功名，这才是人生的强者。

20 世纪 80 年代，年逾古稀的曹禺已是海内外声名鼎盛的戏剧作家。有一次美国同行阿瑟·米勒应约来北京执导新剧本，作为老朋友的曹禺特地邀请他到家做客。吃午饭时，曹禺突然从书架上拿来一本装帧精美的册子，上面裱着画家黄永玉写给他的一封信，曹禺逐字逐句地把它念给阿瑟·米勒和在场的朋友们听。这是一封措辞严厉且不讲情面的信，信中这样写道：“我不喜欢你新中国成立后的戏，一个也不喜欢。你的心不在戏剧里，你失去伟大的灵通宝玉，你为势位所误！命题不巩固、不缜密、演绎分析也不够透彻，过去数不尽的精妙休止符、节拍、冷热快慢的安排，那一箩一筐的隽语都消失了……”

阿瑟·米勒后来详细描述了自己当时的迷茫：“这信对曹禺的批评，用字不多却相当激烈，还夹杂着明显羞辱的味道。然而曹禺念着信的时候神情激动。我真不明白曹禺恭恭敬敬地把这封信裱在专册里，现在又把它用感激的语气念给我听时，他是怎么想的。”

阿瑟·米勒的茫然是理所当然的，毕竟把别人羞辱自己的信件裱在装帧讲究的册子里，且满怀感激念给他人听，这样的行为太过罕见，无法使人理解与接受。但阿瑟·米勒不知道的是：这正是曹禺的清醒和真诚。在这种“傻气”的举动中，透露的实质是曹禺已经把这种羞辱演绎成了对艺术缺陷的真切悔悟。此时的羞辱信对他而言已经是一笔鞭策自己的珍贵馈赠，所以他要当众感谢这一次羞辱。

心胸狭窄者把羞辱变成心理包袱，而豁达乐观者则会把它看做是“激励”的别名。所以，你应该感谢人生道路上的羞辱：是它刺激你用执着战胜了自己内心深处的失败感。感谢羞辱，你的斗志和毅力才能得以升华；感谢羞辱，你才能从羞辱中提炼出自身的短处与缺陷；感谢羞辱，你才能用羞辱激励完善自我……

别把成功看得太复杂

成功很简单，而且有时越简单越成功。一个简单的想法，一个简单的理念，往往都会使你走向成功。

前苏联火箭专家库佐寥夫为解决火箭上天的推力问题而苦恼万分，食不甘味。他的妻子便对他说："这有什么难的呢？就像吃面包一样，一个不够再加一个，还不够，继续增加。"库佐寥夫一听，茅塞顿开，采用三节火箭捆绑在一起进行接力的办法，终于成功地解决了火箭上天的推力难题。

在这里，成功就是想到了一个简单的数学加法。一个简单的想法，一个简单的理念，往往就会促成事情的快速成功；而过于复杂化的思想与思路，却反而会延缓解决问题的速度。

1965 年，一位韩国学生到剑桥大学主修心理学。在喝下午茶的时候，他常到学校的咖啡厅或茶座听一些成功人士聊天。这些成功人士包括诺贝尔奖获得者、某一些领域的学术权威和一些创造了经济神话的人，这些人幽默风趣，举重若轻，把自己的成功都看得非常自然和顺理成章。时间长了，他发现，在国内时，他被一些成功人士欺骗了。那些人为了让正在创业的人知难而退，普遍把自己的创业艰辛夸大了，也就是说，他们在用自己的成功经历吓唬那些还没有取得成功的人。

作为心理系的学生，他认为很有必要对韩国成功人士的心态加以研究。1970 年，他把《成功并不像你想象的那么难》作为毕业论文，提交给现代经济心理学的创始人布雷登教授。布雷登教授读后，大为惊喜，他认为这是个新发现，这种现象虽然在东方甚至在世界各地普遍存在，但此前还没有一个人大胆地提出来并加以研究。惊喜之余，他写信给他的剑桥校友、当时正坐在韩国政坛第一把交椅上的人朴正熙。他在信中说："我不敢说这部著作对你有多大的帮助，但我敢肯定它比你的任何一个政令都能产生震动。"

后来这本书果然伴随着韩国的经济起飞了。这本书鼓舞了许多人，因为他们从一个新的角度告诉人们，成功与"劳其筋骨，饿其体肤"，"三更灯火五更鸡"，"头悬梁，锥刺股"没有必然的联系。只要你对某一事业感兴趣，长久地坚持下去就会成功，因为上帝赋予你的时间和智慧足够使你圆满做完一件事情。后来，这位青年也获得了成功，他成了韩国泛业汽车公司的总裁。许多事情并不是你想象中的那么难，该克服的困难，也都能克服，用不着什么钢铁般的意志，更用不着什么技巧或谋略。只要一个人还在朴实而饶有兴趣地生活着，他终究会发现，造物主对世事的安排，都是水到渠成的。

爱迪生一生共发明了电灯、电报机、留声机、电影机、磁力析矿机、压碎机等等总计两千余种东西。这些对于人类的伟大贡献的产生，都有赖于爱迪生的钻研精神和善于将复杂的事情简单化的良好心态。他从小就对很多事物感到好奇，而且喜欢亲自去试验一下，直到明白了其中的道理，并学会抓住事物的本质，用最简单的方法处理事情。

一天，爱迪生在实验室里工作，他递给助手一个没上灯口的空玻璃灯泡，说："你量量灯泡的容量。"便又低头工作了。过了一会儿，爱迪生问助手："容量多少？"他没听见回答，转头看见助手拿着软尺在测量灯泡的周长、斜度，并拿了测得的数字伏在桌上计算，爱迪生说："怎么弄得那么复杂，浪费那么多的时间呢？"他走过去，拿起那个空灯泡，向里面斟满了水，交给助手，说："把里面的水倒在量杯里，马上告诉我它的容量。"于是，助手立刻读出了数字。

简单，就是最直接、最有效的成功方式。虽然要想把一件复杂的事情搞得简单而有效，确实不是件容易的事情，但可以肯定的是，把复杂的事做简单，一定会有很多方法，可总有一个方法最简单、最实用，就像古希腊的哲人告诉我们的：要让生鸡蛋直立在桌子上，最快最简单的办法就是轻轻敲破鸡蛋壳。

德国农民卖土豆时把土豆分成大、中、小三类，这样卖比混着卖能赚更多的钱，但分土豆工作量大，却不是一件容易的事。有一户人家卖土豆时从不分拣，但也能卖好价钱。奥秘何在？原来他们先把土豆装进麻袋，然后再选颠簸不平的山路走，等到城里时，小的落在下面，大的在麻袋的上面。

柯达创始人乔治·伊斯曼早在一个世纪之前就创造了一句著名的口号："只要你一按，其余我来办。"这是弃繁从简理念的最佳诠释和典型应用。我们每个人都急需把弃繁从简的成功理念深植心底，并把这个理念运用到实践中，那么，简单就可以成为我们化解心理压力的有效方法，是我们走向成功的一条捷径。

今天，对于成功的渴求，已成为我们所处时代最迫切的呼声，人们对于成功的关注达到了前所未有的高度，成功的含义被阐述得越来越深刻，尤其是成功的方法也被分解得越来越多，以至于我们变得越来越困惑，不知道哪种成功方法是最直接最有效的。无形中，对于成功的追求也成为了一种人们心理上的沉重负担。其实，我们的困惑往往都是由于我们陷入了心理上的误区——把简单的事情复杂化。为什么当我们煞费苦心、竭尽全力地去追求成功时，成功却迟迟未来？问题就出在我们把成功看得太复杂了，因而做起事情来也把原本简单的问题复杂化了，从而延缓了成功的速度，减慢了做事的效率，这正是大多数人与成功无缘的主要原因之一。所以，在竞争与挑战越来越激烈的现代社会，每个人都要学会把复杂的事物简单化。

成功并不像我们看上去的那么复杂，有时越简单越容易成功，尽管这听起来有些不可思议。我们应该让心态简单一些，把复杂的事用简单的方法去做，往往会收到意想不到的效果。

改变环境不如改变自己

当你觉得你和外在环境格格不入的时候，要改变别人、改变环境是比较困难的，这时候不如改变自己吧！

一个小男孩在他父亲的葡萄酒厂看守橡木桶。每天早上，他用抹布将一个个木桶擦拭干净，然后一排排整齐地摆放好。令他生气的是，往往一夜之间，风就把他排列整齐的木桶吹得东倒西歪。

小男孩很委屈地哭了。父亲摸着孩子的头说：“孩子，别伤心，我们可以想办法去征服风。”

于是小男孩擦干了眼泪坐在木桶边想啊想啊，想了半天终于想出了一个办法，他去井边挑来一桶一桶的清水，然后把它们倒进那些空空的橡木桶里，然后他就忐忑不安地回家睡觉了。

第二天，天刚蒙蒙亮，小男孩就匆匆爬了起来，他跑到放桶的地方一看，那些橡木桶一个个排列得整整齐齐，没有一个被风吹倒的，也没有一个被风吹歪的。小男孩高兴地笑了，他对父亲说：“要想木桶不被风吹倒，就要加重木桶的重量。”男孩的父亲赞许地微笑了。

是的，我们可能改变不了风，改变不了这个世界和社会上的许多东西，但是我们可以改变自己，给自己加重，这样我们就可以适应变化，不被打败。

人生如水，只能去适应环境。如果不能改变环境，就改变自己。只有这样，才能克服更多的困难，战胜更多的挫折，实现自我。如果不能看见自己的缺点与不足，只是一味地埋怨环境的不利，从而把改变境遇的希望寄托在改变环境上面，这实在是徒劳无益的。

有人喊出这样的口号：你改变不了过去，但你可以改变现在；你想要改变环境，就必须改变自己。在淘金热中，利维和其他常人不同，利维从淘金这种繁重的体力劳动中发现淘金人需要结实耐用的工作服。于是，他调整思路，放弃所有人都热衷的淘金事业，立即展开以帆布为布料制成牛仔裤的生产事业，把产品卖给上述众多淘金客，从此走上了致富之路。

一个人不能时时刻刻都和环境相宜。当环境恶劣的时候，我们不是设法来应付环境，就是设法改变自己，使自己能适应环境。适应和应付不同：适应是让自己去迎合环境，往往是顺着潮流，成为识时务的俊杰。但是“识时务者为俊杰”这一句格言早已成了“不讲气节”，“没有操守”的别名。于是志士仁人总不肯改变自己来迁就环境，并且在积极方面还要改造环境，来迁就自己。这样一来，就变成应付环境了。

适应是一种觉悟，应付却是一种手段。为了应付往往不是以真理为前提，而是以利害为前提。眼看目前的难关过不了，就勉强委屈一下自己，以求渡过难关。这样，往往是头痛医头，脚痛医脚，一个难关过去了，就以为天下从此太平，自己可以高枕无忧。却不知道如果不能彻底觉悟，彻底改变自己，仍旧是难关重重的。

托尔斯泰说：“世界上有两种人：一种是观望者，一种是行动者。大多数人都想改变这个世界，但没人想改变自己。”其实当你不能改变这个世界时，改变自己才是明智的选择！做人如水，做事如山。做人要柔和、谦和，像水一样顺势而为；做事要诚实、踏实，像山一样拔地而起。要改变现状，就得改变自己。要改变自己，就要改变自己的观念。一切成就，都是从正确的观念开始的。一连串的失败，也都是从错误的观念开始的。要适应社会，适应变化，就要改变自己。

“森林中有一个分岔口，我愿选择脚印少的那一条路，这样我的一生会截然不同。”一条路走的人多了，总会弄得泥泞不堪，总会弄得尘土飞扬。为何不换一条路走走，也许一切将会是另一种样子。把握自己的今天，那么明天绝对会更好。你不能左右天气，但你可以改变心情；你不能选择容貌，但你可以展现笑容。你对生活微笑，那么生活也对你微笑。让我们的心不再压抑，让它解脱吧。让自由的心灵飞翔，去迎接那绚丽的阳光吧！

第三节　烦恼往往都是自找的

有些事不是你想象的那样

眼见不一定为实，有时候，我们连自己的眼睛都不能相信。

从前有一个和尚跟一个屠夫是好朋友。和尚天天早上要起来念经，而屠夫要天天起来杀猪。

为了不耽误早上的工作，于是他们约定早上互相叫对方起床。

多年以后，和尚与屠夫相继去世了。屠夫上天堂了，而和尚却下地狱了。

为什么会这样呢？和尚觉得很不公平，于是向阎王申冤。

阎王听后笑了笑："很简单。因为屠夫天天做善事，叫和尚起来念经；相反地，你却是天天叫屠夫起来杀生……你不入地狱，谁入地狱？"

和尚顿时哑口无言。

确实，世界上有很多事都是你认为对的，却不一定是对的。其实，很多事情不是你想象的那样的。有时候，我们往往会被自己的主观思维所误导。

一天，一个盲人带着他的导盲犬过街时，被一辆失去控制的大卡车撞上，盲人和狗都惨死在车轮下。

主人和狗一起到了天堂门前。一个天使拦住他们："对不起，现在天堂只剩下一个名额，你们两个只能有一个上天堂。"

主人一听，连忙问："我的狗又不知道什么是天堂，什么是地狱，能不能让我来决定谁去天堂呢？"

天使鄙视地看了这个主人一眼，皱起了眉头，说："很抱歉，先生，每一个灵魂都是平等的，你们要通过比赛决定由谁上天堂。"

主人失望地问："哦，什么比赛呢？"

天使说："这个比赛很简单，就是赛跑，从这里跑到天堂的大门，谁先到达目的地，谁就可以上天堂。不过，你也别担心，因为你已经死了，所以不再是瞎子，而且灵魂的速度跟肉体无关，越单纯善良的人速度越快。”

主人想了想，同意了。

天使让主人和狗准备好，就宣布赛跑开始。天使以为主人为了进天堂，会拼命往前奔，谁知道主人一点也不忙，慢吞吞地往前走着。更令天使吃惊的是，那条导盲犬也没有奔跑，它配合着主人的步调在旁边慢慢跟着，一步都不肯离开主人。

天使恍然大悟：原来，多年来这条导盲犬已经养成了习惯，永远跟着主人行动，在主人的前方守护着他。可恶的主人，正是利用了这一点，才胸有成竹，稳操胜券，他只要在天堂门口叫他的狗停下，就能轻轻松松赢得比赛。

天使看着这条忠心耿耿的狗，心里很难过，她大声对狗说：“你已经为主人献出了生命，现在，你这个主人不再是瞎子，你也不用领着他走路了，你快跑进天堂吧！”

可是，无论是主人还是他的狗，都像是没有听到天使的话一样，仍然慢吞吞地往前走，好像在街上散步似的。

果然，离终点还有几步的时候，主人发出一声口令，狗听话地坐下了，天使用鄙视的眼神看着主人。

这时，主人笑了，他对天使说：“我终于把我的狗送到天堂了，我最担心的就是它根本不想上天堂，只想跟我在一起……能够用比赛的方式决定真是太好了，只要我再让它往前走几步，它就可以上天堂了，那才是它该去的地方。所以我想请你照顾好它。”

天使愣住了。

说完这些话，主人向狗发出了前进的命令。就在狗到达终点的一刹那，主人像一片羽毛似的落向了地狱的方向。他的狗见了，急忙掉转头，追着主人狂奔。满心懊悔的天使张开翅膀追过去，想要抓住导盲犬，不过那是世界上最纯洁善良的灵魂，速度远比天堂中所有的天使都快。

最后，导盲犬又跟主人在一起了，即使是在地狱，导盲犬也永远守护着它的主人。

天使久久地站在那里，才知道自己从一开始就错了。

一千个人眼里就有一千个哈姆雷特。同样，同一件事情，在不同的人看来，就有不同的是非曲直。因为每个人在看待事物时，都会或多或少地戴上有色眼镜，用自己的喜好、经验和标准来进行评判，结果就是——我们往往看到了假象。这一点，就连圣人也不能避免。

有一次，孔子和弟子一起出游的时候。大家都非常饿，但是只有一点点粮食，于是就让颜回煮了一锅粥。

孔子经过厨房的时候，看见颜回正在拿勺子喝粥。孔子非常生气，心想：大家都饿，就这么点粥，没想到你倒先吃起来了，亏你还以贤良闻名天下……孔子越想越气，正要发作，却听见颜回说："哎呀，又脏了，烟灰真大啊！"

孔子仔细一看，原来颜回舍不得被烟灰弄脏的粥，就自己吃了。孔子不由感叹，单凭眼睛就莽撞地做出判断，差点就造成了无法挽回的伤害啊。

眼见不一定为实，有时候，我们连自己的眼睛都不能相信。因为眼睛看到的只是最表面的东西，它代表的不一定就是真相。

世界上有太多的假象，我们虽不能做到事事通透明白，但至少可以做到"凡事多思考，多问几个为什么"。只有这样，我们才能不被假象蒙蔽，造成不必要的误会。

凡事不要自我设限

失败常常不是因为我们不具备这样的实力，而是在心理上默认了一个"不可跨越"的高度限制。

几年前，李莉南下深圳求职，根据她的经验和能力，负责一个部门绝对没有问题。

李莉的一个朋友对通信行业比较熟悉，人缘也不错。于是，朋友给一家电信公司的张总工程师打了个招呼，然后让李莉约定时间面试。李莉认为自己没有在大电信公司做过主管，怕面试无法通过，又担心做不好工作，会损了朋友的面子，只好"退而求其次"，想自己通过招聘渠道找工作。

李莉先给几家用人单位寄去简历，却石沉大海毫无消息。接着，李莉又去找人才市场和职业介绍所，也面试了几家用人单位，但结果往往是"高不成低不就"。

时间一晃一个月过去了，李莉也急了。最后，李莉决定打电话给张总工程师。秘书接过电话问道："请问您找哪一位？"

李莉回答说："请找张总。"

秘书说："对不起，张总正在开会，可以请您留下口信吗？"李莉觉得彼此不熟，又不好意思留口信，只好挂了电话。

朋友看在眼里，急在心里，给李莉讲了一个“跳蚤的故事”。

有人曾经做过这样一个实验：他往一个玻璃杯里放进一只跳蚤，发现跳蚤立即轻易地跳了出来。再重复几遍，结果还是一样。根据测试，跳蚤跳的高度一般可达它身体的400倍左右。

接下来实验者再次把这只跳蚤放进杯子里，不过这次是立即在杯子上加一个玻璃盖，“嘣”的一声，跳蚤重重地撞在玻璃盖上。跳蚤十分困惑，但是它不会停下来，因为跳蚤的生活方式就是“跳”。一次次被撞，跳蚤开始变得聪明起来了，它开始根据盖子的高度来调整自己跳的高度。再一阵子以后呢，发现这只跳蚤再也没有撞击到这个盖子，而是在盖子下面自由地跳动。

一天后，实验者开始把这个盖子轻轻拿掉了，它还是在原来的这个高度继续地跳。三天以后，他发现这只跳蚤还在那里跳。

一周以后发现，这只可怜的跳蚤还在这个玻璃杯里不停地跳着，其实它已经无法跳出这个玻璃杯了。

让这只跳蚤再次跳出这个玻璃杯的方法十分简单，只需拿一根小棒子突然重重地敲一下杯子；或者拿一盏酒精灯在杯底加热，当跳蚤热得受不了的时候，它就会“嘣”的一下，跳出来……

李莉很快就领悟到其中的意思，默然半晌，没有做声。

第二天一早，李莉就给张总打电话，又是秘书接的电话，但见她直呼张总的名字，秘书不敢怠慢，很快接通电话……面试很顺利，李莉顺理成章地成为了部门主管。

现在，李莉已成为该公司的资深主管，上司正准备提升她为副总经理。张总工程师现在也已经成为总经理。张总多次对李莉的朋友说：“真该好好感谢你啊，要不我上哪儿去找这么好的得力助手去啊？”

在这个故事里，跳蚤真的不能跳出这个杯子吗？绝对不是。而是因为，它的心里面已经默认了这个杯子的高度是自己无法逾越的。在科学界，这种现象被称为“自我设限”。

在生活中，是否有许多人像这只跳蚤一样，不断自我设限呢？年轻时雄心万丈，意气风发，一旦遭遇挫折，便开始怀疑自己的能力，抱怨上天不公。慢慢地，他们不是想方设法去追求成功，而是一再地降低成功的标准。他们已经在挫折和困难面前屈服了，或者已习惯了。他们往往因为害怕去追求成功，而甘愿忍受糟糕的生活。他们害怕失败和挫折，在他们眼里，一切都是那么困难。慢慢地，他们的心里面已经默认了一个“高度”，这个高度常常暗示自己的潜意识：成功是不可能的，这是没有办法做到的。“自我设限”是人无法取得成就的根本原因之一。所以，要塑造一个全新的自我，就要打破这种“心理高度”，停止自我设限。

别把生活搞得太复杂

很多事，其实并不复杂，但是我们却把它们复杂化了。

谢凯去一位朋友家做客，朋友出了一道考题：“有四条小虫子排成一条直线往前走，排在最前面的虫子说它的后面有三条虫，排第二位的小虫说它的后面有两条虫，第三条虫子说它的后面有一条虫，而最末尾的一条虫子却说它的后面有三条虫，这是怎么回事？”

谢凯想了半天，把以前回答脑筋急转弯的智慧都用上了，也想不出合理的答案，只好认输。

谢凯问朋友答案，朋友笑着说：“答案很简单，因为那最后一条虫子在撒谎。”

谢凯恍然大悟：是啊，这么简单的道理，我怎么就没想到呢！容易的问题，我怎么还偏把它想复杂了。

朋友得意地说：“这是给6岁孩子出的题目。几乎没有难住孩子们，却差不多难住了所有的大人。很多人都表示，自己想到过这个答案，但是觉得问题没这么简单，于是纷纷钻牛角尖……”

谢凯听了有点羞愧，不由得回想起一件事情：“记得我大学毕业后第一次去上班，到公司后，却发现怎么也推不开玻璃门。我憋足了劲用力推，还是不开。我很纳闷，这门没锁啊，怎么打不开呢。我想问问另外房间的同事，但是连个门都打不开，那人家怎么看我……正想着，一个同事路过，提醒我：这门是拉开的，不是推的。我当时难堪死了……这么简单的道理，我怎么就没想到呢？”

说完，谢凯和朋友感慨不已，更多的是沉思。

当我们是孩子的时候，遇到类似1加1等于几这样的问题很快会给出答案。但是，随着年龄的增长，当我们拥有了丰富的知识和阅历后，我们反而变得茫然而无所适从了，对很简单的问题，总是想得那么复杂。

经常有人羡慕小孩子的单纯快乐和无忧无虑，而纳闷自己为什么总是郁郁寡欢。造成这种状况的，往往不是生活本身的问题，而是我们自己把生活复杂化了。

在生活这件事上，我们这些自命不凡的成年人，往往还不如在我们眼里不屑一顾的“小不点儿”。

有这样一个故事：外国有一家杂志社悬赏一万美元向全球征集最佳答案：有一架直升机载着三个人，其中一个是美国著名的物理学家，另外两个分别是德国著名的生物学家和英国的作家。

直升机在穿越海峡的时候发生了意外，为了挽救飞机和生命，把损失降到最小，必须把一个人扔下去，那么应当把谁扔下去呢？

这件事引起全世界人民的极大兴趣，杂志社收到了来自各地的不同答案。人们各抒己见，侃侃而谈。但绝大多数都是从不同的方面论证他们各自的重要性，一时间谁也无法说服谁。公布结果的那天到了，奖金的得主竟是一个年仅八岁的小男孩，他的答案很简单：把那个最胖的扔下去！

很多事，其实并不复杂，就如同这个简单的答案一样。可是，如今的社会，复杂的人已经将简单的事复杂化了。

要得到内心的那份坦然和快乐，就从现在起，做一个简单的人，率性而为，永远保持着纯真和童心。

简单是一种平淡，却不是枯燥；简单是一种平凡，却不是平庸；简单是一种原汁原味的美。简单做人，洒脱自在。简单生活，逍遥一生。

很多事其实很简单

事情很少有根本做不成的，之所以做不成，与其说条件不够，不如说行动不够。

天下无难事，行动了，迟早会得到解决；不去做，那么任何事都难于上青天。

有个人，在他的一生中遭受过两次惨痛的意外事故。第一次不幸发生在他 46 岁时。一次飞机意外事故，使他身上 65% 以上的皮肤都被烧坏了。在 16 次手术中，他的脸因植皮变成了大花脸。他的手指没有了，双腿特别细小，而且无法行动，只能瘫在轮椅上。谁能想到，6 个月后，他又亲自驾驶着飞机飞上了蓝天！

四年后，不幸再一次降临到他的身上，他所驾驶的飞机在起飞时突然摔回跑道，他的12根脊椎骨粉碎性骨折，腰部以下永久瘫痪。

但他没有把这些灾难当做自己消沉的理由，他说："我瘫痪之前可以做一万种事，现在我只能做9000种，我还可以把注意力和目光放在能做的9000种事上。我的人生遭受过两次重大的挫折，所以，我只能选择把行动和努力拿来作为自己排除不幸和缺陷的力量。"

这位生活的强者，就是米契尔。正因为他永不放弃努力，最终成为一位知名企业家和公众演说家，还在政坛上获得一席之地。

可见，在同样的环境、同样的条件下，不同的人，就会产生不同的结果。事在人为，只要去尝试了，就没有难事。台湾的证严法师说过一句话："做，就是对的！不做就永远是错的！"是的，去做了虽然不一定能成功，但是你不去做，连成功的可能性都没有！一个真正热爱生活的人，只会马上去做自己想做的事，而不会去问该如何做，更不会给自己找借口推三阻四。

米契尔的事迹，在我们看来匪夷所思，但是很多事情都是这样，只要你去努力尝试了，你就会发现——原来这么简单！

亚历山大大帝在进军亚细亚之前，路过著名的朱庇特神庙。关于朱庇特神庙有个著名的预言，这个预言说的是谁能够将朱庇特神庙的一串复杂的绳结打开，谁就能够成为亚细亚的帝王。在亚历山大大帝到来之前，这个绳结已经难倒了来自很多国家的智者和国王。因为军队即将开拔，能否打开这个神秘的绳结，关系到了军队整体的士气。

亚历山大大帝仔细观察着这个绳结。果然是天衣无缝，无懈可击。这时，他灵光一闪："既然前人没人能够解开，那么我为什么不用自己的行动来打开这个绳结呢！"于是，他拔剑一挥，绳结被一劈两半，这个困惑了世人几百年的难题就这样被轻易地解决了。亚历山大也因此成为了亚细亚的帝王，众人心服口服。

亚历山大大帝勇于行动，不墨守成规，显示了非凡的智慧和勇气，成就了他亚细亚帝王的伟业。可见，即使是再棘手的难题，在行动面前都不堪一击。

万事为之则易，不为则难。目标有难有易，但只要付诸行动，多么难的事情也会变得容易。不行动的话，容易的也会变得很困难。只要付出行动，你会发现，看起来很难的事情，其实轻而易举就可以得到解决；而光想不做，再简单的事情都会觉得无比困难。

从前有一户人家的花园里摆着一块大石头，人一不小心就会踢到那一块大石头。

儿子问："爸爸，那块讨厌的石头，为什么不把它挖走？"

爸爸这么回答："你说那块石头？从你爷爷时代，就一直放到现在了，没事无聊挖石头，还不如走路小心一点。"

过了几年，这块大石头留到下一代，当时的儿子娶了媳妇，当了爸爸。

有一天，儿媳妇气愤地说："爸爸，菜园那块大石头，我越看越不顺眼，改天请人搬走好了。"

爸爸回答说："算了吧！那块大石头很重的，可以搬走的话在我小时候就搬走了，哪会让它留到现在啊？"

儿媳妇心里非常不是滋味，那块大石头不知道让她跌倒多少次了。

有一天早上，儿媳妇又被绊倒了一次，她忍无可忍，于是带着锄头来到花园。结果，她用锄头轻轻一撬，石头就松动了，再看看大小，这块石头没有想象的那么大，都是被那个巨大的外表蒙骗了。

只有行动才能改变事实。只说不做，石头还是原地不动，只有行动起来，才能解决问题。做了，你才会发现，原来问题没有想象中那么困难。

烦恼往往是自找的

同样的瓶子，你为什么要装毒药呢？同样的心，你为什么要让它充满烦恼呢？

一个人被烦恼缠身，于是四处寻找解脱烦恼的方法。

有一天，他来到一个山脚下，看见在一片绿草丛中，有一位牧童骑在牛背上，吹着悠扬的横笛，逍遥自在。他走上前去问道："你看起来很快活，能教我解脱烦恼的方法吗？"

牧童说："骑在牛背上，笛子一吹，什么烦恼也没有了。"

他试了试，却无济于事。于是，又开始继续寻找。

不久，他来到一个山洞里，看见有一个老人独坐在洞中，面带满足的微笑。

他深深鞠了一个躬，向老人说明来意。

老人问道："这么说你是来寻求解脱的？"

他说："是的！恳请不吝赐教。"

老人笑着问："有谁捆住你了吗？"

"……没有。"

"既然没有人捆住你，何谈解脱呢？"

他蓦然醒悟。

我们烦恼，我们觉得自己不幸，往往不是别的，而只是因为我们自己将自己捆住了。当我们想要将自己从所谓的"苦海"中解脱出来，我们首先要做的就是问问自己的心，我们是否真在"苦海"里呢？有时候，烦恼是自己加给自己的。

古时候，在深山里有座庙，庙里住着小和尚和老和尚，他们每天都要打坐修行。

一天，小和尚对老和尚说："我每次打坐入定的时候，都有一个大蜘蛛来打扰我，害得我心烦意乱，还有点害怕，请您给点化一下。"

老和尚说："这样吧。那蜘蛛再来你就在它肚子上画个圆圈，我要看它到底是个什么妖魔鬼怪。"

小和尚就照办了，时间不久小和尚很快入定了。当他打坐完的时候，他看到自己的手放在腹部，肚子上竟然有自己画的很多小圈圈。原来骚扰自己的蜘蛛竟然就是他自己。

这个故事告诉我们：不要自己吓唬自己，烦恼往往都是自找的。正所谓：天下本无事，庸人自扰之。

人的一生太短促宝贵了，千万不要去浪费时间自寻烦恼。

有一个老太太，生了两个女儿。大女儿嫁给了伞店掌柜，二女儿嫁给了染坊老板。于是老太太整天忧心忡忡。晴天的时候，她担心伞店的雨伞卖不出去；雨天的时候，又生怕染坊的布晾不干。天天为女儿担心，郁郁寡欢。于是一个好心的邻居就跑过来对她说："老太太，你真是好福气啊。你看，晴天的时候，你二女儿的布不怕晾不干；雨天的时候，你大女儿的伞不愁卖不出去。你每天都有好事情，为什么还整天发愁呢？"老太太一听也高兴了，心想我怎么就没想到呢？

任何的快乐都是自己找的，任何的痛苦也都是自己找的。人之所以痛苦，不是追求错误的东西，就是没能领悟人生的真谛。如果你不给自己烦恼，别人也永远不可能给你烦恼。因为你自己的内心，你放不下。明白了这个道理，你的人生怎能不快乐？

在争论中没有赢家

一切都不需争论，只需给出结果。

西方人都知道这么一句谚语：当你用食指指着别人的时候，别忘了另外四个手指正指着你自己。如果你争论、反对，你或许有时获得胜利，但这胜利是空洞的，因为你永不能得到对方的好感。卡耐基说过："天下只有一种方法能得到辩论的最大利益，那就是避免辩论！"

美国波士顿《临摹杂志》曾刊登了一首打油诗："这里躺着威廉的尸体，他死还带着他的对——他死时认为自己是对的，永远对的，但他的死就像他的错误一样。"在你进行辩论时，你或许是对的。但对于事实来说，你将得不到任何东西，你只是口头占上风而已，并没有改变别人的观点，谬误永远是谬误，真理还是真理。因此，与人争辩，实在没有任何实际意义。

所以，如果你要让对方同意你，你就要谦和，避免争论。千万不要一上来就宣称："我要证明什么给你看。"那等于是说：我比你聪明，我要让你改变想法。

1981 年，被业内人士称为"成本屠夫"的王永庆为了节省 PVC 原料的运费，决定成立一支船队，直接从美国和加拿大运回 PVC 原料二氯乙烷 (EDC)，所以需要采购一批化学运输船。

章永宁是当时中船公司的董事长，他意识到如果能够争取到国际闻名的台塑的订单，那就证明中船具有承造要求极其严格的化学船的能力。于是，章永宁与其他几家知名的造船公司展开了激烈的竞争。在十家公司竞标时，中船并非最低标价，但是在议价时，中船为了取得订单，一再忍痛降价。双方讨价还价，眼看就要成交，最后王永庆希望中船能将价格的零头——50 万美元去掉。

章永宁听后欲哭无泪，中船经过几个月的千辛万苦，价格已经到了赔本的地步，王永庆还要压价。章永宁虽然悲愤交加，很想痛斥王永庆一番，但是还是忍痛和气地说："王董事长，我们还是好朋友，这笔生意我不做了，我不能对不起我的员工。"没想到王永庆感动之余，还是把造船的订单给了中船。

章永宁之所以能获得特大订单，最重要也是首要的一条就是：在整个谈话过程中，即使王永庆的要求非常过分，他也一直没有争论，避免了与王永庆正面冲突，从而一举中标，中船也因此一战成名。

诗人波普说："你在教人的时候，要好像若无其事一样。事情要不知不觉地提出来，好像被人遗忘了一样。"在争论中没有赢家。因为如果你失败，你就失败了；如果你赢得争论，却失去了朋友，达不到目的，所以你还是失败了。

有一个保险业务员，曾经多次向一位大客户推销保险，但任凭他磨破了嘴皮，客户就是不买他的账。但就在最近，他听说那位客户投保了另一家保险公司，而且数额不小。推销员百思不得其解。这是为什么呢？原来在他第一次向客户推销不成时，他离开时说了一句表示决心的话："我将来一定会说服你的。"而那位客户也回敬了一句："年轻人，别太自以为是！"推销员就这样永远失去了一位大客户。

人都是好胜的，如果我们硬要争出个子丑寅卯、胜负成败的话，事情非失败不可。人都是喜欢谦和的人。如果你能以谦和的态度对待别人，就能把事情处理好。科学家伽利略说得好："你不能教人什么，你只能帮助他们去发现。"

你要促成别人的意见同你一致吗？下面是卡耐基总结的八项原则，有些我们从上面的故事中已经认识到，有些我们还可以细细玩味：

（1）得到辩论最大利益的唯一方法，就是避免辩论，所以一定要控制自己的情绪。

（2）尊重别人的意见。千万别说"你错了"，更不要自以为是。

（3）如果你错了，就应该迅速而真诚地承认错误。

（4）要以友善的态度和人交流，要保持微笑。

（5）要立刻让别人说："是的，是的。"这是苏格拉底的方法，他先问些对方同意的问题，让对方不断地回答"是"，等到对方觉察到时，你们已经得到一致的肯定结论了。

（6）使对方多说话，并且肯定他的意见。

（7）时刻站在他人的角度思考问题，做决定时要让别人觉得那是他们的主意。

（8）保持倾听的姿态，千万不要随便打断他人。

我们需要朋友，更需要对手

要成功需要盟友就行了，要非常大的成功就需要敌人和战友。

一位动物研究学家在考察生活于非洲奥兰治河两岸的动物时，注意到河东岸和河西岸的羚羊不太一样，前者繁殖能力比后者更强，而且奔跑速度每分钟要快15米。他感到十分奇怪，既然环境和食物都相同，为什么差别如此之大?

为了解开其中之谜，动物学家和当地动物保护协会进行了一项实验：在河两岸分别捉10只羚羊送到对岸生活。结果送到西岸的羚羊繁殖到了15只，而送到东岸的羚羊只剩下4只，另外6只被狼吃掉了。

通过分析和研究，谜底终于被揭开了：原来东岸的羚羊之所以身体强健，是因它们附近居住着一个狼群，这使羚羊天天处在一个“竞争氛围”之中。为了生存下去，它们变得越来越有战斗力。而西岸的羚羊长得弱不禁风，恰恰就是因为缺少天敌，没有生存压力，开始慢慢退化。

从羚羊的故事我们可以知道，拥有一个强劲的对手真是一件幸事。我们需要朋友，我们更需要对手。朋友可以从感情上带来最好的鼓励，对手则可以从理智上带来最深的刺激。对手的刺激，让我们可以学到最重要的东西。有一个相互比较竞争的对手，往往可以带来长久的成长。

美国人金·吉列长着一脸大胡子，隔两三天就要刮一次脸。当时的剃须刀很不好用，用不了几次就会变钝，磨得太锋利又容易割破脸。

吉列在烦恼之余就想：“能不能发明一种安全剃须刀呢？”于是，他在20世纪初创办了金·吉列剃须刀公司，并很快获得了成功。

当金·吉列的产品在市场上大红大紫时，一家名叫盖斯门公司的小企业悄悄地与金·吉列较上了劲。它与别的竞争者做法不一样，没有公开叫板，而是抢在金·吉列公司之前，不动声色地组织力量在市场上进行广泛深入的调查，收集金·吉列的缺陷。金·吉列公司当然不会善罢甘休，马上开发出新的双面刀片。

这时候，盖斯门公司的决策者们巧妙地避开正面的刀片之战，而是在刀架上狠下功夫。不久，该公司就推出了一种新式刀架。

面对盖斯门公司咄咄逼人的攻势，金·吉列公司凭借自己财大气粗的实力，不再小打小闹，干脆将原来剃须刀的设计全部推翻，重新设计，研制出一种刀架通用、双面刀片的剃须刀。盖斯门公司为在市场上占有一席之地，也不甘示弱，发明了与之抗衡的带轻型刀架、不锈钢双面刀片的剃须刀。

就是在这种互为压力、激烈竞争的环境下，经过几番较量和厮杀，金·吉列公司和盖斯门公司都取得了巨大的进步，市场也得到了充分的开拓。综观盖斯门公司发展壮大的整个历程，不难发现强有力的竞争对手所起的重要作用。

不但生物的进化、社会的发展都需要对手，人的每一次进步都有对手的一份功劳。

邓亚萍和乔红，曾经是世界上两名排名最靠前的乒乓球运动员。乔红“出道”较早，稳居第一，但随着邓亚萍的出现，她就一直屈居第二，直至退役也没有拿到过第一。常常有人替乔红遗憾：“如果没有邓亚萍，这几年的世界冠军不就是你的了。”乔红总是笑着说：“若不是她，我也不会天天感到有压力，拼命提高技术，水平会比现在差得多。”如果有人去问邓亚萍，她的回答一定也差不多。可见，正是有了对手，才有了她们的进步。

其实，如果你是一枚硬币的正面，那么，你的对手就是硬币的另一面。虽然存在着竞争，但如果失去一方，另一方的存在就变得没有意义。欧那西斯说，要成功需要盟友，要非常大的成功就需要敌人和战友。康熙喝酒时要先敬三碗酒，第三碗是向他的敌人敬的。他说如果没有这些人，就不会成就他的大事业。所以，我们应该感谢对手。

人比人气死人，不要和别人比

令人沮丧的往往并非事实，而是比较。

记得有位名人说过：“令人沮丧的往往并非事实，而是比较。”总是喜欢与别人比较，这是一种很危险的状态，会使你慢慢变成牢骚专家。人比人气死人，与其羡慕别人，不如好好珍惜现在拥有的。

周娜的朋友刘佳近日乔迁之喜，请她和几个朋友上门做客。

坐在刘佳新居宽敞的客厅里，周娜想想自己的蜗居，不禁气馁。刘佳老公高谈阔论，滔滔不绝，周娜的老公则只管捧着茶杯在一旁呵呵傻笑。

“你看看人家，你再看看你！”周娜暗地里“恨铁不成钢”。

周娜忍不住偷偷地将自己老公同人家老公比了又比，结果，只是放大了她老公的缺点。真是越比越没劲，周娜越想越郁闷。

过了一段时间，周娜给刘佳送个东西。刘佳两口子都在家。

刘佳挽着袖子，趴在地板上打蜡，她老公则悠然自得地跷着二郎腿看电视，不时盛气凌人地抬手指点说：“喏，这儿，还有那儿，没擦匀，重擦。”刘佳被呼喝着忙来忙去。

周娜实在看不下去了，逗刘佳老公："你怎么不懂得怜香惜玉呀，这么粗笨的活叫刘佳一个人做？"

谁知，他不以为然："哼，我出钱买了这房，难道还要叫我出力啊？"

周娜为之愕然。回家路上，周娜想："刘佳一个月好歹也挣大几千块钱。凭什么她又出钱又出力，还被老公看作是天大的恩赐？想想自己真可笑，居然还羡慕人家的老公。自己一家三口虽然住得并不宽敞，却也其乐融融。我常图清闲将洗衣做饭之类的家务事推给憨厚的老公，他却心甘情愿地大包大揽下来，全无半点责怪。现在想来，我呀，真是身在福中不知福。"

这时，周娜终于明白了一个道理：千万不要和别人比。其实，人们只看见月亮皎洁、明亮的光辉，却忘记了月亮背面也是有阴影的。

每个人都有各自的特点，有自己的长处，也有自己的短处。人贵有自知之明，何必拿自己的短处去和人家的长处比呢？你只要做好你自己就行了。

有谚云："人比人，气死人。"比较、计较，这是烦恼的来源。人的欲望是无限的，满足不了就不痛快。只要用心观察，你就会发现，爱比较的现象屡见不鲜。

妻子对丈夫说："看邻居家都买宝马了，和你一起进单位的大周现在都当局长了，你姐夫又买房子了，我堂兄的孩子都进重点高中……你怎么就不争气呢？我跟着你真是倒霉！"

工作中，总觉得自己做得比别人多，但是却总得不到上司的赏识，觉得自己被埋没了。

对影视明星不屑一顾，觉得他们只要随便说几句话、搔首弄姿就能赚大钱，自己累死累活却只能勉强糊口，觉得很不公平，并忿忿不平。

每天辛勤工作，拼命赚钱，钱却永远赚得没有别人多，不甘心，更不服气。

看到别人时来运转，开始发迹，便眼红了，心想："不就是运气好吗？换了我，我能比他做得更好！"

……

其实，这么比较，有意义吗？人家再怎么好，那也是人家的事。家家有本难念的经，殊不知，辉煌的背后隐藏着多少痛苦和牺牲！你要是不服气，还不如省下抱怨的工夫干点实事呢。

西方有句谚语：与其抱怨黑暗，不如点燃蜡烛。看别人过得好，有这方面的能力就化压力为动力，努力让自己也能变得更好。没有这方面的能力，你就死了这份心，安心地过你的日子。人与人不同，何必弄得自己不开心呢？

所以，每个人都应该有这么一种观念：我不和别人比，别人再好，我也不羡慕。我只和自己过去比。这样一天比一天好，你就总会有幸福感，心里就会得到真正的安宁。

学会变通，别做固执的傻子

固执就是你跌向深渊的加速度。

人们总是赞扬坚持而鄙视放弃，因为坚持代表了一种顽强不屈的毅力，促使人们走向成功。但是，在坚持的同时还应该注意一些技巧，如果方向方法不对，只会在错误的道路上越走越远，这时候，只有果断的放弃才是明智之举，盲目的坚持就是固执，将使你陷入困境。

一场暴雨后，暴涨的洪水开始淹没整个小城市。一位虔诚的基督教徒在教堂里祈祷，眼看洪水已经淹到膝盖了。

一个救生员划着小船来到教堂，跟教徒说："先生，赶快上来吧！不然洪水会把你淹死的！"

教徒说："不！我深信上帝会来救我的，你先去救别人好了。"

过了不久，洪水已经淹过教徒的胸口了。这时，又有一个警察开着快艇过来，跟教徒说："先生快上来，否则你真的会被淹死的！"

教徒说："不，我要守住我的教堂，我相信上帝一定会来救我的。"

又过了一会，洪水已经把整个教堂淹没了，教徒只好紧紧抓住教堂顶端的十字架。一架直升飞机缓缓地飞过来，飞行员丢下绳梯之后大叫："快上来，这是最后的机会了！"

教徒还是意志坚定地说："不，我要守住我的教堂！上帝一定会来救我的。你还是先去救别人好了。上帝会与我共在的！"

最后，固执的教徒终于被淹死了……

教徒上了天堂后，见到上帝后生气地质问："主啊，我终生奉献自己侍奉您，为什么您不肯救我！"上帝说："我怎么不肯救你？第一次，我派了小船来救你，你不要，我以为你担心小船危险；第二次，我又派一只快艇去，你还是不要；第三次，我都派了一架直升飞机去救你，结果你还是不愿意接受。所以，我以为你急着想要回到我的身边来，就让你来好好陪我啊！”

人总会犯错误，但怕就怕执迷不悟，一错再错。故事中的教徒如果不这么固执，就不会被淹死了。人生中很多的挫折和失利，都是由于过度的固执造成的。所以，一味地固执只会导致更大的失利，果断放弃才是正确的选择。

有两个青年在报纸上发现了一则将清水变成汽油的广告，他们大喜过望，于是马上开始了夜以继日的研究。通过持续两个月的努力，他们一无所获，其中一个人通过这些天的学习发现，将水变成汽油是一件滑稽荒诞的事情，便毅然放弃了，转而去经商了。而另外一个人仍然认为，只要坚持就能成功，所以没有听从劝告，继续他的研究。

几年过去了，转行的青年已经成为了小有名气的企业家；而还在坚持研究的青年，早已经一贫如洗，神志也不清醒了。

所以，我们大可不必过于固执，以致一条路走到黑。古人说得好，变则通。及时变通，才是人生应有的态度。学会转变和放弃，才能发现人生的新天地。

快乐的秘诀就是：不为难自己

做人，没必要和自己过不去。看开点，随缘任性才能活得潇洒，得到内心的快乐。

古时候有个渔夫，是出海打鱼的好手。可他却有一个不好的习惯，就是爱立誓言，即使誓言不切实际，一次次碰壁，也将错就错，死不回头。

一年春天，他听说市面上墨鱼的价格很高，于是便立下誓言：这次出海只捞墨鱼。但此次打鱼遇到的全是螃蟹，他只能空手而归。

上岸后，他才得知，现在市面上螃蟹的价格最高。渔夫后悔不已，发誓下一次出海一定只打螃蟹。

第二次出海，他把注意力全都放到了螃蟹上，可这一次捞到的都是墨鱼。他只好空手而归。

晚上，渔夫躺在床上，十分懊悔。于是，他又发誓，下一次出海无论是遇到螃蟹，还是墨鱼，他都捞。可第三次出海，墨鱼、螃蟹都没有遇到，他遇到的是海蜇。于是，渔夫再次空手而归。

结果，渔夫没能第四次出海，就在自己的誓言中饥寒交迫地离开了人世……

设定高标准，努力工作并没有错，但当这种高标准让你无比痛苦时，那就是苛求自己了。做人，何必和自己过不去呢？看开点，随缘任性才能活得潇洒，得到内心的快乐。

中秋的禅院里一片荒芜，点缀着稀稀疏疏的杂草。

老和尚去集市买了一袋子草籽回来，交给小和尚说："你自己选个好地方撒种去吧。"

小和尚乐滋滋地拔掉杂草，小心地把草籽撒在选中的地上，眼前仿佛出现了一片绿油油的草地，蜂飞蝶舞……

不一会儿，起风了。

"不好啦，师父！草籽都被风吹走了！"

"慌什么，随它去吧。被风吹走的都是瘪的空的，没关系。"

不一会儿，来麻雀了。

"不好啦，师父！麻雀把咱们的草籽都吃了！"

"慌什么，随它去吧。反正草籽多，鸟是吃不净的，肯定还能剩下好多的，没关系。"

不一会儿，下大雨了。

"这下子完蛋了，师父！大雨把咱们的草籽都冲走了！"

"慌什么，随它去吧。雨冲到哪儿草籽就在哪儿发芽的，没关系。"

小和尚鼻子都快被气歪了，怎么碰上这么个"随它去吧"的"没关系"师父呢！

第二年春天，禅院里居然到处长满了绿油油的小草，比小和尚原先设想的最好的情况还要好上十倍。小和尚惊奇不已。

老和尚摸着小和尚的脑袋说："我早说了随它去吧，没关系的，你看是不是这样子啊，好徒弟？"

小和尚不好意思地低下了头。

小和尚如果按照自己的想法去种草的话，可能是费时又费力，还没有好的效果。在人生的道路上，我们也应该有这种坦然随缘的心态，让自己活得轻松点。

有家公司里有一位陈经理，同事都很羡慕他，羡慕他活得比较洒脱，好像对他来说没有什么事是难事，没有什么事可以影响他的好心情。

他已经50岁了，但是精神饱满，活力四射，完全像是一个年轻人，很多同事经常问他保养青春的秘诀，他说只有一句话“别难为自己”。

简单的一句话，却包含着太多的哲理。你看看身边的朋友，经常为了收入低、工作忙、买房子而愁颜不展，苍老了一颗年轻的心。

现在的社会，充斥着太多的诱惑和浮躁。金钱，以健康为代价；婚姻，以爱情为代价；家庭，以真诚为代价。诚然，人有很多东西值得去追求，但是千万别为难自己，要按照自己的意志去做你想做的事，爱你想爱的人，成就你想成就的事业，这样的人生才没有遗憾。

换一种思维方式，突破思维定式

我们往往太习惯于自己既定的思维方式，从而得出不恰当的结论。其实，很多事情，换个角度，也许结果就会不同。

一个教授向他的学生提出这样一个问题：一个聋哑人到五金店买钉子，为了向售货员说明要买的东西，他左手做出拿钉子的样子，右手做出拿锤子敲打的样子。售货员给他拿来一把锤子，聋哑人摇了摇头，右手指了指左手，于是顺利地买到了钉子。

“那么，请问，如果一个盲人要去五金店买剪刀，有什么方法最简便呢？”教授问道。

一个学生马上抢答：“他只要伸出两个手指头做剪刀剪东西的样子就行了。”其他的学生也都表示赞同。

教授最后说道：“他其实只要开口告诉售货员买剪刀就行了。这个问题的目的就是要告诉大家，一个人要是被思维定式所困，就会走入思维的死角。”

在过去的岁月里，在人们的头脑中积累总结了很多解决问题的套路和模式，使各种问题得以轻松解决。但正是这些约定俗成的套路和模式，阻碍了人们去解决问题。所以，当你感到无路可走时，换一种思维方式，跳出惯性思维，也许你马上就能找到一条新的道路，一个新的目标，一种新的境界。

英国机械专家布利阿里是位和武器打交道的人，他的绝大多数时间都在琢磨枪支的性能和构造，但他最大的成就不是发明了什么武器，而是发明了与武器毫不相干的不锈钢餐具。

第一次世界大战前，英国热衷于殖民扩张，但英军发现他们的枪支使用时间一长，射程和命中率就大大降低。布利阿里的任务就是改进枪支构造，设法解决枪支的性能问题。于是他通过各种渠道找到了各种各样的合金钢，进行耐磨和耐热的试验。由于品种繁多，试验时间被拖得很长，试验场地上很快被各种合金钢堆满了。

布利阿里在清理场地时，发现一块锃光发亮的钢材，他分析了这块钢材，发现它并不适合用在枪支上，但就在想抛掉的时候，他突然觉得这么漂亮的材料没有派上用场太可惜了。他看到了试验场里暗淡无光的餐具，他想："如果把这些材料用来做餐具，不是十分漂亮吗？"因为这个念头，布利阿里成为了一位不锈钢餐具推销商。数年后，不锈钢餐具开始进入家庭。

当布利阿里获得极大收益的时候，不锈钢材料的发明者——德国人毛拉不禁感叹："我把它扔到了垃圾堆里，怎么没有想到它可以成为餐具呢？"

同样是钢铁材料，布利阿里和毛拉从不同的角度看待，就产生了完全不同的效果。换个角度，换种思维，便能够从另一个角度看问题，见人之所不见，善于突破常规，就是创造。

拍集体照，最难就是大家的眼睛问题：几十个人，甚至上百号人，咔嗒一声照下来，一般都有一些闭着眼的。闭眼的看到玉照自然不高兴："我90%以上的时间都是睁着眼，你为什么偏让我亮一副没精打采的相，这不是歪曲我的形象吗？"

一般的摄影师喊："一……二……三！"但是一般人坚持了半天以后，恰巧会在数"三"的时候坚持不住了，眼睛还是闭上了。

有个聪明的摄影师想出了一个解决方法。他的思路是：请所有照相的全闭上眼睛，听他的口令，喊到"三"的时候再一起睁开眼睛。果然，照片冲洗出来一看，一个闭眼的也没有，全都神采奕奕，比本人平时更精神，真是皆大欢喜。

生活中有很多难题，其实只要你换一个思路，都可以迎刃而解。同样一件事情，从不同的角度考虑，就会产生不同的行动，产生截然相反的结果。思维角度真是一种奇妙的东西！

在现实生活中，我们往往太习惯于自己既定的思维方式，从而得出不恰当的结论。其实，很多事情，只要换一种思维方式，我们就能冲破思维定式的束缚，创造新的天地。

第二章

学会应对

——跌倒了就再爬起来

人生起伏不定，有时似乎前方无路可走。于是，面对未知的未来，有的人胆怯了，不敢迈出下一步，而有的人很勇敢，相信车到山前必有路，绝境亦有逢生处。

第一节　挫折是成功的入场券

大海上没有不带伤的船

失败和痛苦是上帝与人们的一种沟通方式，好让你知道自己为何失败。

痛苦、失败和挫折是人生必须经历的阶段。受挫一次，对生活的理解加深一层；失误一次，对人生的领悟便增添一级；磨难一次，对成功的内涵便透彻一遍。从这个意义上说：想获得成功和幸福，想过得快乐和充实，首先就得真正领悟失败、挫折和痛苦。

英国一个保险公司曾经从拍卖市场上买下一艘船，这艘船原来属于荷兰一个船舶公司，它1894年下水，在大西洋上曾138次遭遇冰山，116次触礁，13次失火，207次被风暴折断桅杆，但是却从来没有沉没过。

根据英国《泰晤士报》报道，截止到1987年，已经有1200多万人次参观了这艘船，仅参观者的留言就有170多本。在留言本上，留得最多的一条就是——在大海上航行没有不带伤的船。

在大海上航行没有不带伤的船，我们在生活中同样不可能会一帆风顺，难免会有伤痛和挫折。失败和挫折其实本来就是人生不可或缺的一部分。失败和痛苦是上帝与人们的一种沟通方式，好让你知道自己为何失败。迈向成功的转折点，通常是由失败或挫折所决定的。

有这么一个人，他的人生简历如下：

22岁，生意失败；

23岁，竞选州议员失败；

24岁，生意再次失败；

25岁，当选州议员；

26岁，情人去世；

27岁，精神崩溃；

29 岁，竞选州长失败；

34 岁，竞选国会议员失败；

37 岁，当选国会议员；

39 岁，国会议员连任失败；

46 岁，竞选参议员失败；

47 岁，竞选副总统失败；

49 岁，竞选参议员再次失败；

51 岁，当选美国总统。

这个人就是亚伯拉罕·林肯，被认为是美国历史上最伟大的总统之一，经历了无数次的重大失败，终于在最后一次获得成功。什么叫成功者？成功者不过是爬起来比倒下去多一次。就这样的一次，便是成功者与失败者的最大区别。

追求成功的过程中一定充满挫折与失败。你不打败它们，它们就会打败你。任何人在到达成功之前，没有不遭遇失败的。每一个成功的故事背后都有无数失败的故事。伟大的发明家爱迪生在经历了一万多次失败后才发明了电灯，而沙克也是在试用了无数介质之后，才培养出了小儿麻痹疫苗。约翰·克里斯在出版第一本书之前，曾写过 564 本其他书，并遭到了 1000 多次的退稿，但他并没有灰心放弃，终于在第 565 本书获得了成功，成为英国著名的多产作家。

所以，接受失败，正确对待失败，危机就能成为转机，总会有云开雾散的一天。失误其实也是一种特殊的教育、一种宝贵的经验，换个角度去面对它，可能会有意想不到的收获。

一名德国工人在生产书写纸时，不小心弄错了配方，结果生产出一大批不能书写的废纸。他不但被扣工资，还被罚钱，最后遭到解雇。他并没有灰心丧气，在朋友的提醒下，他想到，这批纸虽然不能作为书写纸来使用，但吸水性极佳，可用来吸干器具上的水。于是，他将这批纸切成小块，取名“吸水纸”，上市后相当抢手。后来，他申请了专利，因此成为大富翁。

在行业圈子里，流传着宝洁公司的这样一个规定：如果员工三个月没有犯错误，就会被视为不合格员工。对此，宝洁公司全球董事长白波先生的解释是：那说明他什么也没干。

人的一生不可能一帆风顺。挫折失败，是人生中必然的过程与代价。只有经过挫折的考验，人才能展翅高飞，走向成熟。

挫折是成功的入场券

挫折是成功的入场券。得到了它，成功便成为挫折给你的礼物。

我们每个人都会面临各种挑战、各种机会、各种挫折，这时候你能承受的挫折的能力，就是你未来的命运。成功不是一个海港，而是一次埋伏着许多危险的旅程，人生的赌注就是在这次旅程中要做个赢家，成功永远属于不怕失败的人。

有一个博学的人遇见上帝，他生气地问上帝："我是个博学的人，为什么你不给我成名的机会呢？"上帝无奈地回答："你虽然博学，但样样都只尝试了一点儿，不够深入，用什么去成名呢？"

那个人听后便开始苦练钢琴，后来虽然弹得一手好琴却还是没有出名。他又去问上帝："上帝啊！我已经精通了钢琴，为什么您还不给我机会让我出名呢？"

上帝摇摇头说："并不是我不给你机会，而是你抓不住机会。第一次我暗中帮助你去参加钢琴比赛，你缺乏信心，第二次缺乏勇气，又怎么能怪我呢？"

那人听完上帝的话，又苦练数年，建立了自信心，并且鼓足了勇气去参加比赛。他弹得非常出色，却由于裁判的不公正而被别人占去了成名的机会。

那个人心灰意冷地对上帝说："上帝，这一次我已经尽力了，看来命中注定，我不会出名了。"上帝微笑着对他说："其实你已经快成功了，只需最后一跃。"

"最后一跃？"他瞪大了双眼。

上帝点点头说："你已经得到了成功的入场券——挫折。现在你得到了它，成功便成为挫折给你的礼物。"

这一次那个人牢牢记住上帝的话，他果然成功了。

如果将幸福、欢乐比做太阳。那么，不幸、失败、挫折就可以比做月亮。人不能只企求永远在阳光下生活，在生活中从没有失败和挫折是不现实的。挫折是成功的入场券，能使人走向成熟，取得成就，但也可能破坏信心，让人丧失斗志。对于挫折，关键在于你怎么看待。

山里住着一家猎户。父亲是个老猎手，在山里闯荡了几十年，猎获野物无数，走山路如履平地，从未出过事。然而有一天，因下雨路滑，他不小心跌落山崖。

两个儿子把父亲抬回了破旧的家，他已经快不行了，弥留之际，他指着墙上挂着的两根绳子，断断续续地对两个儿子说："给你们两个，一人一根。"还没说出用意就咽了气。

掩埋了父亲，兄弟二人继续打猎生活。然而，猎物越来越少，有时出去一天连个野兔都打不回来，兄弟俩的日子艰难地维持着。一天，弟弟与哥哥商量："咱们干点别的吧！"哥哥不同意："咱家祖祖辈辈都是打猎的，还是本本分分地干老本行吧。"

弟弟没听哥哥的话，拿上父亲给他的那根绳子走了。他先是砍柴，用绳子捆起来背到山外换几个钱。后来他发现，山里一种漫山遍野的野花很受山外人喜欢，且价钱很高。从此，他不再砍柴，而是每天背一捆野花到山外卖。几年下来，他盖起了自己的新房子。

哥哥依旧住在那间破旧的老屋里，还是干着打猎的营生。由于常常打不到猎物，生活越来越拮据，他整天愁眉苦脸，唉声叹气。一天，弟弟来看哥哥，发现他已经用父亲留给他的那根绳子吊死在房梁上。

如果给你一根绳子，你当如何？

痛苦是通往天堂的梯子

痛苦是一架梯子，对于强者来说，它通向成功的殿堂，对于弱者来说，它则通向黑暗的地狱。

在这个世界上，没有人喜欢痛苦。然而，人生就是痛苦和幸福的综合体，每一个人都摆脱不了痛苦。痛苦是一种折磨，同时又是一种力量。舒适、悠闲远不如坎坷与磨难更能锻炼人，更能发挥人的长处。痛苦造就人的禀赋，痛苦也磨炼人的禀赋，痛苦更能教人靠耐心和韧劲，从苦难之海中顽强跋涉出来。

美国巴拉马州有一个12岁的小男孩，他的名字叫做杰森，在他10岁的时候患了脑癌，已经动过三次大手术并进行了数十次电疗。主治医生认为他的病情不容乐观，但是杰森却勇敢面对他的绝症。他喜欢画画，即使在病床上，他也坚持作画，他的作品曾经数次获得全国大奖。为了在生前开第一次也许是最后一次个人画展，他每天都抽出4个小时绘画。他说："我一定要坚持活下去。贝多芬不是在耳聋后，仍创作出美妙的《月光曲》吗？"

经过多次化疗后，杰森的视力持续衰退，耳朵开始溃烂，但是他的画展依然如期开幕了。杰森因为手术无法亲临现场，只能请一位同学代念了一封他写的信。他在信中是这么说的:“我会好起来的,我相信我一定会好起来的。痛苦虽然很可怕,但我现在已经学会习惯它了。正是痛苦让我知道了人生的宝贵,我将努力珍惜以后的时光。”

勇敢的杰森已做过三手术,都是直接在脑袋上开刀。他在第三次手术时,主动要求不要麻醉药,因为癌症带来的痛苦远超过开刀的痛苦。

面对坚强的杰森,不由得让人肃然起敬。人,一旦超越了痛苦,痛苦就不再是牵绊,而是一种伟大的力量。

痛苦,是一把成长的钥匙,让你迅速成长;

痛苦,是飞翔的翅膀,让你更接近梦想;

痛苦,是人生的催化剂,让你更有力量;

痛苦,是一扇通往智慧的门,将人带入心灵的殿堂;

痛苦,是一个炼钢的火炉,让你更加刚强;

……

痛苦是一架梯子,对于强者来说,它通向成功的殿堂;对于弱者来说,它则通向黑暗的地狱。

高尔基一生历经坎坷,吃了不少苦,也收获了不少人生阅历,充实的人生经历为他的成就打下了基础。回顾往事的时候,高尔基说道:“一个人如果没有他吃不了的苦,那么就没有他做不成的事情。”人如果能正视苦难,是一种人生的豪迈。善待苦难,苦中作乐,是一种人生的乐趣!

失败是一种人生财富

一个人经历的失败越多,他的经验就越丰富,做人就越成熟,能力也就越强。

古埃及国王有一次举行盛大的国宴,厨工在厨房里忙得不可开交。一名小厨工不慎将一盆羊油打翻,吓得他急忙用手把混有羊油的炭灰捧起来往外扔。扔完后去洗手,他发现双手滑溜溜的,特别干净。小厨工发现这个秘密后,悄悄地把扔掉的炭灰捡回来,供大家使用。后来,国王发现厨工们的手和脸都变得洁白干净,便好奇地询问原因。小厨工便把自己的事情告诉了国王。国王试了试,效果非常好。很快,这个发现便在全国推广开来,并且传到希腊、罗马。没多久,有人根据这个原理研制出流行全世界的肥皂。

错误，绝对没有想象中那么可怕，它其实是一种特殊的教育、一种宝贵的经验。有时候，错误中往往孕育着机会。换个念头去面对错误，可能是另一个更圆满的成果。

2002年10月10日，一条消息在全球迅速传播开来——日本一位小职员荣获了2002年诺贝尔化学奖。一位小职员居然也获得如此大奖？没错，他就是日本一家生命科学研究所的田中。

他不是科学界的泰斗，也非学术界的精英，他甚至不是优等生，大学时还留过级；他找工作时未通过面试而被索尼公司拒之门外，后经老师的极力推荐才有机会走进现在的这家研究所。他是那样的平凡，获奖前，就连同事都不知道有田中这个人。当他接到获奖通知时，他还以为是谁在跟他开玩笑呢。

面对众多记者的追问，田中笑着说："说来惭愧，一次失败却创造了让世界震惊的发明……"

事实的确如此。当时，田中的工作是利用各种材料测量蛋白质的质量。有一次，他不小心把丙三醇倒入钴中，他没有立即推翻重来，而是将错就错对其进行观察，于是意外地发现了可以异常吸收激光的物质，为以后震惊世界的发明"对生物大分子的质谱分析法"奠定了成功的基础。

失败在悲观者眼里是灾难，在乐观者眼里却是一次改正的机会。有失败的痛苦，才有成功的欢乐；有失败的考验，才有做人的成熟。勾践被夫差打败后，卧薪尝胆十年才一雪前耻；史蒂芬孙发明的第一辆火车又笨又慢，经过无数次改良，终于成功。所以，失败也是一种财富，因为通过它又一次磨炼了你自己，完善了自我，又一次体味到坚韧的宝贵价值。

失败会使生活产生波折，从而更添生活情趣。没有遭遇过失败的人，永远是轻浮的。一个人经历的失败越多，他的经验就越丰富，做人就越成熟，能力也就越强。这样的人，只要他还能保持乐观，维持顽强的上进心，他就一定是最后的成功者。

有缺陷，就勇敢地面对

人生的意义不在于拿到一副好牌，而在于怎么样打好一副烂牌。

一只毛毛虫向上帝抱怨："上帝啊，你也太不公平了。我作为毛毛虫的时候，丑陋又行动缓慢，而当我变成了蝴蝶后，却美丽又轻盈。前期遭人厌恶，后期又招人赞美。这也太不公平了吧！”

上帝点了点头，说：“那你准备怎么办？”

毛毛虫接着说：“这样吧，平衡一下。我现在虽然丑陋点，但你让我行动轻盈点；当我化为蝴蝶后，让我行动迟缓一点。”

“这样啊，那恐怕你活不了多久啊！”上帝摇了摇头。

“为什么啊？”毛毛虫焦急地反问。

“如果你有蝴蝶的漂亮却只有毛毛虫的速度，是不是很容易就被人捉了去呢？现在之所以没人碰你，就是因为你的丑陋啊。”上帝语重心长地说。

毛毛虫想了想，决定还是做一只缓慢而丑陋的毛毛虫。

在这个世界上没有任何一个人是完美的。不要害怕自己有缺陷，会受到别人的嘲笑，要勇敢地去面对它，并将这些缺陷化作自己前进的动力。

布莱克从小双目失明，那时候他还不知道失明的后果。当他长大的时候，他知道他将永远看不到这个世界。

“上帝，为什么要这样对我？难道是我做错了什么吗？我看不到小鸟，看不到树木，看不见颜色。失去了光明，我还能干什么？”布莱克常常这么问自己。

他的亲人和朋友，还有许多好心人都来关怀他，照顾他。当他坐公共汽车的时候，常常有人为他让座。当他过马路的时候，会有人来搀扶他。但布莱克把这一切都看成是别人对他的同情和怜悯，他不愿意一直这样被同情怜悯。

直到有一天，一件事情改变了他对世界的看法。那是莱恩神父讲给他的一句话：“世上每个人都是被上帝咬过一口的苹果，都是有缺陷的。有的人缺陷比较大，因为上帝特别喜爱他的芬芳。”

“我真的是上帝咬过的苹果吗？”他问莱恩神父。

“是的，你不是上帝的弃儿。但是上帝肯定不愿意看到他喜欢的苹果在悲观失望中度过他的一生。”莱恩神父轻轻地回答道。

“谢谢你，神父，您让我找到了力量。”布莱克高兴地对神父说道。从此他把失明看做是上帝的特殊钟爱，开始振作起来。若干年后，当地传诵着一位德艺双馨的盲人推拿师的故事。

上帝知道了这件事，笑道：“我很喜欢这个美丽而睿智的比喻。我从没有放弃过任何一个苹果。”

事实上，有许多先天条件并不优秀的人之所以取得成功，是因为开始的时候有一些阻碍他们的缺陷促使他们加倍努力而得到更多的补偿。

一个男孩，从小到大都是坐在教室的最前排，因为他的个子一直是班上最矮的，只有一米二，而这个身高从此没有再改变过。他患的是一种奇怪的病，医学上称是内分泌失常导致的。

他的家境不好，父母都是农民，却要供养三个孩子念书。他上中学了，父母决定从学校抽回一个孩子，他们的目光首先落到了矮小的男孩身上。可他倔强地回绝了父亲："我要上学，学费我自己想办法！"从此，他拎着一个大大的塑料袋开始了自己的拾荒生涯，将一包包的废品换成学费。

在后来的一次事故中，父亲不幸丧失了劳动能力，他不得不连兄妹的担子也替父母扛起来。很显然，卖破烂的钱已远远不够。偶然的机会，他听人说烟台一带拾荒的人少，就和父亲来到了烟台。为了生计，他边拾荒边乞讨，有空的时候，他就坐在人来车往的大街边捧着书本看。

父亲说，讨饭的看书有什么用。他反驳道，乞丐也有两种，一种是形式上的，一种是精神上的。他是第一种。

在拾荒与乞讨的间隙，他以超乎常人的毅力与决心，学完了高中的所有课程，因为他有一个梦想。功夫不负有心人，在 2003 年，他以超出本科线 30 分的成绩被重庆工商大学录取。他就是袖珍男孩——魏泽阳。

有人问他为什么能改变自己的命运。他从容地说："我可以贫穷，却不可以低贱；我可以矮小，却不可以卑微！"

赖斯利说："人生的意义不在于拿到一副好牌，而在于怎么样打好一副烂牌。"缺陷不一定都是坏的，有可能就是你的长处和优点。只要会利用，可能还会给你带来意想不到的效果，但是，前提是你必须得正视缺陷。

人不可能十全十美，但人要永远追求完美。如果有缺陷，就要勇敢地面对，并战胜它。

第二节　伤痛是心灵的荣誉勋章

把苦难当作人生的光荣

人生的光荣，不仅仅在于舞台上的光鲜与艳丽，也不仅仅在于领奖台上的欢呼与喝彩，它更在于在舞台和领奖台下所经历的苦难和付出的汗水！

“宝剑锋从磨砺出，梅花香自苦寒来。”我们都知道，艰苦的环境会磨炼人的意志，促使人不断进取；安逸舒适的环境容易消磨人的意志，最后导致人一无所成。

人的一生有无数次机遇，也会面临无数次挑战。如果没有一种良好的心态，没有坚忍不拔的斗志，你将难以冲破黎明前的黑暗，只能同成功失之交臂。而把苦难当作人生的光荣，接受命运的挑战就是我们磨炼自己、施展抱负、实现梦想的最佳方法。

向命运低头，那是懦夫；向命运挑战，那才是强者。在生命的长河里，只有迎着风浪搏斗，才能迸出最美的浪花。请记住，命运掌握在自己的手中，你可以让它虚度一生，也可以让它忙碌一生，你可以承认失败但不可以向命运低头。

有一个渔夫，经常在潭边不远的河段里捕鱼，那是一个水流湍急的河段，雪白的浪花翻卷着，一道道的波浪此起彼伏。

一群经常钓鱼的年轻人感到非常奇怪。年轻人同时又觉得他很可笑，在浪大又那么湍急的河段里，连鱼都不能游稳，那又怎么会捕到鱼呢？

有一天，有个好奇的年轻人终于忍不住了，他放下钓竿去问渔夫：“鱼能在这么湍急的地方留住吗？”渔夫说：“当然不能了。”年轻人又问：“那你怎么能捕到鱼呢？”渔夫笑笑，什么也没说，只是提起他的鱼篓在岸边一倒，顿时倒出一团银光。那一尾尾鱼不仅肥，而且大，一条条在地上翻跳着。年轻人一看就傻了，这么肥这么大的鱼是他们在深潭里从来没有钓上来的。他们在潭里钓上的，多是些很小的鲫鱼和鲦鱼，而渔夫竟在河水这么湍急的地方捕到这么大的鱼，年轻人愣住了。

渔夫笑笑说：“潭里风平浪静，所以那些经不起大风大浪的小鱼就自由自在地游荡在潭里，对他们来说，潭水里那些微薄的氧气就足够它们呼吸了。而这些大鱼就不行了，它们需要水里有更多的氧气，所以没办法，它们就只有拼命游到有浪花的地方。浪越大，水里的氧气就越多，大鱼也就越多。”

渔夫又得意地说：“许多人都以为风大浪大的地方是不适合鱼生存的，所以他们捕鱼就选择风平浪静的深潭。但他们恰恰想错了，一条没风没浪的小河是不会有大鱼的，而大风大浪恰恰是鱼长大长肥的唯一条件。大风大浪看似是鱼儿们的苦难，恰是这些苦难使鱼儿们茁壮成长。”

同这些鱼的经历一样，每一个成功者的背后，都有无数次的失败，都有难以回首的辛酸和血泪。但是，这些东西换回来的是最后的成功。而那些优柔寡断、意志薄弱者，却总是在抱怨和无奈中心态失衡地活着，在宿命论中寻找自己的安慰。

人的一生大悲大喜，起起落落，有许多偶然，但更有其必然。命运虽然总爱捉弄那些意志薄弱的人，但幸运之神却常常青睐那些勇于进取，意志坚定的强者。意志坚强，做事从不服输者，虽然经常会饱受挫折，但最终却能领略成功的喜悦。

在我们身边也有一些普通的人，他们虽然默默无闻，但却用辛酸的汗水与泪水谱写着自己精彩的一生。

一个女孩叫胡春香，她生下来就无手无脚，手脚的末端只是圆秃秃的肉球。8 岁时，有了思想的她就想到了死，但可悲的是，她无法找到死的方法，用头撞墙，因为没有四肢支撑，在碰得几个血泡、摔得一脸模糊后还是活着；绝食，又遭到母亲怒骂，“8 年，我千辛万苦拉扯你 8 年了”。看着母亲辛酸的眼泪，她毅然决定要像人一样活下去。

她开始训练拿筷子，她先用一只手臂放在桌边，再用另一只手从桌面上将筷子滑过去，然后，两个肉球合在一起。她从用一根筷子开始，再到用两根筷子，日复一日，血痕复血痕。9 岁那年，她终于吃到了自己用筷子夹起的第一口饭。

学会了拿筷子后，她又开始学走路，她将腿直立于地面，努力保持身体的平衡，和地面接触的部位从伤痕到血泡，从血泡到厚茧，摔倒爬起，爬起摔倒，血水夹汗水，汗水夹泪水。10 岁那年，她学会了走路。

也就在这年，她有了想读书的念头，在父母及老师的帮助下，她成为村上小学的一名编外生，于是，她用胶布缠在腿上，不论寒暑和风雨，都是早早到校，她手臂的末端夹笔写字，付出比常人多数十倍的努力从小学到初中，再到自学财务大专。

1988年，云南的一家工厂破格录用她为会计，后来，她为了回报父母的养育之恩返回父母身边。回家后，她贩卖起了水果，再后来，她不仅成了远近闻名的孝女，而且还“贩回”一个高大健康的丈夫，膝下有一对活泼可爱的儿女，一家人温馨、甜蜜、其乐融融。

我们钦佩那些家境贫寒，却自强不息的人，更钦佩那些身体残缺，却能通过自己的不懈努力取得成就的人，我们从他们身上看到了他们向命运挑战的坚强意志。人的一生难免会遇到很多的苦难，无论是与生俱来的残缺，还是惨遭生活的不幸，但只要敢于面对苦难，自强不息，就一定会赢得掌声，赢得成功，赢得幸福，赢得光荣！

要为自己而喝彩

为自己喝彩，不要在意别人的目光。要记住：自己是自我生命最重要的欣赏者。

每个人来到世上，都希望演绎出辉煌的成就和个性的自我，希望自己的风度、学识、动人歌喉或翩翩身影能得到别人的认可和掌声，但并不是每个人的都能神采飞扬地处于灯光闪烁的舞台上。作为平凡的个体，大多数人只能在舞台后呢喃自己的独白，没有人关注，没有人在意，没有人给予簇拥的鲜花和热烈的掌声与喝彩。

面对此景，有些人往往感叹自己的平庸，妒羡别人的优秀。其实，何必！鲜花诚然美丽，掌声固然醉人，但它只能肯定某些人的成就，无法否定多数人的价值。只要真真正正生活，活出一个真真实实的自我。那么，即使所有的人都把目光投向别处，你还拥有最后一个观众，你还可以为自己喝彩。

人有责任成为你自己——真正的自己——而不是别的任何人。为自己喝彩，首先就要认清自己，看中自己。

一个男人昏迷了，正在弥留之际，忽然感到被接到天上去，站在那审判者的宝座前。一个声音问他说：“你是谁？”

他回答：“我是市长。”

“我没问你是什么官，我问你是谁。”

……

“我是一位百万富翁。”

“我并没有问你有多少钱，而是问你是谁。”

“我是我 4 个孩子的爸爸。”

“我并没有问你是谁的爸爸，而是你是谁？”

“我曾是一位教师。”

“我也没有问你的职业，而是你是谁？”

他们就这样对答下去，可是，不论他给予什么答案，似乎也没有答对那问题：“你是谁？”

“我是一位佛教徒。”

“我并不是问你的宗教信仰，而是你是谁？”

“我是有一颗爱心，而且，时常都帮助穷苦和有需要者的那人。”

“我也不是问你做了什么，究竟你是谁？”

这个男人始终过不了这关，因此，他被送回地上来了。当他从病中康复过来后，他决意找出他究竟是谁。此后，他的生活全改变了，一改过去的盲目与劳顿，他的人生变得丰富而充盈。

所以为自己喝彩，首先就要从认识你自己开始。要明白自己对自己的期望，为自己的人生而生活。

为自己喝彩，不必有半点的矜持和骄傲，完全可以大大方方，潇潇洒洒，只要你相信自己。为自己喝彩，不是自我陶醉，不是故弄玄虚，不是“阿 Q 主义”，而是一种超脱高昂的人生境界。

也许你是一只煅烧失败，一面世就遭冷遇的瓷器，没有凝脂样的釉色，没有龙凤呈祥的花纹；可当你摒弃杂质，从泥坯变为瓷器的时候，你的生命已在烈火中变得灼人而美丽，你应为此而欣慰。

也许你是一块矗立于山中终生承受日晒雨淋的顽石。丑陋不堪并且平凡无奇，在沧海桑田的变迁中，被人恒久地遗忘在乱石蒿草之间；可你同样应该自豪，因为你毕竟仰视天宇傲对霜雪，站成了属于你自己的独立的姿态，不随意倒下也不黯然消失，便是你内在的价值。

也许你只是一朵日益凋零的小花，只是一片被秋风撩起的落叶，只是一张被人不经意揉皱了白纸，只是一片悠悠的云彩，只是一阵无形无影的清风，或者只是任何人眼中匆匆的一瞥和嘴角边轻轻地一声叹惋，但你仍可以为你曾经有过的存在而自慰，你仍然可以为自己喝彩。

曾获得世界冠军的羽毛球选手熊国宝有一次接受访问，记者照惯例问他：“你能赢得世界冠军，最感谢哪个教练的栽培？”

熊国宝想了想，坦诚地说：“如果真要感谢的话，我最该感谢的是自己的栽培。就是因为没有人看好我，只有我自己看好我自己，我才有今天。”

原来在熊国宝入选国家代表队时，只是个绿叶的角色，虽然球已打得不错，但从来没有被视为是能为国争光的人选。他沉默寡言，年纪又比最出色的选手大了些，没有一点运动明星的样子，教练选了他，并不是要栽培他，只是要他陪着明星选手练球。有许多年的时间，他每天打球的时间都比别人长很多，因为他是好些队友的最佳练球对象。拍了线断了，他就换上一条线，鞋子破了补一块橡胶，球衣破了就补块布，零下十几度的冬天，他依然早上 5 点去晨跑练体力。做这些事，他并不在意，因为他知道自己一定能行。

有一年他入选参加世界大赛，第一场就遇到最强劲的队手，大家都当他是去当“牺牲打”的，没有人在意他会不会打赢。没想到他竟然势如破竹般一路赢了下去，甚至赢了教练心中最有希望夺冠的队友，得到了世界冠军，一战成名。

没有伯乐，熊国宝一样证明了自己是千里马。无论别人怎么看他，他都一直在心里为自己喝彩，如果连他自己都不为自己喝彩的话，他又如何能够熬过通往冠军之路上的艰辛和痛苦呢？

从呱呱坠地，我们便开始一路风雨、一路艰辛地走着。风雨总是时刻考验着你，有时它将你五彩缤纷的梦撞碎，有时它将你的苦心经营当做泡影放飞，有时路途中突下一阵苦雨，突刮一阵寒风，但无论对谁，生活都是公平的，人生的不同实际在于对自己的态度。

所以，为自己喝彩吧！铮铮地鼓起勇气，静静地梳理梦想，去完成你的使命，你的光荣。笑对沧桑，看云卷云舒；去留无意，观庭前花开花落。为自己喝彩，人生的旅途中终有一盏明灯指引着你走过水深火热，泥泞沼泽，走进繁花似锦，丽日阳春。

在生活中我们总习惯于为别人喝彩，羡慕别人的点点滴滴的完美，而对自己一些突出的优点视而不见，不以为然。于是喝彩也因耐于寂寞，而悄然离去，只剩下低头丧气的自己。而有一首歌中唱道："你我走上舞台，唱出心中的爱，迈出青春节拍，为我们的明天喝彩。"这首歌唱得多好，它能激起我们对未来的热情与向往，敢于为自己美好的青春与活力高歌，让悦人的掌声为自己响起来，让我们大胆地为自己喝彩！

人生是寂寞、坎坷、孤零的一段旅程，在百年的行程中是常需对自己喝一声彩的。为自己喝声彩，它就会给你带来一声号角，一杆旗帜，犹如一盏灯，一副拐杖，一对翅膀引领着你向前走，走过一个个的坎，经受过一次次的考验，重踏脚下的那方土，走出一条路。

成长的代价

成长需要代价，涅槃必须经过火的洗礼，人必须历经磨炼才能成功！

过去上帝还住在地球上的时候，有一天，一个农夫找到上帝，对他说："我的神啊，我知道是您创造了世界，但是您毕竟不是农夫，我得告诉您点东西，好让您把这个世界变得更美好。"

上帝借着胡子的遮掩，偷偷笑了，对他说："那你就告诉我吧。"

"那好，请给我一年时间吧。在这一年里，按照我所说的去做。我会让你看见，世界上再不会有贫穷和饥饿。"

上帝答应了。于是，在这一年里，上帝满足了农夫所有的要求。没有狂风暴雨，没有电闪雷鸣，没有任何对庄稼有危险的自然灾害发生。

当农夫觉得该出太阳了，就会阳光普照；要是觉得该下点雨了，就会有雨滴落下，而且想让雨停雨就停。

这样的环境真是太好了，小麦的长势特别喜人。

一年的时间到了，农夫看到麦子长得那么好，就又到上帝那儿去了，对上帝说："您瞧，要是再这么过十年，就会有足够的粮食来养活所有的人。人们就算不干活也不会饿死了。"

然而，等人们收割的时候，却发现麦穗里什么都没有，空空如也。这些长得那么好的麦子，竟然什么都没结出来。

农夫惊讶极了，又跑到上帝那儿去了："上帝呀，这究竟是怎么回事呀？"

"那是因为小麦都过得太舒服了，没有任何打击是不行的。"

"这一年里，它们没经过风吹雨打，也没受到过烈日煎熬。你帮它们避免了一切可能伤害它们的东西。没错，它们长得又高又好，但是你也看见了，麦穗里什么都结不出来。还是时不时需要些挫折的，我的孩子！就像白昼之间总有黑夜，风雨雷电都是必需的，正是这些锻炼了小麦。"

所以，人生的每一场风雨，都有它出现的原因，也有它存在的必要性，你必须挺过去，自己才会变得更强。下面这则寓言就说明了这个道理：

有一枝竹子不停地抱怨着，抱怨工匠手里拿着尖锐的刀子，在他身上一刀刀地削刻、穿洞。竹子痛得哇哇大叫，央求工匠住手。

"你这笨竹子，如果我不在你身上凿一些洞的话，你永远也只是一根普通的竹子而已。一枝光溜溜的竹子，是无法发出美妙的声音来的。"

竹子很委屈地诉苦着：

"但是真的很痛啊！"

工匠肃然道："虽然我穿这些洞会使你受伤，但你若忍不住痛的话，你永远不能成为一支箫。我的刻削是为了造就你，使你成为一个有价值、有用途的乐器啊！"

普通的竹子，如果无法承受琢磨穿洞的痛苦，哪能成为一支发出悦耳之声的箫？一个人的成长，也如雄鹰的成长，若非经历无数次的磨炼，又哪能锻炼出坚强的个性和意志。

作家蕾蒂波尔于 1915 年来到纽约，想依靠写作来积累财富。但这过程很漫长，整整耗费了她 4 年时间。在这 4 年里，蕾蒂波尔摸熟了纽约的人行道，她白天打短工，晚上耕耘希望。在希望黯淡时，她没有说："好啊，百老汇，你胜利了。"而是说："好的，百老汇你可以击败某些人，但不能击败我，我会使你认输的。"

在蕾蒂波尔的第一篇稿子发表前，她曾收到过 36 张退稿单。普通的人在接到第一张退稿单时，便会放弃写作了。而她坚持了 4 年之久，下定决心要获得成功。

终于，她经受住了困难与时间的考验。从此以后，出版商纷纷登门求稿。钱来得太快，她几乎来不及数，接着电影界也发现了她，从此，辉煌的成就犹如洪水滚滚而来。

人生有起有落，有悲有喜，既有成功后的喜悦，也有成功过程中的磨炼的痛苦。岁月会编织五彩斑斓的梦，给人积极向上的启迪，也会编织无情的网，以苦难与痛苦来磨炼人。要知道，雄鹰能在天空自由翱翔，不是生就如此，而是它在付出和忍耐之后才练就的本领。成长需要代价，涅槃必须经过火的洗礼，人必须历经磨炼才能成功!

在困境中引爆潜力

每个人都是被遮蔽的天才，一旦你体内酣睡着的不可估量的潜能被激发出来，你会发现世界上并没有你无法战胜的困难。

国际知名的潜能开发大师迈可葛夫说过："你带着成为天才人物的潜力来到人世，每个人都是如此。"每个人都有着巨大的潜能，善于发现并挖掘它，它就能为你所用。忽视或遗忘它的存在，它便沉睡在生命的角落。许多人连做梦也想不到在自己的身体里蕴藏着那么大的潜能，有着能够彻底改变他们一生的强项。

对于人类所拥有的无限潜能，迈可葛夫曾讲过这样一个小故事：

一位已被医生确定为残疾的美国人，名叫梅尔龙，靠轮椅代步已 12 年。他的身体原本很健康，19 岁那年，他赴越南打仗，被流弹打伤了背部的下半截，被送回美国医治，经过治疗，他虽然逐渐康复，却没法行走了。

他整天坐轮椅，觉得此生已经完结，有时就借酒消愁。有一天，他从酒馆出来，照常坐轮椅回家，却碰上三个劫匪，动手抢他的钱包。他拼命呐喊，拼命抵抗，却触怒了劫匪，他们竟然放火烧他的轮椅。轮椅突然着火，梅尔龙忘记了自己是残疾，他拼命逃走，竟然一口气跑完了一条街。事后，梅尔龙说："如果当时我不逃走，就必然被烧伤，甚至被烧死。我忘了一切，一跃而起，拼命逃跑，直至停下脚步，才发觉自己能够走动。"现在，梅尔龙已在奥马哈城找到一份职业，他已身体健康，与常人一样走动。

人的潜能犹如一座待开发的金矿，蕴藏无穷，价值无比，而我们每个人都有这样一座潜能金矿。但是，由于各种原因，每个人的潜能从没得到淋漓尽致地发挥。潜能是人类最大而又开发得最少的宝藏！无数事实和许多专家的研究成果告诉我们：每个人身上都有巨大的潜能还没有开发出来。

1960 年，哈佛大学的罗森塔尔博士曾在加州一所学校做过一个著名的实验。

新学年开始时，罗森塔尔博士让校长把三位教师叫到办公室，对他们说："根据你们过去的教学表现，你们是本校最优秀的老师。因此，我特意挑选了 100 名全校最聪明的学生组成三个班让你们教。这些学生的智商比其他孩子都高，希望你们能让他们取得更好的成绩。"

三位老师都高兴地表示一定尽力。校长又叮嘱他们，对待这些孩子，要像平常一样，不要让孩子或孩子的家长知道他们是被特意挑选出来的，老师们都答应了。

一年之后，这三个班的学生成绩果然排在整个学区的前列。这时，校长告诉了老师们真相：这些学生并不是刻意选出的最优秀的学生，只不过是随机抽调的最普通的学生。教师也不是特意挑选出的全校最优秀的教师，不过是随机抽调的普通老师罢了。

可见，每一个人都能做到最好，你所要做的，就是充分发挥聪明的潜能，奔向自己的目的地。正如爱默生所说："我所需要的，就是去做我力所能及的事情。"

美国学者詹姆斯根据其研究成果说：普通人只开发了他蕴藏能力的 1/10，与应当取得的成就相比较，我们不过是半醒着的。我们只利用了我们身心资源的很小很小的一部分。要是人类能够发挥一大半的大脑功能，那么可以轻易地学会 40 种语言、背诵整本百科全书，拿 12 个博士学位。这种描述相当合理，一点也不夸张。所以说，并非大多数人命里注定不能成为"爱因斯坦"，只要发挥了足够的潜能，任何一个平凡的人都可以成就一番惊天动地的伟业，都可以成为另一个"爱因斯坦"。

世界顶尖潜能大师安东尼·罗宾指出，人在绝境或遇险的时候，往往会发挥出不寻常的能力。人没有退路，就会产生一股"爆发力"，潜能被激发出来。

一位农夫在谷仓前面注视着一辆轻型卡车快速地开过他的土地。他 14 岁的儿子正开着这辆车，由于年纪还小，他还不够资格考驾驶执照，但是他对汽车很着迷，而且已经能够操纵一辆车子，因此农夫就准许他在农场里开这客货两用车，但是不准上外面的路。

但是突然间，农夫眼见汽车翻到了水沟里去，他大为惊慌，急忙跑到出事地点。他看到沟里有水，而他的儿子被压在车子下面，躺在那里，只有头的一部分露出水面。这位农夫并不很高大，他有 170 厘米高，70 公斤重。

但是他毫不犹豫地跳进水沟，把双手伸到车下，把车子抬了起来，足以让另一位跑来援助的工人把那失去知觉的孩子从下面拽出来。

当地的医生很快赶来了，给男孩检查一遍，只有一点皮肉伤，需要治疗，其他毫无损伤。

这个时候，农夫却开始觉得奇怪了起来，刚才他去抬车子的时候根本没有停下来想一想自己是不是抬得动，由于好奇，他就再试一次，结果根本就动不了那辆车子。医生说这是奇迹，他解释说身体机能对紧急状况产生反应时，肾上腺就大量分泌出激素，传到整个身体，产生出额外的能量。这就是他可提出来的唯一解释。

由此可见，一个人通常都存有极大的潜能。这一类的事还告诉我们另一项更重要的事实，农夫在危急情况下产生一种超常的力量，并不仅是肉体反应，它还涉及到心智的精神的力量。当他看到自己的儿子可能要淹死的时候，他的心智反应是要去救儿子，一心只要把压着儿子的卡车抬起来，而再也没有其他的想法。可以说是精神上的肾上腺引发出潜在的力量，而如果情况需要更大的体力，心智状态还可以产生出更大的力量即潜能。

人的潜能是无限的，关键在于认识自己、相信自己，发挥自己的力量。其实每个人对自己最大的才能、最高的力量总不能认识，只有在大责任、大变故或生命危难之时，才能把它催唤出来，而这催唤之人就是你自己。

爱迪生曾经说："如果我们做出所有我们能做的事情，我们毫无疑问地会使我们自己大吃一惊。"但是，在生活中很多人从来没有期望过自己能够做出什么了不起的事来。这就是问题的关键所在，正是因为我们只把自己钉在我们自我期望的范围以内，我们才无法发挥自己的潜力。

安东尼·罗宾告诉我们，任何成功者都不是天生的，成功的根本原因是开发了人的无穷无尽的潜能。只要我们抱着积极心态去开发自己的潜能，尤其是在困境之中，我们就会有用不完的能量，我们的能力就会越用越强。相反，如果我们抱着消极心态，不去开发自己的潜能，那我们只有叹息命运不公，并且越消极越无能！

把自己"逼"上巅峰

把自己"逼"上巅峰，首先要给自己一片没有后路的悬崖，这样才能发挥出自己最大的能力。力挽狂澜的秘密就在于此。

中国有句成语叫"背水一战"。它的意思是背靠江河作战，没有退路，我们常常用它来比喻决一死战。背水一战，其实就是把自己的后路斩断，以此将自己逼上“巅峰”。这个成语来源于《史记·淮阴侯列传》，这个典故对于处于苦境中的人来说，至今仍有着启示意义。

韩信是汉王刘邦手下的大将，为了打败项羽，夺取天下，他为刘邦定计，先攻取了关中，然后东渡黄河，打败并俘虏了背叛刘邦、听命于项羽的魏王豹，接着韩信开始往东攻打赵王歇。

在攻打赵王时，韩信的部队要通过一道极狭的山口，叫井陉口。赵王手下的谋士李左军主张一面堵住井陉口，一面派兵抄小路切断汉军的辎重粮草，这样韩信小数量的远征部队没有后援，就一定会败走。但大将陈余不听，仗着兵力优势，坚持要与汉军正面作战。韩信了解到这一情况，不免对战况有些担心，但他同时心生一计。他命令部队在离井陉口 30 里的地方安营，到了半夜，让将士们吃些点心，告诉他们打了胜仗再吃饱饭。随后，他派出两千轻骑从小路隐蔽前进，要他们在赵军离开营地后迅速冲入赵军营地，换上汉军旗号；又派一万军队故意背靠河水排列阵势来引诱赵军。

到了天明，韩信率军发动进攻，双方展开激战。不一会儿，汉军假意败回水边阵地，赵军全部离开营地，前来追击。这时，韩信命令主力部队出击，背水结阵的士兵因为没有退路，也回身猛扑敌军。赵军无法取胜，正要回营，忽然营中已插遍了汉军旗帜，于是四散奔逃。汉军乘胜追击，以少胜多，打了一个大胜仗。

在庆祝胜利的时候，将领们问韩信：“兵法上说，列阵可以背靠山，前面可以临水泽，现在您让我们背靠水排阵，还说打败赵军再饱饱地吃一顿，我们当时不相信，然而最后竟然取胜了，这是一种什么策略呢？”

韩信笑着说：“这也是兵法上有的，只是你们没有注意到罢了。兵法上不是说‘陷之死地而后生，置之亡地而后存’吗？如果是有退路的地方，士兵都逃散了，怎么能让他们拼死一搏呢！”

所以在生活中，当我们遇到困难与绝境时，我们也应该如兵法中所说那样“置之死地而后生”，要有背水一战的勇气与决心，这样才能发挥自己最大的能力，将自己逼上生命的“巅峰”。在这种情况下，往往事情会出现极大的转机。

一位原籍上海的中国留学生刚到澳大利亚的时候，为了寻找一份能够糊口的工作，他骑着一辆旧自行车沿着环澳公路走了数日，替人放羊、割草、收庄稼、洗碗……只要给一口饭吃，他就会暂且停下疲惫的脚步。

一天，在唐人街一家餐馆打工的他，看见报纸上刊出了澳洲电讯公司的招聘启事。留学生担心自己英语不地道，专业不对口，他就选择了线路监控员的职位去应聘。过五关斩六将，眼看他就要得到心仪的职位了，不想招聘主管却出人意料地问他："你有车吗？你会开车吗？我们这份工作时常外出，没有车寸步难行。"

澳大利亚公民普遍拥有私家车，无车者寥若星辰，可这位留学生初来乍到还属无车族。为了争取这个极具诱惑力的工作，他立刻不假思索地回答："有！会！"

"好，那么4天后，开着你的车来上班。"主管说。

4天之内要买车、学车谈何容易，但为了生存，留学生豁出去了。他在华人朋友那里借了500澳元，从旧车市场买了一辆外表丑陋的"甲壳虫"。第一天他跟华人朋友学简单的驾驶技术；第二天在朋友屋后的那块大草坪上模拟练习；第三天歪歪斜斜地开着车上了公路；第四天他居然驾车去公司报了到。时至今日，他已是澳洲电讯的业务主管了。

在这个事例中，这位留学生的专业水平如何并不是问题的关键，问题的关键在于他的胆识。如果他当初畏首畏尾地不敢向自己挑战，绝不会有今天的辉煌。那一刻，他毅然地斩断了自己的退路，让自己置身于命运的悬崖绝壁之上。正是面临这种后无退路的境地，人才会集中精力奋勇向上，攀上生活的"巅峰"。

给自己一片没有退路的悬崖，把自己逼上"巅峰"，从某种意义上说，是给自己一个向生命高地冲锋的机会。如果我们想改变自己的现状，改变自己的命运，那么首先应该改变自己的心态。只要有背水一战的勇气与决心，我们一定能突破重重障碍，走出绝境。

所以我们要保持这样的心态，在使自己处于不断积极进取的状态时，就能养成自信、自爱、坚强等品质，这些品质可以让你的能力源源涌出。你若是想改变自己的处境，那么就改变自己身心所处的状态，勇敢地向命运挑战。一旦你决心背水一战，拼死一搏，你便可以把你蕴藏的无限潜能充分发挥出来，让自己创造奇迹，做出令人瞩目的成绩，登上命运的"巅峰"。

"卧薪尝胆"方能成功

卧薪尝胆、忍辱负重，自古便是成功者的重要素质。伤痛与屈辱不是要将人打倒，而是要将人磨炼成为英雄！

在生活中，有时我们以为出现了不能承受的“重”。这种“重”是我们真的不能承受了吗？还是我们不愿意承受“重”带来的伤痛？在意志薄弱、眼光短浅的人看来，也许这种“重”的确无法承受，但对意志坚定、胸怀大志的人而言，这种“重”往往是岁月的磨炼，他们将因此而成为他们想成为的人。

公元前496年，长江下游的吴国和越国因小怨而爆发了一场战争。战争在今浙江嘉兴的冲积平原上进行。吴军是精锐之师，久经沙场。而越军不仅人数少，且稚嫩年轻。但之前，越王勾践以范蠡为军师，神机妙算，曾使吴军大败，年老的吴王伤重而亡。后来，在吴国首辅大臣伍子胥的扶助下，夫差登上了王位。他发誓要消灭越国。

三年后，夫差率领雄兵攻伐越国。双方交战后，越败吴胜，吴国大军攻至越都会稽。而文种花重金买通了一位吴国大臣，让其与夫差极力周旋，终于使夫差动了怀仁之心，没有灭掉越国。然后，勾践率王后与范蠡入吴为奴。勾践为存性命以图东山再起，放弃了自己曾为君主，甚至作为男人的全部尊严，从而博得了夫差的怜悯和同情，不准伍子胥杀温顺如羔羊、木讷如农夫的勾践。

为奴三年后，夫差生病。勾践为夫差尝粪来寻找病源，此举彻底感化了夫差，从而释放了勾践。回到越国的勾践，搬进了一座破旧的宫室中居住。他睡在柴草上，每天醒来，第一件事就是先尝一口奇苦无比的苦胆！20年雷打不动，天天如此。此间，文种不断出使吴国，进贡财宝。而范蠡的情人西施，因美艳绝伦于世，勾践也劝其忍痛割爱，献与夫差。西施入吴宫后，获得夫差的专宠，麻痹了夫差对越国的警惕。

公元前473年，勾践秘起藏于民间的三万雄兵，一举将姑苏城团团围困。虽然夫差有五万兵马，却因粮草难济而不敢出城一战。夫差竟想效仿20年前勾践的求和，然而勾践却不会重蹈覆辙。最终，吴国的版图被悉数并入越国，夫差也在流放途中难忍羞辱而自杀。卧薪尝胆、忍辱负重的勾践终于取得了最后的胜利。

卧薪尝胆20年，勾践忍人所不能忍之辱，受人所不能受之苦！他创下了人类君王史的奇迹。他苦心励志，发愤强国，创下了以小打大、以弱胜强的人间神话。“卧薪尝胆”的典故被称为中国几千年文明史中经典中的经典，勾践的超人意志对我们而言有着重要的启示意义。它让我们懂得，即便我们一下被打倒，也不应立刻放弃，只要有足够的毅力与耐心，重新站起来的那一天终会来临，在其间所受的痛苦与伤害，到那时将统统成为人生的荣誉勋章。

淮阴侯韩信忍胯下之辱的故事也体现出了这一点。

当初，在韩信还是平民时，家中贫穷，常在熟人家里吃口闲饭，很多人都讨厌他。在淮阴的屠宰户里，有位恶少，公然侮辱他道："韩信，你虽身佩宝剑，但看你的样子就知道你是个胆小鬼，如果你能不怕死，就用你的剑来刺杀我；如果怕死不敢刺，就从我的胯下钻过去！"于是，韩信想了想，便低下头趴在地上，从那恶少的胯下钻了过去。从此，满街的人都讥笑韩信，认为他是胆小鬼。但韩信从不辩解。

后来，韩信助刘邦奠定汉业，被封为淮阴侯。汉王五年正月，改封齐王韩信为楚王，都城在下邳。韩信到了自己的封国，对他部下的各位将领说："那个人当年那样侮辱我，当时我难道不能杀了他吗？但杀了他又能如何，会有今日的韩信么？所以当时忍下了这口气，才能有我今天这样的功业。"

所以，虽说钻裤裆是奇耻大辱，但韩信不得不钻。如果不钻，只有两个结果，一是他被那屠夫杀掉，从此没有了韩信；二是他把屠夫杀掉，他赢得了暂时的胜利，但从此也没有了韩信，因为他杀人了，杀人者偿命，他会被法律杀掉。其中任何一个结果，历史上都不会有韩信这个人。韩信之所以能作为成大业的形象在中国历史上千古流传，就因为他在忍辱负重时眼睛是看着未来的，心中有着远大的目标。

卧薪尝胆、忍辱负重需要修养与度量，这是一种境界。忍，乃是心头一把锋利的刀，要培养刀捅心头而不惊的气度，就要忍得了杀父之仇、夺妻之恨、胯下之辱、占攻之欺、争锋之伤……司马迁如果不能忍受宫刑之侮，怎么完成"究天人之际，通古今之变，成一家之言"的伟大著作《史记》而流芳千古，成为人人敬仰的史学家？

伍子胥能屈能伸，不像他哥哥伍尚甘愿成为父亲的陪葬品。他宁愿背负对国不忠、对父不孝的罪名，忍着父兄无故被害的耻辱和颠覆楚国的雄心逃亡他国。带着强烈的报仇之心，帮助他所辅佐的吴王阖闾征服了多个诸侯国，楚国当然也在其中。杀父杀兄之仇终于得以雪恨。为解心头之恨，他愤怒地鞭打了楚平王之尸。太史公叹曰："向令伍子胥从奢俱死，何异蝼蚁。弃小义，雪大耻。名垂于后世，悲夫！方子胥窘于江上，道乞食，志岂尝须臾忘郢邪？故隐忍就功名，非烈大夫孰能至此哉？"

所以说，伍子胥当年没有随父亲俱死，并非不孝，也并非苟且偷生，而是要创造一个弑君报父仇的神话。这才是真正的孝。因为当忠孝不能两全时，按常理我们当然要舍孝取忠；但如果我们所忠的君王并非是一个贤君呢，当然只能舍忠取孝了。

汉代张骞，怀着对汉武帝的感恩毅然出使西域，两次沦落匈奴，忍辱负重，却始终不忘肩头使命，最终开辟了丝绸之路，名垂青史。

不管在勾践身上，还是在韩信、伍子胥、司马迁、张骞身上，我们都能看到卧薪尝胆、忍辱负重的那种大丈夫的气概。以史为鉴，凡成功者必有“卧薪尝胆”之志，所以如果也想走上成功之路，那么对待我们生活中的困难与伤痛，我们不应采取同样的态度吗？

小不忍则乱大谋

对于伤害与痛苦，我们可以忍耐，但忍耐并不是为了使生活变得惨淡，而恰恰是为了使今后的生活更光明。

人的一生是一个整体，不会因生活中事情的大小而划分为不同重要性的部分。经营人生，犹如布置一盘棋局，要兼顾眼前利益与长远利益。博弈的大忌就是“因小失大、顾此失彼”，人生的经营也是如此。

小不忍则乱大谋，就是提醒人们在许多似乎无法忍受的情况下谨慎一点，多多分析情况，权衡得失，不要图一时的痛快或利益，就忘记了长远的目标。因小失大是最愚蠢的事情。只有等到条件成熟，该出手时再出手，才是明智之举。

隋朝的时候，隋炀帝十分残暴，各地农民起义风起云涌，隋朝的许多官员也纷纷倒戈，转向帮助农民起义军，因此，隋炀帝的疑心很重，对朝中大臣，尤其是外藩重臣，更是易起疑心。

唐国公李渊（即唐高祖）曾多次担任中央和地方官，所到之处，悉心结纳当地的英雄豪杰，多方树立恩德，因而声望很高，许多人都来归附。这样，大家都替他担心，怕遭到隋炀帝的猜忌。正在这时，隋炀帝下诏让李渊到他的行宫去晋见。李渊因病未能前往，隋炀帝很不高兴，多少产生了猜疑之心。当时，李渊的外甥女王氏是隋炀帝的妃子，隋炀帝向她问起李渊未来朝见的原因，王氏回答说是因为病了，隋炀帝又问道：“会死吗？”

王氏把这消息传给了李渊，李渊更加谨慎起来，他知道迟早为隋炀帝所不容，但过早起事又力量不足，只好隐忍等待。于是，他故意败坏自己的名声，整天沉湎于声色犬马之中，而且大肆张扬。隋炀帝听到这些，果然放松了对他的警惕。这样，才有后来的太原起兵和大唐帝国的建立。

看来，大唐帝国的建立也并非一开始就气势磅礴，如果没有李渊的忍耐，世界历史上最辉煌的大唐帝国就不会成为现实，李渊的一忍，真正影响了世界历史的进程。所以，在忍还是不忍之间，重要的一点是权衡局势与得失。

可是有不少人一碰到眼前的利益，为了所谓的“面子”和“尊严”，就会与对方强拼。结果一败涂地，有些人虽然获得“惨胜”，却也元气大伤。

非洲生长着一种很小的吸血蝙蝠，专门叮在马身上吃马血，马恨透了蝙蝠，想尽一切办法把蝙蝠除掉，但是除不掉，最后野马就在草原中狂奔，最后野马累死了。其实野马只要忍一忍，让它吃，蝙蝠也吸不了多少血，蝙蝠吃饱了就会飞走，何必因此搭上自己的性命。这个故事告诉大家，当你碰到对你不利的环境时，千万别逞一时之强，当一时之英雄，小不忍则乱大谋，只有能忍一时人所不能忍，再加上你适当的努力，那么最后你肯定会得到想要的一切。

李普斯先生是一家啤酒厂的经营者。有一家公司的采购员哈罗德欠李普斯先生1000美元啤酒款长期未付。

一次，哈罗德来到啤酒销售部，对李普斯先生大发脾气，抱怨他出售的啤酒质量越来越差，并说社会上骂声一片，人们不会再买他们的啤酒。最后竟说出自己欠的那1000美元钱也就免付了，原因是他出售的啤酒的质量一直就不怎么样，并表示他所在的公司及他本人不再购买对方的啤酒等。

李普斯先生压住火气，仔细听完哈罗德的唠叨后，却出乎意料地向哈罗德赔起不是，声称啤酒质量确有不尽如人意之处，最后说：“对你的意见，我会尽快向厂部反映的。至于你欠的那1000美元啤酒钱，你要不付，也就算了，谁让我的啤酒一直不争气呢！你说今后你们公司和你本人不再买我的啤酒，这是你们的自由，随你们的便。你说我的啤酒质量有问题，我现在给你介绍另外两家有名的啤酒厂……”

李普斯先生这一番话的艺术性表述，确实出乎了哈罗德所料。欠账还钱，这是不成文的一种自然法规。哈罗德本意不想付那所欠的1000美元，以啤酒一向质量不怎么样为借口试图堵李普斯先生的嘴。然而，李普斯先生没有单刀直入地正面反驳哈罗德，却用了巧妙的迂回战术，假装虚心承认并接受哈罗德的意见，待哈罗德发泄后，即刻展开了攻势，用诚挚的话语，向对方表明啤酒厂的现状及未来的发展前景等。

哈罗德最后被李普斯先生的诚意和坦率所征服了，自此不但继续到啤酒厂为其所在的公司购买啤酒，而且还动员了另外几家兄弟公司及几个单位，常年向该啤酒厂购买啤酒。

有时候，有的人认为世界上最艰难的事情莫过于忍耐，因不能忍耐而造成重大损失的事比比皆是。《圣经》中就有一篇以扫为一碗红豆汤而放弃长子权的故事。

按古代法律，长子有继承家中全部财产的权利，其他的儿子没有。有一天以扫打猎归来，看到他的弟弟雅各在熬红豆汤。以扫又渴又饿，想要一碗红豆汤喝，雅各说，可以喝汤再加薄饼，但要用长子权来换。以扫说，人都要饿死了，长子权有什么用？它既不能饱腹，又不能解渴，你拿去好了。雅各让以扫发誓后，然后给了他红豆汤和饼，于是从此占了家里的继承权。

在这个故事中，以扫的智慧只相当于一个小孩，只顾自己暂时的欲望，却放弃了自己长远的利益。我们应该知道，成长中必然会经历许多痛苦与折磨，它们会逐渐教会人们如何权衡轻重，慢慢学会忍耐。

或许有的人会质疑说："如果人生只是无尽的忍耐，活着该多么艰难。"是啊，人生不易，不仅是苦难需要忍耐，有许多的平淡也需要忍耐。但这句话的意思丝毫不是说人生就会因为忍耐而惨淡。

一位访美的中国女作家在纽约街头遇到一个卖花的老太太，老太太衣衫褴褛，身体也很虚弱，但看上去却很开心。女作家惊讶地问："您看起来很高兴啊！"老太太微微一笑，回答道："是啊，世界这么美好。耶稣在星期五被钉上十字架时，是全世界最糟糕的一天，可三天后就是复活节，所以当我遇到不幸时，就会等待三天，一切苦难就过去了。"

我们知道，只有先退一小步，才能前进一大步。无论是工作中也好，生活中也好，暂时的退却是为了将来的进攻。"小不忍则乱大谋"也就是"退"与"进"的辩证法在生活中的灵活运用。

第三节 以笑声面对残酷的命运

以笑声面对残酷的命运

以欢乐面对人生，以宽容对待别人，以笑声战胜挫折，以信心面对困难，以欣赏的目光看待每一件事物。

1954年，当美国著名作家海明威上台接受诺贝尔文学奖时，他却谦虚地说道："得此奖项的人应该是那位美丽的丹麦女作家——嘉伦·碧森。"

海明威所说的这位丹麦女作家，就是曾经凭电影《走出非洲》获得好莱坞奥斯卡金像奖的女主人公。《走出非洲》这部电影的结尾，打上一行小小的英文字：嘉伦·碧森返回丹麦后成了一位女作家。

嘉伦·碧森(1885—1962年)从非洲返回丹麦后，不但成为一位享誉欧美文坛的女作家，而且在她去世30多年后，她和比她早出世80年的安徒生并列为丹麦的"文学国宝"。

嘉伦·碧森离开非洲的那一年，可以说是一个什么都没有的女人，有的只是一连串的厄运：她苦心经营了18年的咖啡园因长年亏本被拍卖了；她深爱的英国情人因飞机失事而毙命；她的婚姻早已破裂，前夫再婚；最后，连健康也被剥夺了，多年前从丈夫那里感染到的梅毒发作，医生告诉她，病情已经到了药物不能控制的阶段。

回到丹麦时，她可以说是身无分文，而且除了少女时代在艺术学院学过画画以外，无一技之长。她只好回到母亲那里，仰赖母亲，她的心情简直是陷落到绝望的谷底。

在痛苦与低落的状况下，她鼓足了勇气，开始在童年老家伏案笔耕。一个黑暗的冬天过去了，她的第一本作品终于脱稿，是七篇诡异小说。

她的天分并没有立刻受到丹麦文学界的欣赏，她的第一本作品在丹麦饱尝闭门羹。有的人甚至认为，她故事中所描写的鬼魂，简直是颓废至极。

嘉伦·碧森在丹麦找不到出版商，便亲自把作品带到英国去，结果又碰了一鼻子灰。英国出版商很礼貌地回绝她：“夫人，我们英国现在有那么多的优秀作家，为何要出版你的作品呢？”

嘉伦·碧森颓丧地回到丹麦。她的哥哥蓦然想起，曾经在一次旅途中认识了一位在当时颇有名气的美国女作家，毅然把妹妹的作品寄给那位美国女作家。事有凑巧，那位女作家的邻居正好是个出版商，出版商读完了嘉伦·碧森的作品后，大为赞赏地说，这么好的作品不出版实在是太可惜了。她愿意为文学冒险。

1943 年，嘉伦·碧森的第一本作品《七个歌德式的故事》终于在纽约出版，并一鸣惊人，不但好评如潮，还被《这月书俱乐部》选为该月之书。当消息传到丹麦时，丹麦记者才四处打听，这位在美国名噪一时的丹麦作家到底是谁？

嘉伦·碧森在她行将 50 岁那年，从绝望的黑暗深渊，一跃而成为文学天际一颗闪亮的星星。此后，嘉伦·碧森的每一部新作都成为名著，原文都是用英文书写，先在纽约出版，然后再重渡北大西洋回到丹麦，以丹麦文出版。嘉伦·碧森在成名后说：在命运最低潮的时刻，她和魔鬼做了个交易。她效仿歌德笔下的浮士德，把灵魂交给了魔鬼，作为承诺，让她把一生的经历都变成了故事。

嘉伦·碧森把自己一生的各种经历先经过一番过滤、浓缩，最后把精华部分放进她的故事里。她的故事大都发生在一百多年前，因为她认为，唯有这样她才能得到最大的文学创作自由。熟悉嘉伦·碧森的读者，不难在其作品中看到她的影子。

嘉伦·碧森写作初期以 Isak Dinesen 为笔名，成名后才用回本名。Isak，犹太文是“大笑者”的意思。她之所以采用这笔名，也许是在暗示世人，以笑声面对残酷的命运。

嘉伦·碧森成为北大西洋两岸文学界的宠儿后，丹麦时下的年轻作家皆拜倒在她的文学裙下，把她当女王般看待。74 岁那年，她第一次拜访纽约，纽约文艺界知名人士，包括赛珍珠和阿瑟·米勒皆慕名而来。嘉伦·碧森为她的文学也付出了很大的代价，梅毒给她带来极大的肉体痛苦，当梅毒侵入她的脊柱时，她常痛得在地上打滚。晚年时，她变得极其消瘦、衰弱，坐立行皆痛苦不堪。

嘉伦·碧森死时 77 岁，死亡证书上写的死因是：消瘦。正如她晚年所说的两句话：“当我的肉体变得轻如鸿毛时，命运可以把我当做最轻微的东西抛弃掉。”

有的人喜欢以笑声面对困苦，有的人喜欢以埋怨面对不幸。既然笑也要过生活，哭也要过生活，为什么不能让自己过得快乐一点呢？

所以，无论遭遇多大的痛苦和不幸，你都要面带微笑，勇敢面对，让自己活得快乐一点，活得精彩一点！

没有人注定不幸

没有人注定不幸，你绝对不比其他人更不幸。不要因为没有鞋子而哭泣，看看那些没有脚的人吧！绝对不要把自己想象成最不幸的人，否则，你就真正成了最不幸的人。

据说，世界上只有两种动物能到达金字塔顶：一种是老鹰，还有一种就是蜗牛。

老鹰和蜗牛，它们是如此的不同：鹰矫健凶狠，蜗牛弱小迟钝。鹰性情残忍，捕食猎物甚至吃掉同类从不迟疑。蜗牛善良，从不伤害任何生命。鹰有一对飞翔的翅膀，而蜗牛背着一个厚重的壳。它们从出生就注定了一个在天空翱翔，一个在地上爬行，是完全不同的动物，唯一相同的是它们都能到达金字塔顶。

鹰能到达金字塔顶，归功于它有一双善飞的翅膀。也因为这双翅膀，鹰成为最凶猛、生命力最强的动物之一。与鹰不同，蜗牛能到达金字塔顶，主观上是靠它永不停息的执着精神。虽然爬行极其缓慢，但是每天坚持不懈，蜗牛总能登上金字塔顶。

我们中间的大多数人都是蜗牛，只有一小部分能拥有优秀的先天条件，成为鹰。但是先天的不足，并不能成为自暴自弃的理由。因为，没有人注定命中不幸。要知道，在攀登的过程中，蜗牛的壳和鹰的翅膀，起的是同样的作用。可惜，生活中，大多数人只羡慕鹰的翅膀，很少在意蜗牛的壳。所以，我们处于社会下层时，无须心情浮躁，更不应该抱怨颓废，而应该静下心来，学习蜗牛，每天进步一点点，总有一天，你也能登上成功的“金字塔”。

高尔基早年生活十分艰难，3岁丧父，母亲早早改嫁。在外祖父家，他遭受了很大的折磨。外祖父是一个贪婪、残暴的老头儿。他把对女婿的仇恨统统发泄到高尔基身上，动不动就责骂毒打他。更可恶的是，他那两个舅舅经常变着法儿侮辱这个幼小的外甥，使高尔基在心灵上过早地领略了人间的丑恶。只有慈爱的外祖母是高尔基唯一的保护人，她真诚地爱着这个可怜的小外孙，每当他遭到毒打时，外祖母总是搂着他一起流泪。

高尔基在《童年》中叙述了他苦难的童年生活。在 19 岁那年，高尔基突然得到一个消息：他最为慈爱的、唯一的亲人外祖母，在乞讨时跌断了双腿，因无钱医治，伤口长满了蛆虫，最后惨死在荒郊野外。

外祖母是高尔基在人世间唯一的安慰。这位老人劳苦一辈子，受尽了屈辱和不幸，最后竟这样惨死。这个噩耗几乎把高尔基击懵了。他不由得放声痛哭，几天茶饭不进。每当夜晚，他独自坐在教堂的广场上呜咽流泪，为不幸的外祖母祈祷。1887 年 12 月 12 日，高尔基觉得活在人间已没有什么意义。这个悲伤到极点的青年，从市场上买了一支旧手枪，对着自己的胸膛开了一枪。但是，他还是被医生救活了。后来，他终于战胜了各种各样的灾难，成为世界著名的大文豪。

你要明白，没有人命定不幸。你的困难、挫折、失败，其他人同样可能遇到，而其他人遇到的更大的困难、挫折、失败，你却没有遇到，你绝对不比其他人更不幸。不要因为没有鞋子而哭泣，看看那些没有脚的人吧！绝对不要把自己想象成最不幸的，否则，那你真正成了最不幸的人。要知道，没有什么困难能够打垮你，唯一能够打垮你的就是你自己，那就是你把自己看作是最不幸的。

许多人常常把自己看作是最不幸的、最苦的，实际上许多人比你的苦难还要大，还要苦，大小苦难都是生活所必须经历的。苦难再大也不能丧失生活的信心、勇气。与许多伟大的人物所遭受的苦难相比，我们个人所遭到的困难又算得了什么。名人之所以成为名人，大都是由于他们在人生的道路上能够承受住一般人所无法承受的种种磨难。他们面对事业上的不顺、情场上的失意、身体上的疾病、家庭生活中的困苦与不幸，以及各种心怀恶意的小人的诽谤与陷害，没有沮丧，没有退缩，而是咬紧牙关，擦净那饱受创伤的心所流出的殷红的鲜血和悲愤的泪水，奋力抗争，不懈地拼搏，用自己惊人的毅力和不屈的奋斗精神，为人类的文明和社会的进步做出了卓越的贡献，从而成为风靡世界的名人。

人生需要的不是抱怨、自怜，而是扎扎实实、艰苦地奋斗。人是为幸福而活着的，为了幸福，苦难是完全可以接受的。

人生的苦难与幸福是分不开的。人类的幸福是人类通过长期不懈的努力而逐步得到的，这其中要经历各种苦难，这正像人们常讲的，幸福是由血汗造就的。有些人太单纯、太简单了，他们只要幸福而不要苦难。切记，拒绝苦难的人，就不可能拥有幸福。

对付烦恼有诀窍

烦恼就是因为不敢面对现实，不肯承担责任。只要能接受既成的事实，积极寻找解决问题的对策，你就不会再烦恼了。

烦恼是人类各项心理活动中最没有用处的。作家维尔·罗杰斯说过："烦恼如同摇椅，它似乎一直在忙碌，却哪儿也去不了。"烦恼解决不了问题，只会增加你的压力，使你整天忧心忡忡，无端猜忌。

卡耐基说过："其实99%的烦恼根本不会发生，是人自己造成了自己的烦恼。"我们的担忧和烦恼其实都和杞人担心天会塌下来一样，都是自寻烦恼，是没有必要的。

世上本无事，庸人自扰之。烦恼也是如此。很多时候，我们会为了生活中一些糟糕的情况烦恼不已。这也是没有必要的，想想烦恼能帮助我们解决问题吗？不能，它除了使我们的心情更加糟糕、精神更加颓废之外，毫无用处。

有这么一个年轻人，过去他一直都是充满自信、精力充沛、富有理想。但是自从在事业上出现危机后，所有这些全变了。他感到疲惫不堪，心情沮丧，只能干一些小事。他对工作失去了兴趣，一切事情都令他烦躁不安。有时他会感到自己得了严重的疾病，并且好长时间以来一直天天失眠。他根本无从理解自己怎么会变成这个样子，也不知如何是好。

当人们处于烦恼的情绪之中时，处于长时间的精神压力之下，身体会出现各种不适反应，会演变成全身性的不适，可能导致头痛，肩部、背部及胸部的疼痛。焦虑还会导致心理的变化。由于思维过度集中于烦恼的事情，以致人们总是认为事情糟糕极了，担心事情不可挽回，从而常常采取消极的态度，这种消极的态度又会给身体的变化带来恶性循环。

生理上和心理上的这些变化，又会引起行为的不正常。当一个人长期处于烦躁不安和紧张状态时，会不断地消耗他的精力使其疲惫不堪，从而更加无法处理危机情境。

你想得到一个迅速有效地消除烦恼的诀窍吗？那么，让我告诉你，威利·卡瑞尔发明了这种诀窍。

"年轻的时候，"卡瑞尔先生说，"我在纽约州的水牛钢铁公司做事时，需要到密苏里州的匹茨堡玻璃公司去安装一架瓦斯清洁机。经过一番努力，机器勉强可以使用了，然而，远远没有达到我们保证的质量。我对自己的失败感到十分懊恼，好像有人在我头上重重地打了一拳。我的胃和整个肚子都扭痛起来，烦恼得简直无法入睡。后来，我意识到烦恼不能解决问题。于是我想出了一个不用烦恼解决问题的方法，结果效果显著。

“第一步，冷静地分析整个情况，找出可能发生的最坏情况是什么——充其量不过是丢掉差事，也可能老板会把整个机器拆掉，使投下的两万块钱泡汤。

“第二步，找出可能发生的最坏情况后，就让自己能够接受它。我对自己说，我也许会因此丢掉差事，那我可以另找一份差事；至于我的老板，他们也知道这是一种新方法的试验，可以把两万块钱算在研究费用上。

“第三步，有了能够接受最坏的情况的思想准备后，就平静地把时间和精力用来试着改善那种最坏的情况。

“我做了几次试验，终于发现，如果再多花五千块钱，加装一些设备，问题就可以解决了。我们照这样做了，结果公司不但没有损失两万块钱，反而赚了一万五千块钱。”

你也许觉得这件事未免有些偶然吧？那么，请你再听听艾尔·汉里的故事。

他住在麻省曼彻斯特市温吉梅尔大街52号。

这个故事是1948年11月17日，艾尔·汉里在波士顿史蒂拉大饭店里讲的。

“一九二几年吧，”他说，“因为常常烦恼，我得了胃溃疡。有一天晚上，我的胃出血了，被送进芝加哥西北大学医学院的附属医院。我的体重从175磅锐减到90磅；只能每小时吃一汤匙半流质的东西；每天早上和晚上，都要由护士把橡皮管插进我的胃里，把里面的东西洗出来。医生坦率地告诉我已经无药可救了。

“这样过了几个月。最后，我对自己说：‘汉里，如果你除了等死以外再也没有别的指望了，还不如好好利用一下剩余的时间呢。你不是一直想环游世界吗？只有现在去做了。’

“当我把这个想法告诉医生时，他吃惊得以为我疯了，他警告我说，如果我环游世界，就只有葬身大海了。我说：不会的。我已经告诉了亲友，我要葬在尼布雷斯卡州老家的墓园里，我打算把棺材随身带着。

“我真的买了一具棺材，和轮船公司讲好，万一我死了，就把我的尸体放进冷冻舱里。

“我从洛杉矶上了亚当斯总统号船，开始向东方航行了。真奇怪，我居然觉得好多了！渐渐地不再吃药和洗胃；不久之后，任何东西都能吃了；甚至于可以抽长长的黑雪茄，喝几杯酒。多年来我没有这样享受过了。

“我在船上和人们玩游戏、唱歌、交新朋友，晚上聊到半夜。

“我感到非常舒服，充满了欢乐。回到美国之后，我的体重增加了90磅，几乎完全忘记了以前的烦恼和病痛。我好像一生中从来没有这样开怀过。”

这就是艾尔·汉里的故事。他告诉人们，他发现自己在下意识里应用了威利·卡瑞尔征服忧虑的诀窍。

首先，他问自己，可能发生的最坏情况是什么？答案是：死亡。

其次，他让自己接受死亡。

最后，想办法改善这种情况。

他最后讲的体会是：“如果上船之后继续忧虑下去，毫无疑问，我只会躺在棺材里完成这次旅行了。”

所以，如果你有了烦恼，你应该用威利·卡瑞尔的万灵公式，按照以下三点去做：

（1）问你自己，可能发生的最坏情况是什么。

（2）接受这个最坏的情况。

（3）镇定地想办法改善最坏的情况。

接受最坏的情况，并不是悲观主义的论调，而是为了让我们的心踏实起来。烦恼就是因为不敢面对现实，不肯承担责任，所以只能盲目地摸索。只要能接受既成的事实，积极寻找解决问题的对策，你就不会再烦恼了。

帮助别人就是成全自己

在我们人生的大道上，肯定会遇到许许多多的困难。但我们是不是都知道，在前进的道路上，搬开别人脚下的绊脚石，有时恰恰是为自己铺路？

英国的爱特·威廉是一位举国皆知的大商人。但是说来奇怪，爱特·威廉创业初期的一切，竟然全是别人馈赠的。天下竟然有这样的好事？一次又一次地受人馈赠，然后成就了事业。威廉真的就是这样。

爱特·威廉20岁的时候，还是一个整日守在河边打鱼的年轻人，天地十分狭小，根本看不出他的将来会有什么辉煌的成就。一天，一位过河人求助于威廉，原来过河人的一枚戒指不慎掉进了河里。过河人急得不行，他请威廉不管怎样也要扎到船下帮他摸一摸。

谁想，爱特·威廉一个上午竟然什么也没干，反反复复一连扎到船下二十几次，但是依然没有摸到那枚戒指。爱特·威廉让过河人等等，他跑向村里，不一会儿，找来了全村的男人。他请大家帮忙，都下河去摸戒指。为了摸到这枚戒指，一村的男人竟然又花费了整整半天的工夫。

过河人事先只答应给爱特·威廉一英镑的打捞费，想不到爱特·威廉竟然请来了这么多人，用了这么多的时间。这要多少报酬才行？过河人很犯难。出乎他的意料，威廉一点都没有提报酬的事，一点没有计较这次打捞戒指的巨大成本。他只是想为过河人解决难题，打捞上戒指。仅此而已。

不久，这位过河人又路过此地，他又碰到了爱特·威廉。这时的河里已经没有多少鱼好打了。过河人对威廉说：威廉，你别打鱼了，我给你一个打气补胎的活儿，你足可以养家糊口。从那以后，威廉便有了一个在路边修补汽车轮胎的活儿。这完全是别人馈赠的。

有一天，一辆小车子停在了威廉补胎的小店前，车上人是要找一颗特别的螺丝钉，否则车就无法行驶。威廉翻遍了自己的小店，也没有找到这样的螺丝钉。但威廉并不甘心，他骑上自行车，赶了六七里路，在另一家修车店里翻找了一遍，终于找到一颗一模一样的螺丝钉。当威廉满头大汗地返回来，并将这颗螺丝钉安装在对方的车上时，对方拿出了10英镑来感谢威廉，威廉却一分钱不收。他说这是颗丢在箱底的螺丝钉，是根本没有成本的。

威廉真是太让人感动了。不久，这辆小车的主人特地赶来，给了威廉一个五金店让他代理经营。威廉很是惊讶，问对方为什么。

对方告诉威廉，威廉是这个世上他所遇到的最诚恳、最值得信任、最无私，也是最可爱的人。

威廉这一生总能碰到好运气，别人总是会馈赠于他。如今，威廉已经是英国最大的机械制造商。问起他的发家史，他总是说，他的一生，多一半都是别人赠送的。

威廉自己不知道，是他无比的诚恳、热心和爱的态度以及不计成本的奉献感动了上苍和接受过他帮助的人。

在我们人生的大道上，肯定会遇到许许多多的困难。但我们是不是都知道，在前进的道路上，搬开别人脚下的绊脚石，有时恰恰是为自己铺路？

帮助别人，别人会感激你喜欢你，而你自己的心情和灵魂也在帮忙的过程中得到提升。这样的好事何乐而不为呢？

信念伴你走出困境

在生命的旅途中，我们常常会遇到各种挫折和失败，你不要轻易说自己什么都没有了，其实人生如沙漠，信念就是能带你走出沙漠的生命之舟。

有一个人，从小被一对大学教授夫妇收养，两岁的时候，他突然就奇怪地停止长高了，而且他的健康状况也越来越差。经过专家会诊，他患的是一种罕见的阻碍消化和吸收食物营养的疾病，医生们认为他只能再活 6 个月了。还好，通过静脉注射营养液，勉强使他恢复了体力，但是他的生长发育受到了抑制。

他在医院里住了很长一段时间，一直到 9 岁。他只能在心里计划着去报复那些嘲笑他管他叫“花生豆”的孩子们。

多年以后，他回忆道，在他的潜意识里面，“那一切的经历让我梦想在体育上能取得一些成功”。有时，他的姐姐苏珊会去滑冰场滑冰，他总是跟着一起去。他站在场外，那么虚弱瘦小、发育不良，鼻子里还插了一根直到胃里的鼻饲管，平时那根管子的另一头就用胶带贴在他的耳朵后面。

一天，他看着姐姐在冰面上飞驰，突然转身对父母说：“我想试试滑冰。”正在谈话的父母吓了一跳，难以置信地看着病弱的孩子。

结果，他尝试了，并且喜欢上了滑冰，他开始狂热地练习。在滑冰之中他找到了乐趣，他可以胜过别人，而且身高和体重在滑冰场上并不重要。

在第二年的健康检查中，医生吃惊地发现，他竟然又开始长个儿了。虽然对他来说想达到正常的身高已经不可能了，但是他和他的家人已经不在乎了。重要的是，他正在恢复健康，正在获得成功，正在实现自己的梦想。

后来，没有哪个孩子再嘲笑戏弄他了。正好相反，他们全都欢呼着冲上前去请他签名。他刚刚又一次参加了令人赞叹的世界职业滑冰巡回赛，一系列的高难度的冰上动作让观众如痴如狂。

后来他退役了，不再当职业滑冰选手了，但是他仍旧是冬季运动中受人尊敬的教练、顾问和评论员。

虽然他身高只有 1.59 米，体重才 52 公斤，但是他肌肉健美，精力充沛，这就是前奥运滑冰冠军——斯科特·汉弥尔顿，他自信而自强，身高无法限制他的信念和力量。

理想信念常常会产生不可预料的效果，因为在理想信念的作用下，人常会超越自身的束缚，释放出最大的能量。

1858 年，瑞典的一个富豪人家生下了一个女儿。然而不久，孩子突然患了一种无法解释的瘫痪症，丧失了走路的能力。

一次，她和家人一起乘船旅行。船长的太太给孩子讲船长有一只天堂鸟。船长太太对这只鸟的描述深深地迷住了她，她极想亲眼看一看。于是，保姆把她留在甲板上，自己去找船长。她却耐不住，央求服务生立即带她去看天堂鸟。那服务生不知道她不能行走，而只顾带着她一道去看天堂鸟。奇迹发生了：她因为过度地渴望，竟忘我地拉住服务生的手，慢慢地走了起来。从此，她的病痊愈了。也许是由于有童年时忘我而战胜疾病的经历，长大后，她又忘我地投入到文学创作之中，后来成为第一位荣获诺贝尔文学奖的女性，她就是茜尔玛·拉格萝芙。

一个人失去一只眼睛和一条腿，是不可怕的，可怕的是失去了生活的信念和追求的目标。信念是生命的脊梁。一个人活着，无论外界的环境多么恶劣，只要心中信念的灯亮着，所有的绝境和困苦都算不了什么。

在一次追捕行动中，有一位年轻的警察被歹徒射中左眼和右腿膝盖。三个月后，当他从医院里出来时，完全变了样：曾经高大魁梧、双目炯炯有神的英俊小伙子，成为一个又跛又瞎的残疾人。

鉴于他的功绩，纽约市政府和其他一些社会组织授予他许多勋章和锦旗。一位记者采访他，问道：“你以后将如何面对所遭受到的厄运呢？”这位警察说：“我只知道歹徒现在还没有被抓获，我要亲手抓住他！”从那以后，他不顾别人的劝阻，参与了抓捕歹徒的行动。他几乎跑遍了整个美国，甚至有一次为了一个微不足道的线索，独自一人乘飞机去了欧洲。

许多年后，那个歹徒终于被抓获了，那个年轻的警察在抓捕中起了非常关键的作用。在庆功会上，他再次成为英雄，许多媒体报道了他的事迹，称赞他是最勇敢、最坚强的人。

信念经常创造奇迹，它可以使很多匪夷所思的事情变成事实。只要我们善于运用内心的信念，它就会成为一股取之不尽的力量源泉。信念是一种无坚不摧的力量，当你坚信自己能成功时，你必能成功。

学会化解痛苦

生命是一朵常开不败的花，那痛苦必是滋润花的养分。没有经历过挫折的人生，是不完整的人生；缺少滋润它的养分的花，迟早也会枯萎。

某位哲人曾说："跌倒了并不可怕，可怕的是你一直沉浸在痛苦之中。"

在漫长的人生路上你会遇到很多的痛苦，有些痛苦只是生活的插曲，而有些就像是刻在心上的烙印，影响你一生。面对痛苦，我们不能沉浸其中，而是要正视痛苦，然后用行动化解痛苦。

中国女排连续几年没能获得世界冠军，中国的女排迷们几乎对她们失去了信心。但女排的姑娘们并不消沉，她们顶着来自各方面的压力，闭门训练，终于又连续三年夺得世界冠军。她们挽回了自己的荣誉，树立了女排迷们的信心。她们正确处理了挫折与痛苦之间的关系，并没有一味地放大痛苦，而是排解痛苦，化挫折为力量，为夺冠而时刻努力着。

春天总是在寒冷的冬天之后降临，春天总是从阴冷中的一丝微风开始。

当你在痛苦中时，你就像处在寒冷的冬季，但你不要认为冬季很长，因为春天终究要到来，漫长的冬季总会过去。

周伟的一个朋友，下半身被烧伤。这是一个曾经优秀而骄傲的女人，也是一个脆弱得一碰就碎的瓷器。厄运来临的时候，她几乎疯了。下半身溃烂，散发着恶臭。男友找了个借口走了。那个人走后，她突然变得冷漠而强硬。她的伤需要每天用纱布包起来，然后再被一层层地揭掉，每天换一次药。撕的时候，全身疼痛难忍，病房里全是她的痛苦的呻吟，撕到后来，连医生也不忍下手了。

这时候，她反而对医生说："没事，我来撕。"她也呻吟着，大叫着，但她却撕得十分残忍，像在对付敌人。到后来，第十天的时候，她已可以在撕着那些包扎伤口的纱布时，没有一点痛苦的表情了。

周伟说他去看这个朋友的时候，问她是如何忍过这几乎是世间最难忍的疼痛的。

这个女人说："我哭过，我喊过，我叫过，我骂过，有用吗？这些疼痛发生在我身上，只有我可以感知到。我只有承受，因为我爱自己的生命。跟生命相比，疼痛已不重要了。对付疼痛其实很简单，我每天把这些疼分成若干个部分。我告诉自己，我只忍十分钟，十分钟过去了，我发现自己还能坚持，我就又给自己十分钟，就这样，一点点地与疼痛对抗，我就在这一寸寸地抵抗中，忘记了疼痛，活过来了。"

其实，对付痛苦，你只要像她一样，一个小时一个小时地抵抗，很快就会过去的。可以这么说，时间是对付痛苦最有效的良药。

快乐的人生，也会有痛苦。有的人能直面挫折，化解痛苦，而有的人却常常夸大挫折，放大痛苦。不一样的选择，不一样的人生之旅，而要让我们心里的戈壁荒原开满鲜花，就只有直面挫折，而不是放大痛苦。

人生只有走出来的美丽，没有等出来的辉煌，因此直面挫折、化解痛苦才是我们的最佳选择。没有必要因叶落而悲秋，也没有必要因痛苦而放弃抗争。因为一花凋零荒芜不了整个春天，一次痛苦也荒废不了整个人生。

痛苦和挫折是人生必然要遇到的难题，要想让我们心中的戈壁荒原开满鲜花，只有在遭遇挫折时排解痛苦，积蓄人生的力量为新的目标而奋斗。这样，生命之花才会常开不败，生命的存在才会有更为深刻的意义！

最不能缺少的是冷静

冲动是魔鬼。冷静使大脑清醒，使双眼敏锐，使举动合理，使心灵明净，让你受益无穷。只有冷静的人才会更准确地做出判断，只有冷静的人才懂得理解他人，只有冷静的人才不会轻易地伤害身边的人。

什么样的人是美国青少年心中的楷模？这个问题的答案千奇百怪。然而，在当今的美国，却有一种传统形象赢得了大多数人的认可。20世纪90年代，一个美国青年成为美国人，特别是美国青少年心中的楷模。为什么会如此呢？一位学者概括：人们除了佩服汤姆森的勇气和忍耐力外，还佩服他的冷静。

18岁的约翰·汤姆森是一位高中学生，他住在北达科他州的一个牧场。1992

年 1 月 11 日，他独自在父亲的农场里干活。当他在操作机器时，不慎在冰上滑倒了，他的衣袖绊在机器里，两只手臂被机器切断。

汤姆森忍着剧痛跑到 400 米外的一座房子，他用牙齿打开门闩。他爬到电话机旁边，但是无法拨电话号码。怎么办？他用嘴咬住一支笔，一下一下地拨动，终于打通了他表兄的电话。表兄马上通知了附近的有关部门。

明尼阿波利斯州的一所医院为汤姆森进行了断肢再植手术。他住了一个半月的医院，便回到自己的家里。不久，他能微微抬起手臂，做一些简单动作。于是，他回到学校上课，他的全家和朋友们为他感到自豪。

汤姆森的故事还有这样一个细节：他把断臂伸在浴盆里，为了让血不白白流走。当救护人员赶到时，他被抬上担架。临行前，他冷静地告诉医生："不要忘了把我的手带上。"

汤姆森因为冷静不但挽救了自己的性命，还免于失去双臂。在生死攸关的时候能保持这样的冷静，的确难能可贵。人若拥有冷静的头脑，不但可以让自己避免犯一些不必要的错误，更能赢得他人的尊重。

无论是我们低估或高估自己的力量，都会做出错误的判断，从而影响我们的工作和生活。这个世界上，最了解你的人不会是别人，而是你自己。所以，保持冷静的头脑就成为人生的关键。

如果你还不能够做到保持冷静，那么建议你看看大仲马的《基督山伯爵》这本书，你就可以体会什么是冷静：当一个被诬陷而身陷牢狱十多年的人获得自由的时候，当他面对昔日的恩人和仇人的时候，他不是激动地进行了快意的恩仇了结，而是冷静思考，从关键入手，用最完美的方式给予恩人最值得欢欣的回报，用最打击人的方式给予仇人今生都不会忘记的痛苦与悔恨。相信你可以在这本书里，明白什么才是真正的冷静。

冷静使大脑清醒，使双眼敏锐，使举止合理，使心灵明净，让你受益无穷。只有冷静的人才会更准确地做出判断，只有冷静的人才懂得理解他人，只有冷静的人才不会轻易地伤害身边的人。

当你开始关心身边的每一个人，宽容犯了错误的人，尊重他们，完全融入每一个人所创造的温暖，感悟身边的每一缕爱意，无私地伸出自己的友爱之手……这时，脑总是清醒的，眼总是明亮的，心总是宁静的，你就会冷静。

失败了不要紧，再试一次

最成功的人，往往是那些勇于尝试、播撒种子最多的人。所以，失败了不要紧，再试一次，或许就会有转机。

每棵苹果树上大概有500个苹果，每个苹果里平均有10颗种子。通过简单的乘法，我们得出这样的结论：一棵苹果树有大约5000颗种子。你也许会问，既然种子的数目如此可观，为什么苹果树的数量增加不是那么快呢？

原因很简单，并不是所有的种子都会生根发芽，它们中的大部分会因为种种原因而半路夭折。在生活中也是如此，我们要想获得成功、实现理想，就必须经历多次的尝试。这就是“种子法则”。

参加20次面试，你才有可能得到一份工作；组织40次面试，你才有可能找到一个满意的雇员；跟50个人逐个洽谈后，你才有可能卖掉一辆车、一台吸尘器或是一栋房子；交友过百，运气好的话，你才有可能找到一个知心好友。

所以，最成功的人，往往是那些勇于尝试、播撒种子最多的人。

一鸣惊人、一举成功的事，在这个世界上并不多见。更多的成功在于人们坚定的信念和勤奋的工作。好的创意的实现还要靠锲而不舍的努力尝试才能成功。所以，如果你遭遇失败，千万不要放弃，也许只要多试一次，事情就会大有改观。

葛林·康汉宁，曾经被烧成重伤，并且被医生宣告：他以后只能靠轮椅度日了。可是，他创造了奇迹，他竟然能够健步如飞，并且跑出了世界最好成绩。为了实现站起来的愿望，他付出了巨大的努力。他一次又一次地试下去，实在令人感动。朋友们，我们应该向葛林·康汉宁学习。在困难面前，不要放弃，一定要咬紧牙关，坚持，坚持，再坚持。也许，就在一次次的坚持之下，我们的梦想变成了现实。无论如何，像葛林·康汉宁那样，再试一次吧！

在一场火灾中，小男孩儿被烧成重伤。医院全力以赴挽救了他的生命，但他的下半身却毫无行动能力，没有任何知觉。医生悄悄地告诉他的妈妈，孩子以后只能靠轮椅度日了。

出院以后，妈妈每天都推着他在院子里转一转。

有一天，天气十分晴朗，妈妈推着他到院子里呼吸新鲜空气，后来妈妈有事暂时离开了。天空是如此的美丽，蓝得好似水洗过一般。风儿轻柔地吹着，草地上盛开着各色的小花。男孩儿的心如同从沉睡中醒来，一股强烈的冲动自他的心底涌起：我一定要站起来！他奋力推开轮椅，然后拖着无力的双腿，用双肘在草地上匍匐前进。一步一步地，他终于爬到了篱笆墙边；接着，他用尽全身力气，努力抓住篱笆墙站了起来，并且试着扶住篱笆墙行走。未走几步，汗水从额头淌下。他停下来喘口气，咬紧牙关，又拖着双腿再走，一直走到篱笆墙的尽头。

每一天，他都要抓紧篱笆墙练习走路。可一天天地过去了，他的双腿始终无力地垂着，没有任何知觉。他不甘心困于轮椅的生活，紧握拳头告诉自己，未来的日子里，一定要靠自己的双腿来行走。终于，在一个清晨，当他再次拖着无力的双腿紧拉着篱笆墙行走时，一阵钻心的疼痛从下身传了过来。那一刻，他惊呆了——自从烧伤之后，他的下半身再也没有任何知觉。他怀疑是自己的错觉，又试着走了几步。没错，那种钻心的疼痛又一次清晰地传了过来。他的心狂喜地跳动着。在他不懈的努力下，他的下肢开始恢复知觉了。他一遍又一遍地走着，尽情地享受着别人避之唯恐不及的钻心般的痛楚。

自那以后，他的身体恢复得很快。先是能够慢慢地站起来，扶着篱笆墙走几步；渐渐地他便可以独立行走了。最后有一天，他竟然在院子里跑了起来。至此，他的生活与一般的男孩子再无两样。他读大学的时候，还被选进了田径队。当他健步如飞时，没有人知道他曾经是一个被医生宣告要终生与轮椅为伴的孩子。

他就是葛林·康汉宁，他曾经跑出全世界最好的成绩。

很多事情都是这样，往往再试试，就会有意想不到的收获。令人感到遗憾和悲哀的是，面对一而再、再而三的失败，多数人选择了放弃，没有再给自己一次机会。

现在大家都知道电话是贝尔发明的。其实发明电话的大量工作是爱迪生等科学家完成的，贝尔所做的仅仅是将电话中的一个螺母转动了1/4周。为此他们打了一场著名的官司。法院最后将电话的发明权判给了贝尔。法官说：虽然爱迪生等科学家做了大量工作，但他们认为电话不能实际应用，而最终放弃了。可贝尔没有放弃。他将螺母转动了1/4周，改变了电流幅度，让电话有了实际用途，所以电话的发明权应属于贝尔。爱迪生等科学家的失败距离成功有多远呢？仅仅只是将一个螺母转1/4周。

坚持到底，决不轻易放弃

衡量力量与勇气不能只看胜利和奖章，更重要的标准是我们克服的困难。真正的强者不一定是取得胜利的人，但一定是面对失败决不放弃的人。

安德鲁·杰克逊的儿时伙伴们都无法理解他为什么会成为名将，最终还能当上美国总统。他们认识的人当中，许多人比杰克逊更有才能，却一事无成。杰克逊的一位朋友曾说："吉姆·布朗和杰克逊住在一条街上，他不仅比杰克逊聪明，而且摔跤比赛四场能赢杰克逊三场。凭什么杰克逊混得这么好？"

别人问："为什么会有第四场比赛？一般不是三局两胜吗？"

"的确，比赛应该是结束了，但是安德鲁不肯。他从来不肯承认自己输了，一定要赢回来才算完。最后吉姆·布朗没了力气，第四场安德鲁就赢了。"

安德鲁拒绝接受失败，正是这不屈不挠的精神造就了他日后的辉煌。

1882年，26岁的考拉尔来到斯特林镇，在一所学校做老师。考拉尔酷爱读书，但他发现，偌大的斯特林镇居然没有一家像样的、专门的书店，书只有在百货商店才能偶尔零星地见到。考拉尔灵机一动，自己为什么不开一家书店呢？这样，既满足了自己读书的需求，赚了钱还可以补贴家用，何乐而不为？

考拉尔把自己的想法跟新婚妻子说了，妻子也非常赞成。于是没多久，考拉尔的名为"思想者"的书店就在斯特林镇开张了。

可是，书店的生意并没有考拉尔想象的那么好。连续几个月，书店几乎没人进来。考拉尔安慰自己，毕竟书店刚开张，生意不好也是正常的，贵在坚持，几个月不行就坚持半年，半年不行就坚持一年，甚至两年，生意总有做起来的时候。即使亏了，反正自己还要买书看，就当是自己藏书了。

抱着这种想法，考拉尔坚持了下来。

可生意还是不景气，书店经常是入不敷出。好在考拉尔和妻子都有一份工作，他们把大部分收入补贴到了书店里。很多人劝他们关门大吉。但这时，考拉尔的思想发生了巨大的转变，从原来单纯的经营，转变为呼吁和彰扬文明而经营。他说："书店是一个城市文明的象征，是人们寻求知识的重要地方，不管书店生意如何，我都要永远开下去！"

考拉尔言出如山，一年又一年，他居然真的坚持了下来，即使在战争时期，在政局动荡时期，“思想者”依然坚持每天开门迎客。

1948 年，考拉尔在他的书店里去世，享年 92 岁。考拉尔的孙子继承了他的书店。考拉尔临终前留下遗言：“无论如何，都要把‘思想者’开下去。”考拉尔的孙子遵从了祖父的话。好在那时斯特林镇改镇为市，人口越来越多，城镇面积越来越大，书店的生意也还可以养家糊口。

“思想者”的辉煌出现在 2004 年。这一年斯特林市参加全球 50 个文明城市的竞选，在激烈的竞争中，斯特林市渐落下风。这时，有人向市长提到了“思想者”，市长眼睛顿时一亮。当他把“百年老书店”的旗号打出去后，斯特林市果然过关斩将，不但入选，而且名次进入前十。

一时间，考拉尔和他的“思想者”名扬四海。来自世界各地的书友、游客以及信函纷至沓来。这时的“思想者”，不但是家大型书店，而且成为一个著名的旅游景点，来这里的人都要买几本盖着“思想者”销售戳的书回去。“思想者”的年销售额已达几百万美元，为考拉尔家族带来了滚滚财富，这还不包括那些一百多年前的全新的库存书，那已经成为收藏家追捧的宝藏。

2006 年，考拉尔的曾曾孙接手了“思想者”，他对书店一百多年的经营做了详尽的调查统计。他发现，在考拉尔经营的 66 年间，赚钱的 9 年，持平的 17 年，其余的 40 年都在亏损。

考拉尔的曾曾孙动情地说：“面对这样的经营，不知道有几个人能够坚持？我无法想象我的曾祖是如何度过那段岁月的，就像他绝对没想到今天他的书店会发财。事实上，他只是在一个思想贫瘠的时代，为文明而苦苦坚守！”

世上的事情都是如此，只要方向对了，不管其间的经历有多么艰难和不顺，你都要坚持下去。往往，再多一点努力和坚持便可以收获到意想不到的成功。所以无论何时，我们都应该信心百倍地去全力争取人生的幸福和成功，坚持到底，决不轻易放弃。

再苦也不能失去希望

人生可以失去很多东西，却绝不能失去希望。只要心存希望，总有奇迹发生，希望虽然渺茫，但它永存人间。

美国作家欧·亨利在他的小说《最后一片叶子》里讲了个故事：病房里，一个生命垂危的病人从房间里看见窗外的一棵树，在秋风中树叶一片片地掉落下来。病人望着眼前的萧萧落叶，身体也随之每况愈下，一天不如一天。她说："当树叶全部掉光时，我也就要死了。"一位老画家得知后，用彩笔画了一片叶脉青翠的树叶挂在树枝上。最后一片叶子始终没掉下来。

只因为生命中的这片绿，病人竟奇迹般地活了下来。

人生可以失去很多东西，却绝不能失去希望。只要心存希望，总有奇迹发生，希望虽然渺茫，但它永存人间。所以，当你遇到困境的时候，你一定要相信你自己，给自己希望，这样才能柳暗花明，走出困境。

有两个盲人靠说书弹弦谋生，老者是师傅，幼者是徒弟。徒弟整天唉声叹气，也无法学好手艺。因为眼盲，他甚至常常失去生活的勇气。一天，师傅病了，在临终前，他对徒弟说："我这里有一张复明的药方，我将它封进你的琴槽中，当你弹断1000根琴弦的时候，你才能取出药方。记住，你弹断每一根弦时必须是尽心尽力的。否则，再灵的药方也会失去效用。"徒弟牢记师傅的遗嘱，他一直为实现复明的梦想而弹弦不止。

50年过去了，徒弟已皓发银须，一声脆响，徒弟终于弹断了第1000根琴弦，他直向城中的药铺赶去。当他满怀期望地等着取回草药时，掌柜的告诉他，那是一张白纸。他明白了师傅的用意，他学到了手艺，这就是药方，有了手艺他就有了生存的勇气。他努力地说书弹弦，成了名艺人，受人尊敬。直到95岁高龄时，他才抱着三弦含笑告别人世。

前途比现实重要，希望比现在重要。任何时候，都不应该放弃希望，因为它是创造成功、创造未来的"点金石"。

人生不能没有希望，所以无论我们身陷怎样的逆境，我们都不应该绝望。失望时萌生希望，能驱散心中的浓雾，拥抱一片湛蓝的晴空。让我们带着希望生活，活出一个最好的自己。

只要把希望种在心里，即使一粒最普通的种子，也能长出奇迹！

培植出白色的金盏花非常困难，让专家都望而却步，而一位不懂遗传学的老人却取得了成功。这是为什么呢？

当年，美国一家报纸曾刊登了一则园艺所重金悬赏征求纯白金盏花的启事，一时引起轰动。高额的奖金让许多人趋之若鹜。但是，在自然界中，金盏花除了金色的，就是棕色的，能培植出白色的，不是一件容易的事。所以许多人一阵热血沸腾之后，就把那则启事抛到了九霄云外。

时间一晃就是20年。20年后很平常的一天，当年那家曾刊登启事的园艺所意外地收到了一封热情的应征信和100粒“纯白金盏花”的种子。当天，这件事就不胫而走，引起轩然大波。原来寄种子的是一位年已古稀的老人。对信中言之凿凿能开出纯白金盏花的种子，园艺所一直举棋不定，该不该验证一时成了争论的焦点。有人说，绝不应该辜负了一位老人的心意。那些种子终于得以落土生根。奇迹是在一年之后才出现的，一大片纯白色的金盏花在微风中摇曳生姿。

一直默默无闻的老人因此成了新的焦点。原来，老人是一个地地道道的爱花人。20年前，她偶然看到那则启事，怦然心动。她的决定却遭到她8个儿女的一致反对。毕竟，一个压根儿就不懂种子遗传学的人是很难完成专家都不能完成的事，她的想法岂不是痴人说梦！老人痴心不改，义无反顾地干了下去。她撒下了一些最普通的种子，精心侍弄。一年之后，金盏花开了。她从那些金色的、棕色的花中挑选了一朵颜色最淡的，任其自然枯萎，以取得最好的种子。次年，她又把它们种下去。然后，再从许多花中挑选出颜色最淡的花的种子栽种……日复一日，年复一年，春种秋收，周而复始，老人的丈夫去世了，儿女远走了，生活中发生了很多的事，但唯有种出白色金盏花的愿望在她的心中牢牢地扎下了根。终于，在20年后的一天，她在园中看到一朵金盏花，是如银如雪的白。一个连专家都解决不了的问题，在一个不懂遗传学的老人手中迎刃而解，这不是奇迹吗?

漫漫人生，难免会遇到荆棘和坎坷，但风雨过后，一定会有美丽的彩虹。所以，任何时候你都要抱乐观的心态，都不要丧失希望。要知道，失败不是生活的全部，挫折只是人生的插曲。虽然机遇总是飘忽不定，但只要你坚持，保持乐观，你就能永远拥有希望。即使一生不如意，但有希望相伴也是幸福。

改变人生就在一念间

生活中，只要你肯留心用心，处处皆智慧，皆财富。而发现生活中的智慧和财富却是再简单不过的，只要你有一颗热爱生活的心。

在滑铁卢战场上，拿破仑与英军展开激烈的鏖战。双方相持不下，损失惨重。此时，拿破仑最需要的是一支增援部队。

不远处，就有这样一支部队。它的统帅是格鲁希元帅，这位忠心耿耿、循规蹈矩的元帅手中统治着全国 1/3 的军队。他的任务是，战斗打响之后追击普鲁士军队，防止普鲁士军队与英军会合，同时必须与主力部队保持联系。

格鲁希并未意识到拿破仑的命运掌握在他手中，他只是遵照命令于 6 月 17 日晚间出发，按预定方向去追击普鲁士军。但是，敌人始终没有出现，被击溃的普军撤退的踪迹也始终没有找到。

隆隆的炮声从远方传来。副司令热拉尔急切地要求："立即向开炮的方向前进！"几个军官用印第安人的姿势伏在地上，已辨别出开炮的方向。所有的人都毫不怀疑，拿破仑已经向英军发起攻击了。传来炮声的方向，正是拿破仑所在的位置，而兵稀将少的拿破仑急需增援。

可是，格鲁希犹豫了。他习惯于唯命是从，在他的意识中，拿破仑的命令至高无上。拿破仑的命令是让他——追击撤退的普军。

将士们仰望着他，等待他最后的命令，一个即将决定法兰西未来命运的决定。热拉尔甚至提出自己可以带人马和若干骑兵分兵驰援。格鲁希答应考虑，然而他考虑了一秒钟，仅仅只考虑了一秒钟，便做出了决定，答案是——不。因为在他的意识中，"追击普军"始终主宰着他的思维。

一秒钟，决定了他的命运、拿破仑的命运和整个欧洲的命运。后来，在溃败如暴雨倾泻时，拿破仑怒问苍天："格鲁希在哪里，他究竟待在什么地方？"

人们往往把命运交给漫长的一生去隐忍和磨砺。平淡的时光犹如暗夜长彻，唯有那决定性的一瞬，像闪电撕破夜幕，照亮无边的黑暗。那闪耀的一秒钟，它开启智慧，辨别方向，决定成败。然而，这样的一秒钟为数不多且稍纵即逝。你为它做好了准备吗？也许，一个念头就能改变人生。

2001 年的春天，一个从北京郊区来的农民游客，受朋友之托，在韩国的一家超市买了四大袋约 30 斤的泡菜。在回旅馆的路上，身材魁梧的他渐渐感到手中的塑料袋越来越重，勒得手生疼，他想把袋子扛在肩上，又怕弄脏了新买的西装。正当他左右为难之际，忽然看到了街道两边茂盛的绿化树，顿时计上心来。他放下袋子，在路边的绿化树上折了一根树枝，准备用它当做提手来拎沉重的泡菜袋子。不料，正当他为自己的"小发明"沾沾自喜时，便被迎面走来的韩国警察逮了个正着。他因损坏树木、破坏环境的"罪行"，被韩国警察毫不客气地罚了 50 美元。50 美元，相当于 400 多元人民币啊！这在国内能买大半车泡菜啊！他心疼得直跺脚，几欲争辩，无奈交流困难，只能认罚作罢。

交完罚款，他懊恼地继续赶路，除了舍不得那 50 美元，更觉得自己让韩国警察罚了款，是给中国人丢了脸。越想越窝囊，他干脆放下袋子坐在路边，看着眼前来来往往的人流。他发现其实路人中有不少和他一样，气喘吁吁地拎着大大小小的袋子，任凭手掌被勒得发紫而无计可施，有的人坚持不住还停下来揉手或搓手，他们吃力的样子竟让他觉得有点好笑——为什么不想办法搞个既方便又不勒手的提手来拎东西呢？对啊，发明个方便提手，专门卖给韩国人，一定有销路！想到这儿，他的精神为之一振，暗下决心：将来一定要找机会挽回这 50 美元罚款的面子。

回国之后，他不断想起在韩国被罚 50 美元的事情和那些提着沉重袋子的路人，发明一种方便提手的念头越来越强烈，于是他干脆放下手头的活计，一头扎进了方便提手的研制中。根据人的手形，他反复设计了好几种款式的提手，为了试验它们的抗拉力，又分别采用了铁质、木质、塑料等几种材料，然而，总达不到预期的效果，一段时间内，他几乎要丧失信心了，但一想到在韩国那令人汗颜的 50 美元罚款，他又充满了斗志。

几经周折，产品做出来了，他请左邻右舍试用，这不起眼儿的小东西竟一下子得到了邻居的青睐，有了它买米买菜多提几个袋子也不觉得勒手了。后来，他又把提手拿到当地的集市上推销，可看的人多，买的人少，这怎么成呢？他急得直挠头，还是妻子提醒了他，把提手免费送给那些在街头拎着重物的人使用。别说，这招可真奏效，所谓眼见为实，小提手的优点一下子就体现出来了。一时间，大街小巷到处有人打听提手的出处，小提手出名了！

但他的发明最终的目标市场是韩国，试验的成功增加了他将这种产品推向市场的信心，他很快申请了发明专利。接着为了能让方便提手顺利打进韩国市场，他决定先了解韩国消费者对日常用品的消费心理。经过反复的调查、了解，他发现韩国人对色彩及样式十分挑剔，处处讲究包装，只要包装精美、做工精良，价格是其次的。他决定“投其所好”，针对提手的颜色进行了多样的改造，增强视觉效果，而后又不惜重金聘请了专业包装设计师，对提手按国际化标准进行细致的包装。对于他如此大规模的投资，有不少人投以怀疑的眼光，不相信这个小玩意真能搞出什么大名堂。这一回他横下一条心，豁上了！

功夫不负有心人，经过前期大量市场调研和商业运作、推广，一周后，他便接到了韩国一家大型超市的订单，以每只 0.25 美元的价格，一次性订购了 120 万只方便提手，折合人民币价值 200 多万元！那一刻他欣喜若狂。

这个靠简单的方便提手征服韩国消费者的人叫韩振远，凭一个不起眼的灵感，一下子从一个普通农民蜕变成一位百万富翁，而这个变化他用了还不到一年时间，而这仅仅是个开始。有人问他成功的经验是什么，他说，这是用 50 美元买来的。而 50 美元带来的不仅是财富，更是无穷的智慧。不错，正是这 50 美元的罚款让他发现了灵感。可世界上每天被罚款的人很多，却罕有被罚出成就的，也许他们认为自己失去的只是金钱，却不知其中或许还蕴藏着财富。

其实，生活中，只要你肯留心用心，处处皆智慧，皆财富。而发现生活中的智慧和财富却是再简单不过的，只要你有一颗热爱生活的心。

第三章

学会解脱

——解开你心里的锁

一个人，即使他一无所有，只要他有希望，他就可能拥有一切；而一个人即使拥有一切，却不拥有希望，那就可能丧失他已经拥有的一切。

第一节　任何时候都不应该绝望

一切都会好起来的

人生并非处处顺利平坦、尽是莺歌燕舞，总是伴随着几多不幸、几多烦恼。一旦遭遇不顺和困难，你必须学会坚强，因为一切都会慢慢好起来的。

一切都会好起来的。这句话很简单，却很有道理。即使你的眼前有许多的不顺利，但一定要坚强，因为一切都会慢慢好起来的。

确实，人生并非处处顺利平坦、尽是莺歌燕舞，总是伴随着几多不幸、几多烦恼。一旦遭遇不顺和困难，你必须学会坚强，因为一切都会慢慢好起来的。

现在说起梅西，估计没有几个人不认识他。

20岁的梅西身高169厘米，体重68公斤，被人们认为是又一个马拉多纳的化身。马拉多纳对这位小老乡的评价是："梅西是一位天才球员，前途不可限量。"

梅西12岁时来到巴塞罗那，在青年队中锤炼五年后进入一线队，他在2004年的南美青年锦标赛上踢进7球而成为最佳射手。现在，他和小罗已经成为巴塞罗那队边路最活跃的棋子。某些时候，梅西的光芒甚至盖过了世界足球先生小罗，毫无疑问，巴塞罗那和阿根廷的未来，属于梅西。

但是你绝对不知道，梅西也曾经有过一段痛苦的往事。作为一个天才球员，他差点儿因为身体条件的原因而被埋没了。

1987年6月24日，在阿根廷圣塔菲尔省的罗萨里奥中央市，继两个哥哥之后，梅西降生了。这个穷人家的孩子，身体孱弱，妈妈无暇照顾弱小的梅西，把他寄养在辛迪亚家，两人从幼儿园到小学一直在一起，辛迪亚见证了梅西童年所有的艰辛和欢乐，而梅西也把辛迪亚当成这个世界上唯一可以倾诉的人。

作为梅西最痴心的球迷，辛迪亚珍藏着梅西代表各个俱乐部效力时穿过的各种款式的球衣，这是梅西把自己多出来的一套送给小女孩儿的。辛迪亚总是坐在高高的看台上，看着她的英雄演出，她比任何人都更早而且更坚定地相信着梅西的足球天赋。那是一段多么幸福的时光。可惜美好的光阴总是容易逝去，11 岁的梅西被查出患有荷尔蒙生长素分泌不足，这将影响他骨骼的健康发育，也就是说，他将在 1.4 米的高度停滞不前。纽维尔斯老男孩俱乐部不想再为还未成名的梅西掏出每月 800 美元的治疗费用，梅西只能和父亲远赴他乡，去西班牙求助。那是在最后一场比赛后绝望的辞行，13 岁的梅西抱着辛迪亚号啕大哭，而辛迪亚抱着他说："不哭不哭，坚强点儿小不点儿，坚强点儿小不点儿，一切会好起来的。"

情况真的好了起来，他通过治疗长到了近 1.7 米，并在巴塞罗那如鱼得水，天赋尽显，无论是里杰卡尔德的肯定，还是其他教练的赞誉，甚至马拉多纳也亲自给他打电话进行鼓励，这都在向全世界发布一个信息：梅西已经与从前大不相同。小罗说："只有梅西才能骑在我的背上，我们是好兄弟。"

现在的梅西，因为足球集万千宠爱于一身，媒体、教练、队友、球迷把他当明星、孩子、兄弟、偶像般看待。但是在他内心里，他永远都忘不了辛迪亚在他耳边说"坚强点儿小不点儿，一切会好起来的"。

任何时候都不应该绝望

只要不绝望，就一定有出路。有时候，创造奇迹的不是巨人，也许只是心中埋藏的希望。

美国电视台开展的极限节目，因为魔鬼般的难度，让人看得心惊肉跳，吸引了千百万观众。每期六个人中，必定要有一个胜出，奖金额最少 50 万美元，诱惑巨大。

极限运动的宗旨就是把不可能的事变为可能。每次挑战，都有一项是人与虫子为伍的内容。举办人把丑陋的爬虫放在玻璃缸里。挑战者伸进头去，让这些虫子爬满自己的脸……据说此项挑战，比攀岩绝壁、蹦极更让人胆怯。

其中非洲大蛹是最难看、最丑陋、最令人恐惧的爬虫，它浑身是毛，口吐黏液。300 只这样的恶虫在玻璃缸里一起蠕动，别说让人把头伸进缸里，就是看一眼都毛骨悚然。结果所有的参与者都拒绝了这项挑战。他们纷纷表示，就是丢掉 50 万美元，也绝不会碰这些丑陋的虫子！

然而，当这些丑陋的、令人作呕的爬虫蜕壳后，人们却为之一震，原来它们是世上最美丽的非洲蓝蝶。许多人都把它作为珍贵的标本收藏。你看，原本给50万美元都拒绝碰一下的东西，事隔两个月，却变成了人人都想抚摸的漂亮蝴蝶。所以，别把事情看得太悲观了！

一切都是运动的、变化着的。就是在最糟糕的时候，也没有必要绝望。别把事情看绝了，因为天下没有绝对的事！这是一个看问题的角度，这个角度会让你变得开朗、自信许多。因为没有绝对，你的心才永远不死，才愿意等待，并豁然期待着，直到一切都好起来！有时候，创造奇迹的不是巨人，也许只是心中埋藏的希望。

多克是一个信差，他始终坚信自己的使命就是向人们传递快乐。因此，他的口袋里总是装着许多小字条，上面写着一些鼓励性的话。他将信件和电报送到人们手中的同时，也留给他们一张小字条，告诉他们“今天是美好的一天”，“要笑口常开”，“别再烦恼”。

第二次世界大战期间，多克因为年龄太大而没有入伍，但他自告奋勇到野战医院做了一名志愿者，协助医院救死扶伤。有一大，他突发奇想，在医院的墙上写了一句话：“没有人会死在这里。”他的行为引起了大家的注意，医院的人说他疯了，也有人认为这句话无伤大雅，不必擦掉。

那句话一直没有人去管，就一直留在了那面墙上。后来，不但伤员，就连医生、护士包括院长，都渐渐地记住了这句话。伤病员们为了不让这句话落空而顽强地活着，医生和护士为了这句话，尽力地给予病人最精心的医治和护理。这个医院变成了一个坚强的医院，每个人的脸上都有一种盼望和坚毅的表情。

所以，永远不要绝望；就是绝望了，也要再努力，从绝望中寻找希望。成为积极或消极的人在于你自己的抉择。没有人与生俱来就会表现出好的态度或不好的态度，是你自己决定要以何种态度看待环境和人生！

不要因失败而退缩

往往，最后的成功正是孕育在千百次的失败之中。其实，成功与失败并没有绝对不可跨越的界限，成功是失败的尽头，失败是成功的黎明。失败的次数愈多，成功的机会亦愈近。

有个年轻人去微软公司应聘，但该公司并没有刊登过招聘广告。见总经理疑惑不解，年轻人用不太娴熟的英语解释说，自己是碰巧路过这里，就进来了。总经理感觉很新鲜，破例让他一试。面试的结果出人意料，年轻人表现糟糕。他对总经理的解释是事先没有准备，总经理以为他不过是找个托词下台阶，就随口应道："等你准备好了再来试吧。"

一周后，年轻人再次走进微软公司的大门，这次他依然没有成功。但比起第一次，他的表现要好得多。而总经理给他的回答仍然同上次一样："等你准备好了再来试。"就这样，这个青年先后五次踏进微软公司的大门，最终被公司录用，成为公司的重点培养对象。

再试一次，你就有可能到达成功的彼岸。

任何成功都不是轻而易举得来的。无论你遇到多么大的挫折，遭遇多大的困难，你都要告诉自己："我绝对不能退缩，只需努力尝试，就能成功！"

事业取得成功的过程，实际上就是不断战胜困难的过程。因为任何一项大小事业要取得相当的成就，都会遇到困难，难免要犯错误，遭受挫折和失败。著名科学家法拉第说："世人何尝知道：那些经由科学研究工作者头脑里的思想和理论当中，有多少被他自己严格的批判、非难的考察，而默默地、隐蔽地扼杀了。就是最有成就的科学家，他们得以实现的建议、希望、愿望以及初步的结论，也达不到1/10。"这就是说，世界上一些有突出贡献的科学家，他们成功与失败的比率是1∶10。至于一般人，与这个比率比当然要低得多。因此，在迈向成功的道路上，能不能经受住错误和失败的严峻考验，是一个非常关键的问题。

出现错误，遭受挫折和失败，有人就徘徊不前，半途而废；有人就唉声叹气，激流而退；有人则悲观失望，自暴自弃。然而，错误和失败并不因为人们的不快、悲叹、惊慌和恐惧而不再光临。相反，怕犯错误，怕遭失败，却往往会犯更大的错误，遭更多的失败。所以，对待错误和失败应该有科学的认识和正确的态度。

闻名于世的大作曲家贝多芬说："卓越的人的一大优点是：在不利于已的遭遇里百折不挠。"从事任何一项事情，先要决定志向，志向决定以后，就要全力以赴毫不犹豫地去实行。

法国作家凡尔纳年轻时写的第一本著作，是名为《气球上的五星期》的科学幻想小说。

当他兴高采烈地将自己的处女作送给一家出版社时，总编辑翻了书稿后，感到书中说的尽是不切实际的幻想，而且写作手法也离经叛道，便婉言拒绝出版。

在一连被 15 家出版社拒之门外之后，凡尔纳开始灰心丧气。他坐在火炉旁撕开手稿，一张一张地往火炉里扔。幸亏他的妻子发现，才阻止了他的焚书行动，并劝他再试一次。凡尔纳第二天又将书稿整理好送到第 16 家出版社。出乎意料，这家出版社独具慧眼，不仅立即给予出版，而且与凡尔纳签订了为期 20 年的合同，要凡尔纳把今后写的全部科幻小说交给他们出版。

《气球上的五星期》出版后，立即轰动文坛，凡尔纳一举成名。

成功往往就在于——面对失败不退缩。试想，凡尔纳如果不跑这第 16 家出版社，还会有这部不朽的传世名作吗？还会有大作家凡尔纳吗？所以，遇到挫折，千万不能退缩，不能轻易放弃。只有努力尝试，才能成功。

犯错误，遭受挫折和失败，这不是坏事。错误和失败造成的困惑是痛苦的。但是，在迈向成功的道路上，错误和失败是不可避免的，它具有重要的价值。

任何成功都包含着失败，每一次失败是通向成功不可跨越的台阶。爱因斯坦指出："正确的结果，是从大量错误中得出来的，没有大量错误做台阶，也就登不上最后正确结果的高峰。"有志气有作为的人，并不是因他们掌握了什么走向成功的秘诀，而恰恰在于他们在失败面前不唉声叹气、不悲观失望。

大发明家爱迪生经过几千次的失败，才最终发明了电灯，给世界人民带来了黑夜中的光明。他在总结这段经历时说："我对电灯问题，钻研最久，试验最苦，但是从未灰心，更不信它试验不成！失败和成功对我一样有价值。"

著名药物学家欧立希发明一种名叫砷矾纳明的新药，这种药能够治疗梅毒病和昏睡病。他在试制过程中，遭受过 605 次失败，这使他痛苦万分，但他并未就此止步，而是继续坚持试验，终于在第 606 次实验中取得了成功。因此，欧立希把这种新药命名为"606"。一盏电灯要试验几千次，一种新药要试验几百次，这中间经历了多少艰辛！

往往，最后的成功正是孕育在千百次的失败之中。失败的次数愈多，成功的机会亦愈近。成功与失败的差距只在完全做对一件事情和几乎做对一件事情。如果你能在挫折面前不退缩，那么，你一定能走向成功。

有了希望就能战胜苦难

一个人，即使他一无所有，只要他有希望，他就可能拥有一切；而一个人即使拥有一切，却不拥有希望，那就可能丧失他已经拥有的一切。

公元前334年，亚历山大大帝在出发远征波斯之前，把自己所有的财产全部分给了臣下。

一名随从非常惊讶地问："陛下，那你带什么启程呢？"

亚历山大自信地回答说："我只带一种财富，那就是'希望'！"

希望，是一个人一生中最为珍贵的财富，它远胜于世上任何有形的财宝。

在大学里，章霄最不喜欢上经济学的课，因为他很讨厌经济学教授老范，甚至和有些狂傲的老范在课堂上言词激烈地争吵过。

大学最后一年，在求职过程中接连遭受打击的章霄又和女友分了手。整个世界似乎塌了下来，章霄患上了抑郁症。从此，上医院就成了他生活中的一部分。夏末的一个黄昏，章霄意外地在医院里遇见了老范，他正微笑着哄着身边的一个和他年纪相仿的女人。他没有注意到章霄的存在。于是，章霄冷笑着走进了病房。

当章霄再次走出病房的时候，却吃惊地发现老范正独自一人哭倒在洗手间里……

那天，他们聊了很多，老范告诉章霄——他和妻子为了在这个城市里站住脚吃了很多苦，而现在他们的女儿很有可能永远看不到任何东西了——他还要强作欢颜安慰妻子。

"每个人都是一滴水银，即使摔得支离破碎，也要迅速凝聚起来，只要坚信希望，任何困难都能挺过去。"分手的时候，老范擦干眼泪对章霄说。

从那之后，章霄常常去听老范的课，不为别的，只为他那种坚强乐观的水银精神。是的，只要不放弃希望，没有过不去的坎，没有克服不了的困难。

1992年3月的《读者文摘》，刊载了一篇发人深省的作品。

文中讨论的四部影片：《山水喜相逢》《洛基》《火战车》《甘地传》。该文作者分析这四部影片叫好又叫座的一些共同原因时，说："它们反映人性本善、宣扬种种受人尊敬的情操：勤奋、苦干、自重；表现出对家庭、朋友、社会的爱心；显示了一个人能对他自己的一生和别人的一生造成多大的改变；最重要的，它们给了我们希望。”

在这一段话里，最能引起人共鸣的，是最后一句：“它们给了我们希望。”有时候，创造奇迹的不是巨人，也许只是心中埋藏的希望。一句鼓励的话语，就能给对方一个免费却珍贵的礼物——希望。希望，在我们的生命里，微不足道，却往往重如千钧。

一个俄国的心理学家做过一个实验：将两只大白鼠丢入一个装了水的器皿中，它们拼命地挣扎求生，结果只维持了 8 分钟左右。然后，在同样的器皿中放入另外两只大白鼠，在它们挣扎了 5 分钟左右的时候，放入一个可以让它们爬出器皿外的跳板，这两只大白鼠得以活下来。若干天以后，再将这对大难不死的大白鼠放入器皿中，结果真的有些令人吃惊：两只大白鼠竟然可以坚持 24 分钟，是一般情况下能够坚持时间的 3 倍。

这位俄国的心理学家总结说，前面两只大白鼠，没有任何逃生经验，只能凭自己本来的体力挣扎求生；而有过逃生经验的大白鼠却多了一种精神的力量，它们相信在某一个时候，一个跳板会救它们出去，这使得它们能够坚持更长的时间。这种精神力量，就是希望。

那个实验还没有讲完。有人想着那两只大白鼠，总觉得不是滋味，就略带反感地对那位心理学家说：“有希望又怎么样，那两只大白鼠最后还不是死了。”心理学家出人意料地回答说：“没有死，在第 24 分钟时，我看它们实在不行了，就把它们捞上来了。有积极心态的大白鼠更有价值，更值得活下去；我们人类应该尊重一切希望，哪怕是一只大白鼠内心的希望。”

这个实验虽然残酷了一点，但给人很大的教益。实际上我们不必做那样的实验就可以知道，在艰难困苦之中，心中有希望和心中没有希望，对我们的行为会有完全不同的影响，结果当然也就完全不一样了。大白鼠的希望，是人给它们的；而我们人类自己，在任何时候、任何地点、任何困难的情况下，都能够自己给自己希望。

希望是一种伟大的力量。在很多情况下，希望的力量比知识的力量更强大。因为只有在有希望的前提下，知识才能被更好地利用。

所以，一个人，即使他一无所有，只要他有希望，他就可能拥有一切；而一个人即使拥有一切，却不拥有希望，那就可能丧失他已经拥有的一切。

熬过去就是胜利

往往，再多一点努力和坚持便收获到意想不到的成功。以前做出的种种努力、付出的艰辛，便不会白费。令人感到遗憾和悲哀的是，面对一而再、再而三的失败，多数人选择了放弃，没有再给自己一次机会。

乔治的父亲辛曾经是个拳击冠军，如今年老力衰，病卧在床。

有一天，父亲的精神状况不错，对他说了某次赛事的经过。

在一次拳击冠军对抗赛中，他遇到了一位人高马大的对手。因为他的个子相当矮小，一直无法反击，反而被对方击倒。

休息时，教练鼓励他说："辛，别怕，你一定能挺到第12局！"

听了教练的鼓励，他也说："我不怕，我应付得过去！"

于是，在场上他跌倒了又爬起来，爬起来后又被打倒，虽然一直没有反攻的机会，但他却咬紧牙关支撑到第12局。

第12局眼看要结束了，对方打得手都发颤了，他发现这是最好的反攻时机。于是，他倾全力给对手一个反击，对手应声倒下，而他则挺过来了，那也是他拳击生涯中的第一枚金牌。

说话间，父亲额上全是汗珠，他紧握着乔治的手，吃力地笑着："不要紧，有一点点痛，我应付得了。"

在人生的海洋中航行，不会永远都一帆风顺，难免会遇到狂风暴雨的袭击。在巨浪滔天的困境中，我们更需坚定信念，随时赋予自己生活的支持力，告诉自己"我应付得了"。当我们有了这份坚定的信念，困难便会在不知不觉中慢慢远离，生活自然会回到风和日丽的宁静与幸福之中。唯有相信自己能克服一切困难的人，才能激发勇气，迎战人生的各种磨难，最后成就一番大业！记住，只要你有决心克服，就一定能走过人生的低谷。

卡耐基在被问及成功秘诀的时候说道："假使成功只有一个秘诀的话，那应该是坚持。"人生道路中的很多苦难和痛苦都是如此，只要熬过去了，挺住了，就没什么大不了的。

巴顿将军在第二次世界大战后的聚会上说起这么一段经历：当他从西点军校毕业后，入伍接受军事训练。团长在射击场告诉他，打靶的意义在于，哪怕你打偏了 99 颗子弹，只要有 1 颗子弹打中靶心，你就会享受到成功的喜悦。

对于实战经验不多的新兵来说，想要枪枪命中靶心是困难的，然而，当巴顿的靶位旁的空子弹壳越来越多时，他已成了富有射击经验的老兵。

战争爆发后，巴顿将军奔波于各个战场，他一度对生活产生了疑问，觉得自己像一架战争机器，不知道战争究竟要到何年何月才是尽头。

但这一切仅仅持续了不到 7 年。这 7 年里，由于倔强刚烈的个性，巴顿所经历的挫折、失意，曾经那么锋利地一次次伤害过他，令他消沉，后来他才明白：它们只不过是那一大堆空子弹壳。

生活的意义，并不在于你是否在经受挫折和磨炼，也不在于要经受多少挫折和磨炼，而是在于忍耐和坚持不懈。经受挫折和磨炼是射击，瞄准成功的机会也是射击，但是只有经历了 99 颗子弹的铺垫，才有一枪击中靶心的结果。

只要坚持到底，就一定会成功，人生唯一的失败，就是当你选择放弃的时候。因此，当你处于困境的时候，你应该继续坚持下去，只要你所做的是对的，总有一天成功的大门将为你而开。

查德威尔是第一个成功横渡英吉利海峡的女性，她没有满足，决定从卡塔林岛游到加利福尼亚。

旅程十分艰苦，刺骨的海水冻得查德威尔嘴唇发紫。她快坚持不住了，可目的地还不知道有多远，连海岸线都看不到。

越想越累，渐渐地她感到自己的四肢有千斤沉重，自己一点劲都使不上了，于是对陪伴她的船上工作人员说："我快不行了，拉我上船吧！"

"还有一海里就到了啊，再坚持一下吧！"

"我不信，那怎么连海岸线都看不到啊！快拉我上去！"看她那么坚持，工作人员就把她拉上去了。

快艇飞快地往前开去，不到一分钟，加利福尼亚海岸线就出现在眼前了，因为大雾，只能在半海里范围内看得见。

查德威尔后悔莫及，居然离横渡成功只有一海里！为什么不听别人的话，再坚持一下呢？

拿破仑曾经说过："达到目标有两个途径——势力与毅力。势力只有少数人所有，而毅力则属于那些坚韧不拔的人，它的力量会随着时间的发展而至无可抵抗。"往往，再多一点努力和坚持便收获到意想不到的成功。以前做出的种种努力、付出的艰辛，便不会白费。令人感到遗憾和悲哀的是，面对一而再、再而三的失败，多数人选择了放弃，没有再给自己一次机会。所以，无论我们处于什么样的困境，遭遇多大的痛苦，我们都应该激励自己：离成功我只有一海里，只要熬过去就是胜利！

发现你的优势

人人各有所长，要善于发现自己的长处，并且把它适当地发挥出来。

每一件物品都有各自的用处，每一个人也都有各自的优势。一个人一定要清楚地认识到自己的优势，才能把事情做好。

著名的“短板理论”。整体犹如一个木桶，由长短不一的木板组合而成；决定木桶容量的，不是最长的那块板，而是最短的那一根。这就是这个理论影响了很多人，使得人们在关注个体时，把过多的精力放在如何提高弥补他的缺点、弱点或者说劣势上，而不是发扬他的优点。

其实，我们一辈子就是这么不停地补短，什么不好补什么，生怕被这些不足拖了我们的后腿。就比如上面那个孩子吧，补来补去，后来数学可能勉强及格了，但是语文和英语可能会相应地下降到了八九十分，完全没有了优势，变得样样平庸了。

一个人的精力有限，如果把时间花在了补短上，也必然影响了长项的发展。这样，孩子最后虽然能够考上大学，但也只是那莘莘学子中普通的一棵小草而已。

眼光如果反过来看——关注优势而不是劣势，结果会不会不同呢？

有一个学生，特别喜欢语文和英语，对数学却一点不感兴趣，于是爸爸干脆就让他主攻语文和英文。参加清华大学的入学考试时，他的成绩是英语和语文满分，数学却是零分，后来被清华破格录取。这人是谁？钱钟书。

试想，如果没有钱钟书爸爸的优势理论，如果没有清华校长的优势理论，我们只能再多一个平庸的“钱钟书”，而不会有这样的天才“钱钟书”！

生活中很多人开车，有人开了几十年的车，但没有人比得上舒马赫，他是为赛车而生；爱迪生小学都没有念完，他甚至根本不懂化学符号，但是他拥有上千种发明；佛教六祖慧能不认字，却能听经解意，他的徒弟念了一辈子经也没有明白什么意思，他听了一遍就懂了……但是，我们这里说的优势，不是指这样的天才，这样的人几千年也不过才出了几十个而已。我们说的是普通人的优势，是每个人都具备的优势，它既可能是先天带来的，也可能是后天培养的，但是最重要的是发现自己的优势。

让兔子去赛跑，让鸭子去游泳。只有发挥各自的优势，才能实现个人价值。

当然，不要狭隘地认为“优势”就是指某种特殊“才能”或者“才华”，品德、性格、习惯等等都有可能构成你独有的优势。孔子出名的弟子有72个，他们的优势其实也是各不相同的：颜渊以德行闻名，子贡善于口才，子游擅长文学。所以，不要狭隘地认为优势就是某种天才般的能力，而是每个人都能具备的品性中的特征，甚至保持微笑、关注细节、说话算数、承担责任等都能够构成你的独有优势。

一个人事业能够达到的高度，取决于最长那根木板的高度而不是最短的那根。所以，花1小时在你的弱势上面，不如花10分钟在你的优势上面。人生是公平的，要发现你的优势，培养它，把它发挥到极致，你就是成功的。

挖掘你的潜能

人类最大的悲剧并不是天然资源的巨大浪费，而是大脑潜能的埋没。充分发掘你的潜能，才能激活你的未来。

俄克拉荷马州的土地上发现了石油。该地的所有权属于一位年老的印第安人。这位老印第安人顿时变成了有钱人，买了一辆凯迪拉克豪华轿车。每天他都开车到附近的小奥克拉荷马城。他想看每一个人，也希望被每个人所看到。有趣的是，他从未撞过人，也从未伤害人。理由很简单，在轿车正前方，有两匹马拉着。

当地的技术员说那辆汽车一点毛病也没有，因为这位老印第安人永远学不会插入钥匙去开动引擎。

人类最大的悲剧并不是天然资源的巨大浪费，而是大脑潜能的埋没。科学家研究发现，爱因斯坦的大脑使用还不到10%，普通人用了不到5%，有人甚至连1%都没到。这说明大脑至少有90%的能量被闲置浪费了。问题的关键不是我们笨，而是我们要学会“插入钥匙去开动引擎”，调动我们的潜能去为自己创造一个更美好的未来。

所以有人断言：最大的悲剧不是恐怖地震，不是连年战争，甚至不是原子弹，而是千千万万人庸庸碌碌地生活着，却从来意识不到存在于他们身上的巨大潜力。

有一个乡下老人在山里打柴时，带回一只怪鸟给小孙子玩耍。后来发现那只怪鸟竟是一只鹰。人们担心鹰再长大一些会吃鸡，一致强烈要求：要么杀了那只鹰；要么将它放生，让它永远也别回来。

这一家人舍不得杀它，于是决定将鹰放走，让它回归大自然。许多办法试过了都不奏效。最后他们终于明白：原来鹰是眷恋它从小长大的家园。

后来村里的一位老人说："把鹰交给我吧，我会让它重返蓝天，永远不再回来。"老人将鹰带到附近一个最陡峭的悬崖绝壁旁，然后将鹰狠狠地向悬崖下的深涧扔去。那只鹰开始也如石头般向下坠去，然而快要到涧底时，轻轻展开双翅，稳稳托住了身体，开始缓缓滑翔，然后它只轻轻拍了拍翅膀，就飞向蔚蓝的天空。它越飞越高，越飞越远，再也没有回来。

和老鹰一样，人最大的敌人就是自己。鹰如果贪恋安逸的生活，那么它永远只是一只生活在鸡群中的"鹰"。鹰挑战自己才能展翅高飞，人战胜了自己才能激发自己的潜能，一鸣惊人。

我们每个人都拥有能成为爱因斯坦、比尔·盖茨的大脑，那里有源源不断的能量等着你去挖掘。但最终你会成为什么样的人，就看你能不能挑战自己，看你如何去开发你自身的潜能了。

在美国麻省 Amherst 学院曾经进行了一个有意思的试验。试验人员用很多铁圈将一个小南瓜整个箍住，以观察当南瓜逐渐长大时，对这个铁圈产生的压力有多大。

最初他们估计南瓜最大能够承受大约 500 磅的压力。在实验的第一个月，南瓜承受了 500 磅的压力；实验到第二个月时，这个南瓜承受了 1500 磅的压力；当它承受到 2000 磅压力时，研究人员必须对铁圈加固，以免南瓜将铁圈撑开；最后当研究结束时，整个南瓜承受了超过 5000 磅的压力后南瓜皮才破裂。

他们打开南瓜后发现它已经无法食用，因为它的中间充满了坚韧牢固的层层纤维，试图突破包围它的铁圈。为了吸收充分的养分，以便于突破限制它成长的铁圈，它的根部甚至延展超过 8 万英尺，所有的根往不同的方向全方位地伸展。

一只南瓜居然能承受如此大的压力，是因为外界恶劣的环境激发了它的潜能，从而内部也发生了巨大的变化。同样的道理，人只有不断挑战自己，才能激发出自己的潜能。

柏拉图曾指出："人类具有天生的智慧，人类可以掌握的知识是无限的。"而事实也如此，根据脑科学研究表明，如果一个人的大脑被全部开发，那么他将学会40种语言，拿14个博士学位，他的信息储存量可以是世界上最大的图书馆——美国国会图书馆1000万册储量的50倍。

就像身体一样，随着年龄的增长，大脑也需要通过锻炼来保持健康。

杜克大学的一篇文章提出了一种保持大脑反应敏捷的方法——心智运动，利用你的感官建立与大脑认知功能区域的新联系。如果有规律地采用这种简单的锻炼方法，可以使你的大脑更加敏捷，时刻准备应对新的挑战。

这种方法是以不同的方式利用你的一个或多个感官来集中注意力，增强日常活动能力。下面是一些实例：

(1) 在早晨，你可以用自己的反手来梳头、整理发型、穿衣服、刷牙以及做早饭。

(2) 在洗澡的时候闭上眼睛，利用你的触觉找到香皂并完成洗浴。

(3) 把照片倒放在桌面或书架上。

(4) 你可以到一家新的民俗市场和农贸市场或面包店去体验新的视觉及听觉感受。

(5) 当你到国外旅行时，你要使自己完全投入到那种不熟悉的环境中去。例如，去一个小镇，那里没有人说你所说的语言，你要多品尝新食物并与当地人一同吃住。

(6) 多听音乐，热爱运动，多尝试使用左手。

(7) 多做一些能训练大脑的智力题目和游戏，比如推理游戏、射击游戏，等等。

把握现在更有意义

不论昨天发生了什么，不管明天会不会发生什么，当下才是你所在的地方，也是你起步的地方。

从前有个年轻英俊的国王，他既有权势，又很富有，却为两个问题所困扰：

（1）我一生中最重要的时光是什么时候呢？

（2）我一生中最重要的人是谁？

他对全世界的哲学家宣布，凡是能圆满地回答出这两个问题的人，将分享他的财富。哲学家们从世界各个角落赶来了，但他们的答案没有一个能让国王满意。

这时有人告诉国王，在很远的山里住着一位非常智慧的老人。国王马上就出发了。

国王到达那个智慧老人居住的山脚下后，装扮成一个农民。

他来到智慧老人住的简陋的小屋前，发现老人盘腿坐在地上，正在挖着什么。“听说你是个智慧的人，能回答所有问题，”他说，“你能告诉我谁是我生命中最重要的人、何时是我一生中最重要的时刻吗？”

“帮我挖点土豆，”老人说，“把它们拿到河边洗干净。我烧些水，你可以和我一起喝一点汤。”

国王以为这是对他的考验，就照老人说的做了。他和老人一起待了几天，希望他的问题能得到解答，但老人却没有回答。

最后，国王对自己和这个人一起浪费了好几天的时间感到非常气愤。他拿出自己的国王印玺，表明了自己的身份，宣布老人是个骗子。

老人说：“我们第一天相遇时，我就回答了你的问题，但你没明白我的答案。”

“你的意思是什么呢？”国王问。

“你来的时候我向你表示欢迎，让你住在我家里。”老人接着说，“要知道过去的已经过去，将来的还未来临——你生命中最重要的时刻就是现在，你生命中最重要的人就是现在和你待在一起的人，因为正是他和你分享并体验着生活啊。”

只有活在“现在”，你才可以真正地体验生活，并享受生活的各种快乐。我们内心的平安，有相当大程度取决于我们活在当下的多寡。不论昨天发生了什么，不管明天会不会发生什么，当下才是你所在的地方，也是你起步的地方。

一个人到夏威夷旅游，一天黄昏时他在海滩漫步，忽然看见远处有一个人像是在跳舞似的。走近些时，他看清楚原来这个本地人在不停地拾起由潮水冲到沙滩上的鱼，并一条条地用力地把它们抛回大海去。

他于是奇怪地问本地人：“晚上好！朋友，你在干什么呢？”

那人说：“我在把这些鱼抛回海里。你看，现在正是退潮，海滩上这些鱼全是给潮水冲到岸上来的，很快这些鱼便会因缺氧而死了！”

“我明白。不过这海滩有数不尽的鱼，你有能力把它们全部送回大海吗？你可知道你所做的作用并不大啊！”

那位本地人微笑着，继续拾起另一条鱼，一边抛一边说：“但起码我改变了这条鱼的命运呀！”

于是他恍然大悟！的确，虽然有很多美好的事情我们不能去实现，但是如果把握现在，就能改变了一切！

过去的已成历史，未来还遥不可及，我们能把握的只有现在。珍惜光阴，把握现在，这是我们必须明白的人生道理。

一位考古学家在古希腊的废墟里发现了一尊双面神像。由于从来没有见过这种神像，考古学家忍不住问它：“你是什么神？为什么会有两副面孔？”

神像回答说：“人们都叫我双面神，我一面回望过去，汲取教训；一面展望未来，充满憧憬。”

考古学家忍不住问：“那么现在呢？”

“现在！”神像愣住了，“我只看着过去和未来，我哪管得了现在啊！”

考古学家说道：“过去已经远去了，未来还没有到来。我们能把握的只有现在啊！你对过去总结得再好，对未来的构想无论多么美好，如果不能把握现在，那又有什么意义呢？”

神像听了，恍然大悟：“你说得没错。我只关注过去和未来，而从来没想过现在，所以才被人们抛弃在废墟里啊！”

卡耐基曾经说过：“人要生活在今天的密封舱里，就是要人专心过好当下的生活。”因为过去的已经过去，仅仅回忆是没有什么意义的。同时，人也不能总担心未来的事情，因为未来总是不确定的，我们所担心的事情多半不会发生。过去的意义就在于它为我们现在的生活提供指导，它能让我们看得更清楚。未来的意义也是为我们的现在树立目标，现在的所有努力都是围绕将来的目标。总之，过去的已经过去，未来还遥不可及，我们唯一能把握的只有现在了。

困境即是上天的恩赐

困境都有其存在的正面价值。一个障碍，就是一个新的已知条件，只要愿意，任何一个障碍都会成为一个超越自我的契机。

在人生的道路上，我们不能只拥有欢笑、幸福、顺利和安逸，更需要挫折、悲伤、失败和痛苦。因为哭过，所以才知道什么叫悲伤；因为笑过，所以才知道什么叫快乐；因为失败过，才知道什么叫成功；因为跌倒，才知道什么叫坚强！人只有充实忙碌地活着，遍尝人生百味，才有意义。

瑙鲁是位于南太平洋一个美丽的小岛上的岛国，总面积仅有6平方公里，却有着取之不尽的鸟粪资源，年输出的纯收入高达9000多万美元。在这个美丽富饶的小岛上生活的6000多人无须工作，他们的一切都由政府包办，而且每人每年还享受政府发放的35万美元的零用钱。

岛民们过着极其奢华的生活，现代家具一应俱全，外出时驾驶着豪华越野车，吃的是包装考究的西式食品，甚至家里还雇用外国人。这样养尊处优、舒适安逸的生活不知是多少人梦寐以求的，简直像天堂一样，或者说，天堂也不过如此。

然而，就是在这样一个美丽的岛国里，高血压、心脏病、脑中风发病率高居世界之首，有37%的人患有糖尿病。全国只有1.3%的人能活到60岁，是世界上人均寿命最短的国家。

生于忧患，死于安乐。处在安逸的生活中，人的战斗力、生命力往往变得十分低下。没有进取的念头，没有奋发的愿望，没有超越的梦想，这样的人生尽管优雅，但很苍白空乏。而人只有在困境和挑战中，才能有成功的喜悦，才能体验到生活的美丽，在精神层次上，才能感受到天堂般的快乐！

“中国第一毛孩”于震环脸上、脖子上、手臂、腿部、背部的毛发长而浓密，活脱脱像一个“毛人”。除此以外，他的鼻子很大，嘴唇宽厚，牙齿却稀疏排列不齐，迎面看去，形同“怪物”。原来，由于遗传基因缺陷，于震环不幸“返祖”，他一生下来就遍体披毛，全身的毛发覆盖率达96%，每平方厘米就有毛发41根之多，被世界吉尼斯纪录认定为“全身毛发面积最多”的人。

因为这副奇异的长相，于震环每天都要面对周围人好奇的目光，遭受一些无聊的人的戏弄和侮辱。可是，长大以后他渐渐明白：人们的好奇心有什么错呢？自己引人注目又有什么不好？自己一出生就被拍成纪录片，6 岁就主演了一部电影，靠的不就是自己的一身毛发吗？

觉醒的“毛孩”于震环决定进军演艺界。生活的经验告诉他，凭借自己的特殊长相，自己往台上一站，那就是“人气”，“毛孩”就是自己的商业招牌。经过自己的努力，他用挣来的钱买了房子，2003 年，他还有了一个漂亮女朋友。

于震环在他的博客里写道：“我的人生字典里没有妥协，没有认输，人们的排斥只会使我更加充满斗志，人们的目光不会使我受到影响，我把人生比作战场，我一定要赢得最后的胜利，然后带着我深爱的女人和孩子一起去看夕阳。”

虽然依然有人把于震环当“怪物”，仍然有刀子一样的目光从他的身上划过。但现在的“毛孩”对别人的歧视已经有了免疫力。有人劝他去做全身脱毛手术，他却坚决反对，他说：“歌谁都会唱，这身毛只有我有。我之所以能有今天，有一点非常重要，那就是：从艺后，我没有把上苍对我的赐予，当做废物和累赘。”

所以，困境和缺陷并不可怕。哪怕是一身让人避之不及的烦人的毛发，只要自己不轻薄它，不废弃它，那就是上帝仁慈的恩赐啊！

正视缺陷，超越自卑

缺陷不一定都是坏的，有可能就是你的长处和优点。只要会利用，可能还会给你带来意想不到的效果。

缺陷不一定都是坏的，有可能就是你的长处和优点。只要会利用，可能还会给你带来意想不到的效果，但是，前提是你必须得正视缺陷。

英国教育大臣戴维·布伦基特是位盲人，他是位聪明过人且具有远见卓识的学者。他生下来就没有视力。母亲得知儿子是盲人时，当即休克，而且头发一下子就变白了。布伦基特 4 岁进入盲人学校学习，12 岁时父亲因工伤去世，从此家庭失去了经济来源，布伦基特转入技术学校学习。他学会了挡车工、调琴师、速记员等多种职业所需要的技能。

从 1987 年起，布伦基特就被选为英国下议院议员，而且是工党影子内阁的教育大臣。在议会，他经常与保守党议员唇枪舌剑。他用词尖刻，论据有力，常使保守党议员处于被动。伦敦一家报纸的老板曾怀疑布伦基特不是个盲人，于是派一女记者去调查。布伦基特故意恭维说："您的连衣裙真漂亮！"这更让调查者莫衷一是。

布伦基特每周工作 6 天，每天工作 16 个小时。早晨 7 点起床后，一边喂狗，一边听新闻。狗是他的向导，即使开会，也要把狗带在身边。

这件事情看起来真不可思议——天生就是盲人的布伦基特竟然在教育非常发达的英国当上了教育大臣。这之间有多少动人心魄的故事，他付出的代价，是难以想象的，我们也无从知道。但从中我们可以肯定的是，他并没有因为自己的缺陷就放弃了自己，更没有因为自己是盲人就一蹶不振、自暴自弃。

很多成功人士有着这样或那样的缺陷，但他们都没有因此而自卑，而是超越了这些弱点，成就了自己的精彩人生。

爱迪生小时候因为被司机暴打导致耳朵失去听觉，但他居然发明了留声机。后来成名以后，他还说要感谢那位司机打了他，使他更加耳根清净，少了很多烦杂，才能有了那么多伟大的发明。

美国科学家弗罗斯特推算出太空星群及银河系的活动变化，可他自己只是个什么也看不见的盲人。

达尔文病魔缠身四十多年，仍然四处考察，发表了著名的进化论。"如果我不是有这样的残疾，"那个在地球上创造生命科学的基本概念的人写道，"我也许不会完成这么多的工作。"达尔文承认他的残疾对其成功起了很大的激励作用。

英国肯特郡阿什福德市男子乔治·里普雷到美国佛罗里达州旅游时被一只致命的"黑寡妇"毒蜘蛛咬了一口，然而幸运的是，由于乔治体重超过 127 公斤，身上全是肥肉，蜘蛛的毒液无法迅速扩散，从而使乔治得以"蛛口余生"，从死亡边缘幸运地捡回了一条命。

据报道，当时 50 岁的乔治·里普雷只感到腿部轻微一痛，并没有当回事。然而没多久，他的左腿就开始肿胀，本人甚至一度发生昏厥。第二天，当乔治来到医院时，护士才察觉乔治腿上的可怕症状。医生对乔治进行了血液检测，证实他被一只"黑寡妇"毒蜘蛛咬伤了。医生对乔治说，他能大难不死简直就是一个奇迹。乔治说："我的脚肿得就像厨房中吹满气的橡皮手套一样。"

据医生称，乔治之所以被"黑寡妇"毒蜘蛛咬中后还能侥幸活命，是因为他太过肥胖，毒液没法迅速渗透、弥漫他庞大的身躯。大难不死的乔治说："我不希望任何人再对我说'你应该减肥'这样的话了。"不过，尽管乔治捡了一条命，但蛛毒却在他身上引起了淋巴水肿，他在相当长的一段时间里根本无法外出。

幸亏乔治没有减肥，否则后果不堪设想。

所以，人不应当只注重自身的优点，而忽视自己的弱点，更不能因为缺陷而自卑。因为说不准在何时何地，你的弱点就会带来不可思议的益处。

顽强的人生才美丽

虽然屡遭痛苦，却能够百折不挠地挺住，这就是成功的秘密。所以，你一定要学会坚强。有了坚强，才有了面对一切痛苦和挫折的能力。

村里有一位妇女，因为乳腺癌，不得不去医院做了左乳切除手术。

伤口痊愈后，她下地走路时，奇怪地发现，自己的身体竟不自觉地向右边倾斜起来。她稍一愣怔后便明白了：也许是自己的乳房比较大且重的缘故，少了左乳后，身体也失去了原有的平衡。

让她更为苦恼的是，自己的胸前左边瘪塌塌的，右边鼓囊囊的，极不对称，以致穿起衣服来很是别扭和难看。

可是她又没钱买义乳。怎么办？她决定自己做一个。她"就地取材"地从家里搬出芝麻、蚕豆、玉米、小麦、绿豆等种子，依次分别往乳罩左边的罩口里装满一种种子，然后再缝合罩口，戴在身上测试一下身体的美观及平衡效果。最后，她选定了绿豆作为乳罩的填充物。

初戴上"绿豆乳罩"的她显得异常的兴奋与激动，对于自己的身体，她仿佛又找回了曾经的那份自信与美丽。后来，她无论是下地干活，还是串门赶集，时时刻刻地戴着那副"绿豆乳罩"。

一天晚上，她摘下乳罩准备睡觉时，惊讶地发现——乳罩里的那些绿豆竟发芽了！

那一夜，她基本上没合眼，想着怎样解决绿豆在自己的体温下会发芽的问题。第二天，她把那些绿豆炒熟了，然后再放进乳罩里……

可是她发现，问题又来了，她的身上始终有一种熟绿豆的香味挥之不去。只要她一出现在人群里，人家总会耸着鼻子做闻香状，然后好奇地问：谁兜里揣着熟绿豆？好香啊！快点拿出来让大家尝尝……弄得她很是尴尬，又不好讲出实情，但也怪不得人家，人家也是无意的啊。

后来，经过很多次试验，她在缝制“绿豆乳罩”的时候，终于找到了一个折中的良方，就是在炒绿豆的时候，掌握好火候——仅把绿豆炒到七八成熟的样子，这样的绿豆放进乳罩里既不会发芽，也闻不到香味，刚刚好。

费尽思量，才解决了绿豆作为乳房替代物与自己身体兼容的难题，这位爱美的女人终于松了口气。

一家女性刊物的记者知道这事后，大老远地赶来采访这位村妇。采访临近尾声时，记者提出要给她拍几张照片。她一下子激动得满脸通红，因为在那个偏僻的村庄里，她很少有照相的机会，她习惯性地抻抻衣角、捋捋头发，然后站在一株从石缝里长出的芍药花旁，郑重而优雅地摆出了一个个美丽的姿势。望着镜头里那朵火红的花儿衬托着那张自信而美丽的笑脸，泪水模糊了记者的视线……

后来，这位记者在她的文章中写道：

“我是怀着一种敬仰和感动的心情对她进行采访的，在为她的遭遇感到心酸的同时，又被她乐观而不屈的精神所鼓舞并深感欣慰。这样一个在贫困交加的境地里挣扎的女人，依然向往美丽，顽强地追求着美丽，她今后的生活一定会好起来的，就像她拥花而卧的那帧美丽的照片。因为她的精神不败，我坚信，仅凭这一点，足以让她战胜人生中所有的厄运和苦难！”

人生是一场面对种种困难的“漫长战役”。早一些让自己懂得痛苦和困难是人生平常的“待遇”，当挫折到来时，应该面对，而不是逃避，这样，你才能早一些坚强起来，成熟起来。以后的人生便会少一些悲哀气氛，多一些壮丽色彩。记住，只有顽强的人生才美丽，才精彩。

前苏联作家奥斯特洛夫斯基在双眼失明的情况下，通过向人口授内容，完成了长篇小说《钢铁是怎样炼成的》。

美国女作家海伦·凯勒自幼双目失明，在沙利文老师的教导下学会了盲文，长大后成长为一个社会活动家，积极到世界各地演讲，宣传助残，并完成了长篇小说《假如给我三天光明》。

著名女作家张海迪因为意外事故造成高位截瘫，但仍坚持自学小学到大学课程，并精通多国语言。

……

虽然屡遭痛苦，却能够百折不挠地挺住，这就是成功的秘密。所以，你一定要学会坚强。有了坚强，才有了面对一切痛苦和挫折的能力。

霍金是谁？他是一个神话，一个当代最杰出的理论物理学家，一个科学名义下的巨人……或许，他只是一个坐着轮椅、挑战命运的勇士。

史蒂芬·霍金，出生于1942年1月8日，那一天刚好是伽利略逝世三百年纪念日。

从童年时代起，运动从来就不是霍金的长项，几乎所有的球类活动他都不行。

进入牛津大学后，霍金注意到自己变得更笨拙了，有一两回没有任何原因地跌倒。一次，他不知何故从楼梯上突然跌下来，当即昏迷，差一点儿死去。

直到1962年霍金在剑桥读研究生后，他的母亲才注意到儿子的异常状况。刚过完20岁生日的霍金在医院里住了两个星期，经过各种各样的检查，他被确诊患上了“卢伽雷氏症”，即运动神经细胞萎缩症。

大夫对他说，他的身体会越来越不听使唤，只有心脏、肺和大脑还能运转，到最后，心和肺也会失效。霍金被“宣判”只剩两年的生命。

霍金的病情渐渐加重。1970年，在学术上声誉日隆的霍金已无法自己走动，他开始使用轮椅。直到去世，他再也没离开它。

永远坐进轮椅的霍金，极其顽强地工作和生活着。

一次，霍金坐轮椅回柏林公寓，过马路时被小汽车撞倒，左臂骨折，头被划破，缝了13针，但48小时后，他又回到办公室投入工作。

虽然身体的残疾日益严重，霍金却力图像普通人一样生活，完成自己所能做的任何事情。他甚至是活泼好动的——这听来有点好笑，在他已经完全无法移动之后，他仍然坚持用唯一可以活动的手指驱动着轮椅在前往办公室的路上“横冲直撞”；在莫斯科的饭店中，他建议大家来跳舞，他在大厅里转动轮椅的身影真是一大奇景；当他与查尔斯王子会晤时，旋转自己的轮椅来炫耀，结果轧到了查尔斯王子的脚趾头。

当然，霍金也尝到过“自由”行动的恶果，这位量子引力的大师级人物，多次在微弱的地球引力左右下，跌下轮椅，幸运的是，每一次他都顽强地重新“站”起来。

1985年，霍金动了一次穿气管手术，从此完全失去了说话的能力，只能用三个手指头和外界交流——他去世时只剩下眼皮了。他就是在这样的情况下，极其艰难地写出了著名的《时间简史》，探索着宇宙的起源。

霍金的科普著作《时间简史——从大爆炸到黑洞》在全世界的销量已经高达 2500 万册，从 1988 年出版以来一直雄踞畅销书榜，创下了畅销书的一个世界纪录。

霍金的故事告诉人们，具有不屈不挠的精神，或许是取得成就的最大因素。虽然大家都觉得他非常不幸，但他在科学上的成就却是他在病发后获得的。他凭着坚毅不屈的意志，战胜了疾病，创造了一个奇迹，也证明了残疾并非成功的障碍。

第二节　生命之舟需轻载

生命之舟需轻载

生命之舟需要轻载，太多的欲望使我们精疲力尽。其实很多东西并不值得我们付出如此大的代价去追求。

一只飘摇的生命之舟，从时空的长河中缓缓驶来。

一个刚刚诞生的生命，他不会说，不会笑，不会跳，不会闹，也不会思考，他只是沉睡着，远处传来一个声音：“你从何处来？要到何处去？”

刚诞生的小生命重复道：“我从何处来？要到何处去？”

生命之舟在时空的长河中默默前行。忽然，又传来一个声音：“等一等！我们想与你一同旅行，请载我们同去！”随着声音传来的方向看去，只见痛苦与欢乐、爱与恨、善与恶、得与失、成功与失败、聪明与愚钝，手拉着手游向生命之舟。

痛苦从左边上了船，欢乐从右边上了船；爱从左边上了船，恨从右边上了船……待这些人生的伴侣们进到了船舱，这只飘摇的生命之舟顿时沉重了许多，舱中的气氛顿时活跃了，哭声和笑声接连从舟中冲传出来。

忽然，又一个喊声传来：“等一等！等一等，还有我们。”随着声音，只见清醒与糊涂、路人与朋友双双携手游来。清醒从左边上了船，糊涂却迟迟不肯上去；路人从左边上了船，朋友也迟迟不肯上去。

“喂！怎么回事？朋友！糊涂！你们快上来呀！”一个声音招呼着他们。

“不！除非糊涂先上去，我才会上去！否则，生命是容不下我的！”朋友说。

“不！我也不想上去，我知道我是不受欢迎的。”糊涂说。

“请上船吧，糊涂！你知道你在我的一生中多么重要吗？我要得到朋友，首先要得到你，我要成就一番事业，没有你是万万不行的。”船中的生命呼唤着。

于是，糊涂犹犹豫豫地上了船，朋友紧跟着也上去了。飘摇的生命之舟，在时空长河中满载着前行。

这时，后面又传来了呼唤声："等一等我，别忘了我！我一直在追随着你哪！"这是死亡的呼喊。

生命之舟没有停下来，不知是它没有听见，还是它已经装满。生命之舟继续向它的"去处"驶去。

生命如船，生命之舟载不动太多的东西，要想使船在抵达彼岸时不在中途搁浅或沉没，就必须轻载，只取需要的东西，把不该要的搁下。

一个年轻人准备长途跋涉去旅行，他想得非常周到，随身带了一个沉重的背包，里面塞满了各种各样的东西，如食品、切割工具、衣服、指南针、药品等。年轻人对自己的背包非常满意，认为这次旅行做好了充分的准备。

一位智者检查完他的背包之后，突然问了一句："这些东西让你感到快乐吗？"年轻人愣住了，这是他从来没有想过的问题。他开始问自己，结果发现，有些东西的确让他很快乐，但是，有些东西实在不值得背着走那么远的路。

年轻人决定舍弃一些不必要的东西。接下来，因为背包变轻了，他感到自己不再有束缚，而且还能体会到旅程中的快乐与辛酸，旅行变得更愉快。

人生就像是一次旅行，而你的头脑就像是旅行背包。有时背包中的东西太多太乱，心思太杂，负荷太重，烦恼太多，就会大大地妨碍和损害自己。

如果永远凭着过去生活的惯性，日常世故的经验，固守已经获得的功名利禄，想要获取所有的权钱职位，什么风头利益都要去争，什么样的生活方式都让我们眼花缭乱，什么朋友熟人都不愿意得罪，这样我们就会疲于应付，把很多时间和精力都浪费在无谓的纷争和无穷的耗费上。不仅自己的正常发展受到限制，甚至迷失自己真正应该前进的方向。

有时，生命中会长出一些杂草，侵蚀我们美丽丰富的人生花园，搞乱我们幸福家园的田地，我们要学会铲除这些杂草。

放弃我们人生田地和花园里的这些杂草，我们才有机会同真正有益于自己的人和事亲近，才会获得适合自己的东西。我们才能在人生的土地上播下良种，致力于有价值的耕种，最终收获丰硕的粮食，在人生的花园采摘到艳丽的花朵。

多少人留恋于得意的岁月中，多少人消逝在失意的时光里，但是人生是一条单行道，永远没有回头的可能，只有朝着前面的路，奋力前行。然而，有些人却忽略了一点，人生是不需要太多行李的，背着过多的行李上路，肩膀就压了重担，让人透过气来。在人生的路上非但不能加快脚步，反而会越来越吃力。

房租太贵会让你感到烦恼吗？也许你宁愿是个生活在街头的流浪汉。这些幸运的家伙从来不必为房租问题烦恼，他们生在街头，也死在街头。他们唯一要操心的事情，就是晚上睡觉前能否找到一块破布当枕头。

当我们知道有这么多惨状仍在世界上很多地方被默默接受的时候，我们却因为在某个高雅的餐厅没占到好座位大发雷霆；为了每个月的账单抱怨不休；因为体重没有减轻深感懊恼。这就是我们的烦恼，我们的问题吗？

人生本来就是一个背负行李旅行的过程，在一个个驿站一次次卸去人生的行李而后再背起新的行李去跋涉的人生之路。因此每一次背起行李，都要想想自己此行的目的，让自己在每一次到目的地之后卸下行李都有一种轻松愉悦的感觉。

不要想得过于长远

做人做事，想得长远一点是一件好事。但有些事想得太远，就成了无休止的压力，烦恼也就随之而来。

一个制造成衣的商人，在经济危机的波及下生意大受影响，他整天心情郁闷，每天晚上都睡不好觉。

妻子见他愁眉不展的样子十分担心，就建议他去找心理医生看看，于是他前往医院去看心理医生。

医生见他双眼布满血丝，便问他说：“怎么了？是不是失眠了？”成衣商人说：“可不是嘛！”心理医生开导他说：“这没有什么大不了的！你回去后如果睡不着就数数绵羊吧！”成衣商人道谢后离去了。

过了一个星期，他又来找心理医生。他双眼又红又肿，精神更加不振了，心理医生复诊时非常吃惊地说：“你是照我的话去做的吗？”成衣商人委屈地回答说：“当然是呀！还数到三万多头呢！”心理医生又问：“数了这么多，难道还没有一点睡意？”成衣商人答：“本来是困极了，但一想到三万多头绵羊有多少毛呀，不剪岂不可惜。”心理医生于是说：“那剪完了不就可以睡了？”成衣商人叹了口气说：“但头疼的问题来了，这三万多头羊毛所制成的毛衣，现在要去哪里找买主呀！一想到这儿，我就又睡不着了！”

的确，一个人如果把事情想得太远，就成了无休止的压力。事实上很多人都在做着同样的事情。在现实生活中，常让人深感不安的往往并不是眼前的事情，而是那些还没有发生甚至永远也不会发生的事情。人们总是为了将来所需和将来会如何发愁，这种担心令人深深地感到不安。烦恼解决不了问题，只会增加你的压力，使你整天忧心忡忡，无端猜忌。

春秋时期，一个杞国人每天都担心有一天会突然天塌地陷，自己无处安身。他为此事而愁得成天吃饭不香，睡觉不宁。

后来，他的一个朋友得知他的忧虑之后，担心这样下去会损害他的健康，于是特意去开导他说："天，不过是一些积聚的气体而已。而气体是无处不在的，比如你抬腿弯腰，说话呼吸，都是在天际间活动，为什么你还要担心天会塌下来呢？"

杞国人听了，仍然心有余悸地问："如果天是一些积聚的气体，那么天上的太阳、月亮、星星，会不会掉下来呢？"

开导他的朋友继续解释："太阳、月亮、星星，也都只是一些会发光的气团，即使掉下来了，也不会伤人的。"

但是杞国人的忧虑还没有完，他接着问："那要是地陷下去了呢？又该怎么办？"

他的朋友又说："地，不过是些堆积的石块而已，它填塞在东南西北四方，没有什么地方没有石块。比如，你站着踩着，都是在地上行走，为什么要担心它会陷下去呢？"

杞国人听了朋友的这一番开导之后，终于放下心来，十分高兴。他的朋友也为他不再因无端的忧愁而伤身体，感到欣慰。

后来，有位楚国的思想家名叫长卢子的，在听说了杞国人和朋友的对话之后，不以为然，他笑着评论道："那些彩虹呀，云雾呀，风雨呀，一年四季的变化呀，所有这些积聚的气体共同构成了天；而那些山岳呀，河海呀，金木火石呀，所有这些堆积物共同构成了地。既然你知道天就是积气，地就是积块，你怎么能断定天与地不会发生变化呢？依我看，所谓天地，不过是宇宙间的一种小小物体，但它在有形之物中又是最大的一种，其本身并未终结，难以穷尽；因此人们对这件事也很难想象，不易认识，这都是很自然的。杞国人担心天会塌地会陷，这确实有点想得太远；然而他的朋友却说天塌地陷是根本不可能的，这也不对。天与地不可能不坏，而且终究是要坏的，有朝一日它真的要坏了，人们又怎么能不担心呢？”

这则故事说明：对于一个时代所无法认知和解决的问题，人们不应该陷入无休止的忧愁之中而无法自拔。人生还是要豁达些好。后人就根据上面这个故事，引申成“杞人忧天”这句成语，它的主要意义在于唤醒人们不要为一些不切实际的事情而忧愁。

带着一张愁肠百结、郁闷难消的脸，走到哪里，就把郁闷和压抑带到哪里。忧郁，不但会影响你的工作和思维，而且还能破坏人的免疫力，抑郁成疾说的就是这个道理。快乐永远是我们生活中不可缺少的一部分，而付出也是真正快乐的源泉。一副快乐、聪明的面孔，会让人觉得放松快乐。

所以，当你感觉非常郁闷沮丧，感到特别疲惫时，不妨请一天假让自己去调整。这个世界其实离了谁都转，所以我们并不是自己想得那样不可或缺，为了更好地工作生活，不妨给自己一些调整的时间。这样，你很快就会感到精神振奋，忧郁的阴影迅速消失，欢乐的阳光将会照亮你的整个人生。

别让钱压累你一生

钱固然可以换取许多享受的东西，可不一定能获取真正的开心。因为开心是内心的心理感受，而金钱只能够买到身外之物。因此，不要让钱压累你一生。

英国作家珍·奥斯汀大概是最喜欢“钱”的作家了，尤其是《理性与感性》这本书。角色不论美丑，她总不忘告诉你，这人有钱，有多少钱，有没有可能更有钱，书中角色的一切转折，几乎都是钱在作祟。

故事的展开，就是爱莲娜姐妹突然变穷了，芬妮嫌爱莲娜不够有钱，魏乐比因丢了继承权，所以甩了玛丽安，爱德华幸好是丢了继承权，不然也不会娶爱莲娜。故事人物的转折都和钱脱不了关系，金钱似乎左右了她们的爱情与人生。不过，后来玛丽安还是嫁给了布兰登上校，找到了自己的幸福，魏乐比娶了有钱的女人，并且顽强地活着，爱莲娜终于嫁给了爱德华。

《史记·货殖列传》说：“天下熙熙，皆为利来；天下攘攘，皆为利往。”亲情是世上无法分割的情分，但是，我们也看多了为了金钱而反目的兄弟手足，有人整天为钱，一生一世忙碌，下焉者为求温饱，上焉者为求大富大贵，得不到的时候，苦心焦虑，劳形苦神，必要得到而后已，不惜与人争夺，所以，永为得失心所缠萦，而不得脱身。

一个富翁忧心忡忡地来到教堂祈祷后，去请教牧师。

“我虽然有了金钱，但我感觉不到幸福，我甚至不知道我应该用我的金钱做些什么？它能买来欢乐和幸福吗？”

牧师让他站在窗前，看外面的街上，问他看到了什么，富翁说：“我看到来来往往的人群，感觉很好。”

牧师又把一面很大的镜子放在他面前，问他看到了什么，他说：“我看到了自己，我很忧愁。”

牧师语重心长地对他说：“是啊，窗户和镜子都是玻璃制作的，不同的是镜子上镀了一层水银，单纯的玻璃让你看到了别人，也看到了美丽的世界，没有什么阻拦你的视线，而镀上水银的玻璃只能让你看到自己，是金钱阻拦了你心灵的眼睛，你守着你的财富，像守着一个封闭的世界。”

富翁听罢，顿时心宽眼明。从此以后，他总是尽可能地去资助那些困难的人，把自己的仁爱带给他们，而得到帮助的人则用无尽的感激和祝福报答他。

再多的财富，经不住一个败家子的挥霍；再深的贫穷，会因一个努力者而改变。太在意金钱，反而成了金钱的奴隶了。

如今的社会虽然钱很重要，钱固然可以换取许多享受的东西，可不一定能获取真正的开心。因为开心是内心的心理感受，而金钱只能够买到身外之物。

一个大富翁，他的家里有良田万顷，身边妻妾成群，可是日子过的并不开心。挨着他家高墙的外面，住着一户穷铁匠，夫妻俩整天有说有笑，日子过得很开心。一天，富翁小老婆听见隔壁夫妻俩唱歌，便对富翁说：“我们虽然有万贯家产，还不如穷铁匠开心！”富翁想了想笑着说：“我能叫他们明天唱不出声来！”于是拿了两根金条，从墙头上扔过去。

打铁的夫妻俩第二天打扫院子时发现不明不白的两根金条，心里又高兴又紧张，为了这两根金条，他们连铁匠炉子上的活也丢下不干了。男的说：“咱们用金条置些好田地。”女的说：“不行！金条让人发现，会怀疑我们是偷来的。”男的说：“你先把金条藏在坑洞里。”女的摇头说：“藏在坑洞里会叫贼娃子偷去。”他俩商量来，讨论去，谁也想不出好办法。从此，夫妻俩吃饭不香，觉也睡不安稳，以往的快乐再也没有了。

每个人都不是十全十美的，有钱的人也未必就会是幸福的，能否幸福不能用钱的标准来衡量。

人的一生当中，享受生命比拥有财富更重要。人要在有限的生命进程中尽量让自己活得富裕一些，但是不可不择手段地获取财富，承担风险的享受远不如清贫的日子安逸。每个人都可以随时享受生活，钱多有钱多的玩法，钱少省吃俭用照样玩得尽兴。

人生的诱惑太多，如果在这些诱惑面前辨不清它到底意味什么，只是盲目地追逐潮流，身不由己地为名利权位不停地旋转，为锦衣玉食不停地追求，等喧腾过后，就会发现情感已被销蚀得千疮百孔，连自己原本拥有的快乐也给丢掉了。

“金钱永远只能是金钱，而不是快乐，更不是幸福。”这是希尔的一句名言。一个人如果只盯着金钱，那么它很容易就掉进金钱的陷阱里。我们都要小心控制自己对金钱的欲望，现实生活中，没有钱什么事情也办不好，然而有了钱而不去合理的花销，也是一文不值。

做金钱的主人，不要做它的奴仆！换句话说，不要被金钱束缚。钱只有在使用时，才会产生它的价值，如果放着不用，就根本毫无意义。一个人一旦钻进钱眼里，就是把自己送进了陷阱。人生除了金钱还有其他更有意义的事情，不要一心想着钱，有时候金钱也是有毒的。

一个痴迷金钱的人，是十分可悲的。因为金钱再多，也不见得能够幸福快乐，相反很可能将自己推向充满痛苦的欲望深渊。所以聪明的人善于取舍，与我有益者，不懈追求；不利身心者，纵然好得天花乱坠，也不为所动，毅然拒绝，这才是智慧。

否则，盲目的追求只能让自己背上沉重的包袱，活得喘不过气来。而且金钱和物质财富何为多，何为少，很难有一个衡量的标准。让金钱为人所用，为我所用，而不要成了不肯花钱的守财奴，这样的人生才能痛快潇洒。

穷人看到有钱的人大富大贵，以为他们很幸福，但是有钱人心里不一定痛快。有的人，别人看他离幸福很远，他自己却时时与快乐邂逅。我们虽然无法改变我们的境况，但我们可以改变自己的心态。没了工作不要紧，但不能没有快乐，如果连快乐都失去了，那活着还有什么意义。快乐是人的天性的追求，开心是生命中最顽强、最执着的律动。

物质世界和精神世界是相辅相成的，只要过得开心，生活的趣味就会更浓厚，更有意义，恐惧和压抑感自然会在内心深处消失。开开心心地生活，坦坦荡荡地做人，才会让你感到生活和自己的可爱。

快乐不能用金钱来衡量。富贵者，未必快乐，不少富且贵者，争权夺利，互相倾轧，既布设陷阱、机关算尽害人，又忧讥畏谗、处处防人害己，长年累月神经紧张，心劳力拙，虽金银满箱，锦衣玉食，最终还是得不到快乐。钱不是万能的，我们选择钱，但我们更多的时候也要懂得放弃。

想得开才会过得好

人的一生，不如意事常八九。想得开的人，会适时调整，自省自励；想不开的人，则怨天尤人，自己陷入无穷无尽烦恼和苦闷之中。

小王是单身汉的时候，曾经和几个朋友住在一间只有七八平方米的小屋里。可他一天从早到晚总是乐呵呵的。

有人问他：“那么多人挤在一起，连转个身都困难，有什么可高兴的？”

小王说：“朋友们在一块儿，随时都可以交换思想，交流感情，这难道不是很值得高兴的事儿吗？”

过了一段时间，朋友们一个个成家了，先后搬了出去。屋子里只剩下了小王一个人，但是每天他仍然很快活。

那人又问：“你一个人孤孤单单的，有什么好高兴的？”

小王说：“我有很多书啊！一本书就是一个老师，和这么多老师在一起，时时刻刻都可以向他们请教，这怎能不令人高兴呢！”

几年后，小王也成了家，搬进了一座大楼里。这座大楼有七层，他的家在最底层。底层在这座楼里是最差的，不安静，不安全，也不卫生。上面个别素质差的人总是往下面泼污水，丢死老鼠、破鞋子、臭袜子和杂七杂八的脏东西，有人见他还是一副喜气洋洋的样子，好奇地问：“你住这样的房间，也感到高兴吗？”

“是呀！”小王说，“你不知道住一楼有多少妙处啊！比如，进门就是家，不用爬很高的楼梯；搬东西方便，不必费很大的劲儿；朋友来访容易，用不着一层楼一层楼地去叩门询问。特别让我满意的是，可以在空地上养花种菜，这些乐趣，真是数之不尽啊！”

过了一年，小王把一层的房间让给了一位朋友，这位朋友家有一个偏瘫的老人，上下楼很不方便。他搬到了楼房的最高层——第七层，可是每天他仍是快快活活的。

有人揶揄地问："先生，住七层楼也有很多好处吗？"

小王说："是呀，好处多着呢！仅举几例吧：每天上下几次，是很好的锻炼机会，有利于身体健康；光线好，看书写文章不伤眼睛；没有人在头顶干扰，白天黑夜都非常安静。"

世间的事物都具有多样性，从不同角度思考、观察，会有截然不同的理解和感受。所谓"想得开"，就是要善于变换角度，就是要看到这种多样性，从宽远的方向去想问题。要知道，世上的事情都是利弊相伴，有所得，就会有所失；有所失，就会有所得。

生活中遇到不幸的事情是正常的，有快乐也是正常的。如果紧紧抓住不幸不放手，快乐就永远也不会到来，淡化不幸，抓住快乐，让生命重放光彩。而这一切，需要给自己找一个远离不幸的理由来安顿自己的心灵，这个理由可以是无意中听到的一句话，也可以是发生在周遭的一件小事，还可以是你对生命的感悟。

人人都希望自己天天开心快乐，但人生十有八九不如意。特别是现代社会，生活节奏加快、竞争激烈，各种压力接踵而来。因此，一个人要想快乐地度过每一天是很不容易的。但是，只要我们培养出积极的心态，不容易并不是说不可能。卡耐基说："心中充满快乐的思想，我们就能快乐。"

很多日本人每天早上出门前，都要面对着镜子大声叫："哈！哈！哈！太棒了，今天一定有很棒的事情出现在我身上！"说完，昂首挺胸，自信、乐观地出门。也许他是去找工作，也许是去上班或去谈生意，总之他这份乐观自信的心情会感染他所接触到的每个人，给对方也传递了一份好心情。日本人在追求快乐方面值得借鉴，尽管他们的工作生活很紧张、压力大，但他们很会调整自己的心态，始终保持一份积极向上的思维方式，让自己乐观进取。实践证明，因为有这种积极的暗示，很棒的事情容易把握，成功的概率也很高。

能把困难、磨难当成教训、经验，使它成为人生的一笔财富，这是成功者的心态。

对于每个人来说，想法各有各的不同，最终的结果也有天壤之别。凡事想不开，或爱往不好处想，就是芝麻绿豆大的事儿，也会看得比磨盘还大，非要弄个三长两短、闹个人仰马翻不可。但凡事想开了，或往好处想，便没有攀不过去的高山、趟不过去的大河，它能使我们在颓丧时变得振作，在软弱时变得坚强，在忧郁时变得开朗，在痛苦时变得愉快……要知道生活中虽难免有黯淡的时候，但总有阳光，总有明媚和动人的时刻，阴郁的日子终会过去，重现的阳光将会更加灿烂！

不为虚名所累

虚名会使人放弃努力，沉睡在他已经取得的名誉上，不思进取，最终将一事无成。

第一次登月球的太空人，其实共有两位，除了大家所熟知的阿姆斯特朗外，还有一位就是奥德伦。可很多人只知道阿姆斯特朗，并且当时阿姆斯特朗所说的“我个人的一小步，是全人类的一大步”也早已是全世界家喻户晓的名言。

在庆祝成功登陆月球的记者会中，有一个记者突然向奥德伦问了一个很敏感的问题：“由阿姆斯特朗先下去，成为登陆月球的第一个人，你会不会觉得有点遗憾？”

在全场有些尴尬的气氛下，奥德伦没有为自己争辩，而是很有风度地回答：“各位，千万别忘了，回到地球时，我可是最先出太空舱的。”他环顾四周，笑着说，“所以我是由别的星球来到地球的第一个人。”

大家在笑声中，给予了他最热烈的掌声。真正的美德如河流，越深越无声。并不是每一个人都能像奥德伦一样，以这样平常的心来看待这样一个人人羡慕的光环的。不与人争名利，成人之美是一种境界。有的人为了一生的辉煌而背负名利的重石，有的人却视名利如草芥，一生只为大局考虑。

其实，虚名不是虚荣，虚荣是一种内心的虚幻荣耀感，会使人脱离现实看世界；而虚名是别人给他的一种名誉。一般来说，名与实是相符的，一个人的名声和他实际所做的贡献是相等的。但是，有些人获得了名誉之后，就不再发展自己的才能，也不再做出自己的贡献，这种名誉就和实际渐渐地不相符合了，也就成了虚名。

虚名会使人放弃努力，沉睡在他已经取得的名誉上，不思进取，最后将一事无成。中国古代有一个伤仲永的故事，说的就是被虚名所误的人生教训。

但是，几乎没有人不喜欢鲜花和掌声。在成长的过程中，你肯定也会多次和鲜花掌声打交道。如果你沉迷其中，并且为了保护这份荣誉而愿意损失其他一切，包括健康的话，那就是一种愚蠢至极的行为，而你的这份虚荣心，最终会使你丧失一切。

面对荣誉，我们应该保持清醒的头脑，我们要懂得珍惜荣誉，更要为自己争取荣誉，但不能被荣誉所累，不能被荣誉打垮，否则，你就逃不脱荣誉的怪圈了。

不为虚名所累，就是一切以人为本，该怎么做就怎么做，该追求自己的人生目标，就不要被眼前的花环、桂冠挡住前面的道路，你应该毫不犹豫地抛开这一切身外之物，走自己的路，干自己的事，不因小成就妨碍自己的大成功，这样才能使你获得真正的荣誉。

遇到声名毁誉，听则听矣，不妨“呼我为牛即为牛，呼我为马即为马”，不为其所累，不为其所羁，保持自己心灵的自然和精神的超脱，拥有一份真正属于自己的生活。

为了追求身外之物的名誉，而影响、损害、甚至送掉性命，这是舍本求末。我们社会上有许多先进人物，他们常常在这种名誉下，失去了常人生活的乐趣，生活得很苦很累，总是想着自己的一举一动、一言一行都要符合自己的身份，这就像给自己带上了名誉的枷锁，失去了生活的自由，也失去了生活的本真。

著名的大科学家爱因斯坦说，除了科学之外，没有哪一件事物可以使他过分喜爱，而且他也不过分讨厌哪一件事物。

名誉毕竟是身外之物，如果我们能够躲过名誉的陷阱，就不会为名誉所劳累、为名誉而生存。如果能够真正体味生活中的艰难险阻与沉浮，就能在痛苦辛酸中得到磨砺，在一次次沉浮与磨砺中，使我们的生命光彩照人。

太多的欲望是人生的一杯苦酒

欲望就像是一条锁链，一个牵着一个，永远都难以满足。贪欲太多，就会像一座大山一样压在你的身上，使你身心崩溃、不能翻身，人生也变得疲惫不堪。

一对夫妇很穷，他们一直盼望能有新衣服穿，有好饭吃。丈夫特别贪吃，他特别喜欢吃薄煎饼。

一天晚上，一位老妇人来到他们家，请他们说出三个愿望来。什么愿望都可以。

正值晚饭时分，丈夫刚吃完一小块面包，肚子仍然很饿。他说："但愿我现在能有一张大薄煎饼吃！"

突然，一张煎饼出现在他的盘子里。

"你真是个大傻瓜！"他妻子嚷着，"你该愿有满屋子精美食品，可你只愿有一张煎饼。我愿那张煎饼挂在你的傻鼻子上！"立刻，那张煎饼粘在了丈夫的鼻子尖上。

接着，夫妻俩就开始相互指责："是你的过错！"丈夫喊道，"不，是你的过失！"妻子答道。他们该怎么办呢？那张煎饼仍粘在丈夫的鼻尖上。

"哟！"妻子喊道，"但愿这一切都不曾发生！"

顷刻间，煎饼消失了。丈夫还在嘟哝着："我还饿，我多希望现在能有些煎饼吃！"

可是，三个愿望已用完，当然什么也不会有了。

其实，人人都有欲望，都想过美满幸福的生活，都希望丰衣足食，这是人之常情。但是，如果把这种欲望变成不正当的欲求，变成无止境的贪婪，那就无形中成了欲望的奴隶了。在欲望的支配下，我们不得不为了权力，为了地位，为了金钱而奔波。我们常常感到自己非常累，但是仍觉得不满足，因为很多人比自己的生活更富足，很多人的权力比自己大。所以我们别无出路，只能硬着头皮往前冲，在无奈中透支着体力、精力与生命。

试问，这样的生活，能不累吗？被欲望沉沉地压着，能不精疲力竭吗？静下心来想一想：有什么目标真的非让我们实现不可，又有什么东西值得我们用宝贵的生命去换取？这时，我们应该斩除过多的欲望，将一切欲望减少再减少，从而让真实的欲求浮现。

很久以前，有一个樵夫，每天上山砍柴，日复一日，过着平凡的日子。

有一天，樵夫跟平常一样上山砍柴，在路上捡到一只受伤的银鸟，银鸟全身包裹着闪闪发光的银色羽毛。樵夫欣喜说："啊！我一辈子从来没有看过这么漂亮的鸟！"于是把银鸟带回家，专心替银鸟疗伤。

在疗伤的日子里，银鸟每天唱歌给樵夫听，樵夫过着快乐的日子。

有一天，邻人看到樵夫的银鸟，告诉樵夫他看过金鸟，金鸟比银鸟漂亮上千倍，而且，歌也唱得比银鸟更好听。樵夫想，原来还有金鸟啊！

从此，樵夫每天只想着金鸟，也不再仔细聆听银鸟清脆的歌声，日子越来越不快乐。

有一天，樵夫坐在门外，望着金黄的夕阳，想着金鸟到底有多美。此时，银鸟的伤已康复，准备离去。银鸟飞到樵夫的身旁，最后一次唱歌给樵夫听，樵夫听完，只是很感慨地说："你的歌声虽然好听，但是比不上金鸟的动听；你的羽毛虽然很漂亮，但是比不上金鸟的美丽。"

银鸟唱完歌，在樵夫身旁绕了三圈告别，向金黄的夕阳飞去。

樵夫望着银鸟，突然发现银鸟在夕阳的照射下，变成了美丽的金鸟。梦寐以求的金鸟，就在那里，只是，金鸟已经飞走了，越飞越远。

人常常在不知不觉之中成了樵夫，自己却不知道。不知道原来金鸟就在自己身边。只希望大家都不要无意间变成了樵夫。

许多人总是过多地考虑利害得失，结果总是跟在成功者的后面跑来跑去，两手空空地走完了自己的一生。知足者能够认识到无止境的欲望和痛苦。由于人太贪婪了，欲望太强了，而其自身的能力又有限，这样必然会导致自己应有的下场。

伊索说："许多人想得到更多的东西，却把现在拥有的也失去了。"这可以说是得不偿失的最好诠释了。人生的太多的沮丧都是因为你得不到想要的东西。

我们终身劳苦而获得的财富和我们所能享受到的欢乐都只是过眼云烟，我们是不可能带着它们离开这个世界的。我们可以允许财富进入我们的屋内，但永远不要让它们主宰我们的心灵。

这个世界有太多的诱惑，因此也有太多的欲望，并随之有太多欲望得不到满足的痛苦。我们要想以清醒的头脑，从容地走过人生的岁月，就不要太贪婪。

贪婪是一切罪恶之源。越是富有的人，他贪婪的欲望也就越大。贪婪，能让人忘记一切，甚至是自己的人格，不论男女，总是年纪越大越想用饰物来装饰自己，迫切地想通过地位、声望、财富和权力来得到世人的认同。

欲望是无止境的，我们有着太多的需求，面对着太多的诱惑。然而，在我们满足欲望的同时，也会相对地迷失自我，并产生一种错觉，认为财富和地位就代表了自己的一切。可是当所有的一切都失去时，我们的精神就会张皇失措，无所依靠。

托尔斯泰曾说过："欲望越小，人生就越幸福。"人生最大的苦恼，不在于自己拥有的太少，而在于自己向往得太多。向往本身不是坏事，但向往得太多，而自己的能力又不能达到，就会构成长久的失望与不满。

农夫和商人在街上发现一大堆未被烧焦的羊毛，两个人就各分了一半捆在自己的背上。

不想，在归途中，他们又发现了一些布匹，于是农夫就将身上沉重的羊毛扔掉，选些自己扛得动的较好的布匹。而贪婪的商人却将农夫所丢下的羊毛和剩余的布匹统统捡起来带上，重负让他气喘吁吁、缓慢前行。

走了不远，他们又发现了一些银质的餐具，农夫将布匹扔掉，捡了些较好的银器背上，商人却因沉重的羊毛和布匹压得他无法弯腰而作罢。

突降大雨，饥寒交迫的商人身上的羊毛和布匹被雨水淋湿了，他踉跄着摔倒在泥泞之中；而农夫却一身轻松地迎着凉爽的雨回家了，他变卖了银餐具，生活富足起来。

人生就像是登山，在途中我们会遇到很多美丽的小花、可爱的动物、可口的果子和精美的石头，如果我们把所有喜欢的东西都背在肩上，爬不到半山腰就气喘吁吁的了。我们应该明白，花儿虽然美丽，我们只能观看，摘下来就会枯萎；果子虽然可口，但采多了吃不了，它就会烂掉。

因此，无论做什么，我们都应适可而止，把握有度，做力所能及的事，不要过于强求自己，这样才不会徒增烦恼与压力，才能轻松享受生活，稳步取得成功。

第三节　淡定豁达，没有真正的输赢人生

豁达是心灵的解药

豁达，是荡涤红尘的一杯清茶，是摆脱烦恼的一道良方，是纯净心灵的解药。

我们一生中不可能永远都是风平浪静，人生遭际不是个人力量所能左右，而在诡谲多变的环境中，唯一能使我们不觉其拂过的办法，就是使自己变得豁达。以豁达之心去面对以前痛苦的遭遇，不幸便将远离我们，要学会随遇而安。

德斯梅雷夫妇带着两个儿子在意大利旅游，不幸遭劫匪袭击。如一场无法醒过来的噩梦，7 岁的长子霍夫曼死于劫匪的枪下，就在医生证实霍夫曼的大脑确实已经死亡的 10 个小时内，孩子的父亲德斯梅雷立即做出了决定，同意将儿子的器官捐出。4 小时后，霍夫曼的心脏移植给了一个患先天性心脏病的孩子；一个 19 岁的濒危少女，获得了霍夫曼的肝；霍夫曼的眼角膜使两个意大利人重见光明。就连霍夫曼的胰腺，也被提取出来，用于治疗糖尿病……霍夫曼的脏器分别移植给了急需救治的 6 个意大利人。

“我不恨这个国家，不恨意大利人。我只希望凶手知道他们做了些什么。”德斯梅雷，这位来自美洲大陆的旅游者说，嘴角的一丝微笑掩不住内心的悲痛。而他的妻子玛格丽特的庄重、坚定、安详的面容，和他们 4 岁的幼子脸上小大人般的表情，尤令人灵魂震撼！他们失去了自己的亲人，但事件发生后他们所表现出来的自尊与豁达大度，令人们深感敬佩。

豁达不仅能让自己的心灵得到拯救，同时也能拯救别人的心灵。对自己身上发生的一切，如果都能以一种大度、坦然的态度去对待，那么我们与他人的关系将会是融洽和愉快的。

杰弗逊在就任前夕，到白宫去想告诉亚当斯说，他希望针锋相对的竞选活动并没有破坏他们之间的友谊。但据说杰弗逊还来不及开口，亚当斯便咆哮起来：

“是你把我赶走的！是你把我赶走的！”

一气之下，两人没有交谈达数年之久，直到后来杰弗逊的几个邻居去探访亚当斯，这个坚强的老人仍在诉说那件难堪的事，但接着冲口说出：“我一直都喜欢杰弗逊，现在仍然喜欢他。”邻居把这话传给了杰弗逊，杰弗逊便请了一个彼此皆熟悉的朋友传话，让亚当斯也知道他的深重友情。后来，亚当斯回了一封信给他，两人从此开始了美国历史上最伟大的书信往来。

这个例子告诉我们，豁达是一种多么可贵的精神、高尚的人格。在卡耐基身上也曾发生过类似的事，卡耐基的豁达也为他赢得了尊重。

有一次，戴尔·卡耐基在电台上介绍《小妇人》的作者时一不小心说错了地理位置。其中一位女听众就狠狠地写信来骂他，把他骂得体无完肤。卡耐基当时真想回信告诉她：“我把区域位置说错了，但从来没有见过像她这么粗鲁无礼的女人。”但他控制了自己，没有向她回击，他鼓励自己将敌意化解为友谊。卡耐基自问：“如果我是她的话，可能也会像她一样愤怒吗？”然后，他站在她的立场上来思索这件事情。最后，他打了个电话给她，再三向她承认错误并表达歉意。这位太太终于接受了他的道歉，并表示了对他的敬佩，希望能与他进一步深交。

豁达是心灵的解药，是因为它是一种人生境界，是一种超脱与淡定。豁达的人不会为他物所牵绊，所以心自然是沉着从容的。

一位禅师非常喜爱兰花，在庭院里栽植数百盆各品种的兰花，讲经说法之余，总是悉心照料。大家都说，兰花好像是禅师的生命。一天，禅师因事外出。有一个弟子接受师父的指示，为兰花浇水，但不小心将花架绊倒，整架的兰花都给打翻了。弟子心想：师父回来，看到心爱的兰花这番景象，不知要愤怒到什么程度？于是在忐忑不安之中，等着师父回来惩罚。禅师回来后，看到这事，却一点也不生气，反而心平气和地安慰弟子：“我之所以喜爱兰花，为的是要用香花供佛，并且也为美化禅院环境，并不是想生气才种啊！凡是世上一切都是无常的，不要执着于心爱的事物而难以割舍，那不是禅者的行径！”

儒家强调一种“恕”的观念，豁达也要懂得“恕”。恕，即宽恕，豁达的人宽恕别人，由此也达到了对自己的宽恕，不让自己陷于愤怒与仇恨之中。

第二次世界大战期间，一支美军部队在森林中与敌军相遇，激战后两名士兵与部队失去了联系。这两名士兵来自同一个小镇。两人在森林中艰难跋涉，他们互相安慰、互相鼓励。十多天过去了，仍未与部队联系上。有一天，他们打死了一只鹿，依靠鹿肉又艰难度过了几天，可也许是战争使动物四散奔逃或被杀光，这以后他们再也没看到过任何动物。他们仅剩下的一点鹿肉，背在其中一个年轻士兵的身上。有一天，他们在森林中又一次与敌人相遇，经过再一次激战，他们巧妙地避开了敌人。就在自以为已经安全时，只听一声枪响，走在前面的年轻士兵中了一枪——幸亏伤在肩膀上！后面的士兵惶恐地跑了过来，他害怕得语无伦次，抱着战友的身体泪流不止，并赶快把自己的衬衣撕下包扎战友的伤口。

晚上，未受伤的士兵一直念叨着母亲的名字，两眼直勾勾的。他们都以为他们熬不过这一关了，尽管饥饿难忍，可他们谁也没动身边的鹿肉。天知道他们是怎么过的那一夜。第二天，部队救出了他们。

事隔30年，那位叫科努格的受伤士兵说："我知道谁开的那一枪，他就是我的战友。在他抱住我时，我碰到他发热的枪管。我怎么也不明白，他为什么对我开枪？但当晚我就宽恕了他。我知道他想独吞我身上的鹿肉，我也知道他想为了他的母亲而活下来。此后30年，我假装根本不知道此事，也从不提及。战争太残酷了，他母亲还是没有等到他回来，我和他一起祭奠了老人家。那一天，他跪下来，请求我原谅他，我没让他说下去。我们又做了几十年的朋友，我宽恕了他。"豁达是心灵的最佳解药，拥有一颗豁达的心，在工作和生活中我们将从根本上远离不幸。

知足者能享天人之福

知足是快乐的重要条件。托尔斯泰曾说："欲望越小，人生就越幸福。"知足者认识到了无止境的欲望只能带来痛苦，所以才能摒弃欲望，享天人之福。

在这个世界上，大多是那些懂得知足常乐的人们生活得更为幸福。这是因为，一个具有开朗热情性格的人，通常在生活中懂得知足常乐、平淡是福，能够笑看输赢得失、当放则放。

有了一颗知足的心，人才会有真正的宁静、真正的喜悦、真正的幸福。知足常乐，是一种与世无争而又安于平凡的心境，也是一种不经意间的幸福。人如果贪欲越多，就会陷入对名利的追逐，后来他们得到越多，就越去追逐，这就是所谓的“知足之人不知穷，不知足之人不知富”。

一个失意的城里人对生活失去了信心，他走进一片原始森林，准备在那里了却残生。

失意人发现一只猴子正在目不转睛地看着他，便招手让猴子过来。

“先生，有何吩咐？”猴子有礼貌地打着招呼。

“求求你，找块石头把我砸死吧！”失意人央求猴子。

“为什么？阁下难道不想活了？”猴子瞪着眼睛问。

“我真是太不幸了……”失意人话一出口，泪水便哗哗地流了出来。

“能跟我谈谈吗？我也是灵长类呀！”猴子善解人意地说。

失意人泪流满面地说：“跟你谈有什么用……当年我差了一分，没有考上牛津大学……呜……”

“你们人类不是还有别的大学吗？你是不是找不到异性？”猴子觉得上什么大学无所谓，有没有异性可是个原则问题。

“呜……”失意人又哭了起来，“当年有十几个美女追求我，最后我只得到其中一个……”

“这确实有点不公平！”猴子说，“不过，您毕竟还捞上了一个。工作上有什么不顺心吗？”

“工作了十来年，才评上一个副教授。你说说，这书还怎么教下去？”失意人转悲为愤，怒气冲冲地说。

“薪水够用吗？”这只猴子又问。

“够用什么！每个月除了吃、穿、用，只剩下800多块钱，什么事也干不了！”失意人满腹牢骚。

“那您真的不想活啦？”猴子紧紧盯着失意人的双眼，严肃地问。

“不想活了！你还等什么，快去找石头啊！”失意人不想再跟猴子啰唆。猴子犹豫了一下，终于抓起来一块石头。就在它即将砸向失意人脑袋的时候，突然问失意人：“阁下，在您死之前能把您的地址告诉我吗？让我去顶替您算了。”

这看似一个笑话，但却反映出了我们身边的现实。其实，我们拥有的已太多，但我们总是不知足，不知道珍惜。但如果我们不懂得珍惜已经拥有的东西，得到的再多又有什么意义。

知足是什么呢？知足就是：别人的钱比自己多，我不嫉妒，钱少可以俭朴点、量入为出；别人吃山珍海味，我不眼馋，粗茶淡饭也照样吃得健康结实，并且同样香甜。别人有名牌时装、花园洋房，我不羡慕，房小可以安排得紧凑点，照样收拾得窗明几净，衣服穿不起名牌，青衣布衫也舒适……

什么又是常乐呢？常乐就是：有一份糊口的工作，虽然薪水不高，但能维持日常的生活，想想也欣慰。有一位爱自己的配偶，也许是一个最普通的人，没有权钱与容貌，但有一份真挚的爱情。还有一个活泼可爱的孩子，也许学习成绩平平，但身体健康……

以上这些难道不是欢乐和幸福吗？实际上，如果你仔细想想，就会发现身边的欢乐数也数不清。这就是我们普通人的天人之福。

所以，真正的幸福不是每天都追求到了什么，而是每天都怀有一颗满足的心愉快地生活。满足的秘诀在于知道如何享受自己的所有，并能驱除自己能力之外的物欲。既然我们都是普通人，那么，那些超越我们能力的东西就显得无足轻重，而脚踏实地过平民百姓的生活，就能让知足者常乐！

人生没有输赢

人生没有永久的成功与失败，人生就是由成功和失败串联而成的，所以人生的真正目的并不在于分出输赢。

真正的人生输赢之间的界限很模糊，甚至我们完全可以说并没有真正的输赢。因为，“赢”是什么？“输”又是什么？谁能回答清楚？

有的人说：“‘赢’就是拥有许多美好的事物，‘输’就是背负着一切不如意的事物，换句话说，‘赢’就是成功，‘输’就是失败。”

这个答案正确吗？如果真是这样的话，那么请问什么是美好的事物？什么又是不如意的事物？其实，它们的界限是很模糊的，每个人都有关于美好和如意的标准，所以我们不能轻易地判断一个人的人生是成功还是失败，所以并没有真正的输赢人生。

人生的价值不在输赢，而是在实现自己的过程中，自己是否尽了最大的努力。结果并不是最重要的，不要为了名利争个你死我活。为了名利争斗，谁都不会赢。

梁启超先生曾说：“宇宙间的事，没有绝对的成功和失败。‘成功’这个名词，是表示圆满的观念，‘失败’这个名词，是缺陷的观念。圆满是宇宙进化的终点，到了终点，进化便休止，进化休止不消说是连生活都休止了，所以平常所说的成功与失败，不过是指人类活动休息的一小段落。”所以，硬是拼了性命去分出个输赢有什么意义呢？

其实，人生是由无数个失败和成功加起来的。人觉得自己是失败的，便会立即坠入痛苦的深渊；而有时候我们做出了许多自以为成功的事，事后却证明是失败之作，如果能看淡成功和失败的分界，不去计较输赢，反而轻松了许多。这样的人生态度，看似消极，其实是透彻。世间事很少祸福分明，成功中藏着失败，失败里也会蕴涵着成功。所以放轻松一些，人生并不在输赢！

能拿得起就要能放得下

“拿得起”不仅仅是应在踌躇满志时，“放得下”也绝不仅仅是应在遭受挫折时。在人生的每时每刻，我们都应把它们看作一个整体。一个人在处事中，拿得起是一种勇气，放得下是一种肚量。

在生活中必须学会“拿得起放得下”，学会适时松开手。人生的成败往往蕴含于取舍之间，“放得下”的关键在于你是否能够在人生道路上进行果敢的取舍。

萧何是汉高祖刘邦的重要谋臣。刘邦进入关中以后，因萧何在行政管理、户籍管理方面很有一套，颇得民心。当时关中百姓只知有萧何，不知有刘邦。萧何的一个门客提醒他说：“您不久将要被灭族了，您占据高位，功劳第一，是人臣之极，不可能再得到皇上的恩宠。可是您自进入关中后，得到了百姓的拥护，深得民心，皇上几次问您的原因，就是怕关中百姓都跟着您跑啊！”

不久，南方起兵反汉，刘邦率军亲征，留吕后及萧何守关中，于是萧何抓住机会，自毁名声，他强占民田、美宅，强夺他人妻女为婢妾，一时间，民怨沸腾，怨声载道，萧何的美名荡然无存。高祖凯旋还朝时，老百姓拦路控诉萧何。高祖心中有说不出来的高兴，只是表面上斥责萧何说：“你自己去处理吧！”从此不再担心萧何会“功高震主”了。

拿得起，实为可贵；放得下，是人生处世之真谛。成大事业者不会计较一时的得失。他们都知道放下什么，如何放下。放得下，你就可以轻装前进。放得下，你就可以摆脱烦恼和纠缠，整个身心沉浸在轻松悠闲的宁静中去。

放得下会使你赢得别人的信赖；放得下会改变你的形象，使你显得豁达豪爽；放得下还会使你变得更能干，更精明，更有力量。在这个世界上，为什么有的人活得轻松，而有的人活得沉重？前者是拿得起，放得下；而后者是拿得起，却放不下，所以沉重。

放下心中所有难言的负荷，放下失恋的痛楚，放下费尽精力的争吵，放下屈辱留下的仇恨，放下对虚名的争夺，放下对权力的角逐……凡是次要的，枝节的，多余的，该放下的都要放下。只有放得下，才能将该拿起的东西更好地把握住。

清朝晚期科场中贿赂盛行，舞弊成风，蒲松龄四次考举人都落第了。最后他放弃了“科考”这条可以使自己走上仕途的道路，而选择了著书立说。他立志要写一部“孤愤之书”。他在压纸的铜尺上镌刻了一副著名的对联：

有志者，事竟成，破釜沉舟，百二秦关终属楚；

苦心人，天不负，卧薪尝胆，三千越甲可吞吴。

蒲松龄以此自敬自勉。后来，他终于写成了《聊斋志异》，流传百世。

蒲松龄虽然科举落第，与仕途无缘，但他找到了成就自己的另一个方向。在这条新开辟的道路上，他取得了成功，也为后人留下了宝贵的精神财富。

人生是一种相依相得的平衡，放不下就得不到，得不到就会很痛苦。拿得起放得下，反映的是一个人生命的品质和品位。这需要一种不断积蓄的能量。唯能力决不是其拿得起放得下，才能厚积薄发，举重若轻，处事从容。一个明智的人，拿得起有分量的东西，同样也放得下它，只要是服从自己内心，就可以进行另一选择。

放下的，当然是应该放下的，过去了的，不应有的，强求而难以达到的。放得下，看似消极，实质却是一种积极的心态。对于自己的过去，大可不必耿耿于怀，是好是坏都已过去，生命并非只有一处灿烂辉煌。包容过去，融通未来，创造人生新的春天，人生才更加明媚迷人。

人生并非只有一处辉煌，别处风景也许更加迷人。站在特定的时点，审时度势，做出你的选择，找到你的真正的生活目标。因此，你有时需从新的角度看待自己，重新找回自信，你会发现自己有越来越多值得欣赏的地方。

拿得起与放得下是生命中最重要的修养之一，我们只有果断清醒地放下应该放下的，随和且随缘地看待人生旅途中遇到的利害得失、祸福变故，接纳和融合所遇到的一切，才能腾出生命的空间，享有所拥有的一切。

拿得起是可贵，放得下是超脱。鲜花掌声能等闲视之，挫折、灾难能坦然承受。人生最大的敬佩是拿得起，生命最大的安慰是放得下。当迷雾消散尘埃落定的那一刻，你会发现这一切原本只是自己放不下。烦事人人有，放下自然无。

能容人者容天下

海纳百川，有容乃大。比海更大的是人的心灵。伟大的胸襟，能包容他人，包容天下。

人生在世，须得能够容人。能容人不仅能体现你的非凡气度，而且还能保持你与他人的良好关系，更重要的是：能容人的人才能得到他人的信任，赢得天下。

汉初名臣张良外出求学时曾遇到了一件改变他一生命运的事。一天，他走到下邳桥上遇到一个老人，穿着粗布衣服，在那里坐着，见张良过来，故意将鞋子掉到桥下，冲着张良说："小子，下去给我把鞋捡上来！"张良听了一愣，本想发怒，因为看他是个老年人，就强忍着到桥下把鞋子捡了上来。老人说："给我把鞋穿上。"张良想，既然已经捡了鞋，好事做到底吧，就跪下来给老人穿鞋。老人穿上后笑着离去了。一会儿又返回来，对张良说："孺子可教也。"于是约张良再见面。这个老人后来给张良传授了《太公兵法》，使张良最终成为一代良臣。

老人扔鞋旨在考察张良，看他有没有"容人"的修养。有了这种修养，今后才能担当"容天下"的大任，才能处理复杂的人际关系和艰巨的事情，才能遇事冷静，知道祸福所在，不意气用事。所以，我们在平时要保持一颗容人之心，处理好所遇到的人和事。

宋朝郭进任山西巡检时，有个军校到朝廷控告他，宋太祖召见了告状的军校，结果发现他在诬告郭进，就把他押送回山西，并给郭进处置。有不少人劝郭进杀了那个人，郭进没有这样做。当时正值北汉国入侵，郭进就对诬告他的军校说："你居然敢到皇帝面前去诬告我，也说明你确实有点胆量。现在我既往不咎，如果你能出其不意，消灭敌人，我将向朝廷保举你。如果你打败了，就自己去投河，别弄脏了我的剑。"军校深受感动，果然在战斗中奋不顾身，英勇杀敌，后来打了胜仗。郭进不记前仇，向朝廷推荐了他，使他得到提升。

所以，学会容人，学会容忍别人对自己所犯的过错，不去记仇，别人必然会以自己的一技之长来酬答你。宽大自己的仇人，仇人必会找机会以死相报。原因在于你不记他的过错，给他以希望，他把报恩的感情存于胸中，所以一旦他的能量、才技被发挥出来，就能干一番大事业，对己对人，对社会都是一大贡献。那些不能容人的人，往往会因此失去人心。释一人之怨，却可以给自己创造很多机会，结一人之怨，则可能给自己埋下许多地雷。

爱德华·利伯是一个精明老练的玻璃制造商，拥有一家新英格兰玻璃公司，与其他制造商一样，利伯也渴望使他的公司发展壮大，成为玻璃制造业的巨擘。而 1888 年的迈克尔·欧文斯则只是利伯制造厂内一名吹玻璃的工人，同时，他还是当地颇有名望的工会领导人，在当年的罢工运动中，他带头鼓动工人反对利伯，最后迫使利伯把工厂迁往另一城市。

但是，独具慧眼的利伯在同罢工领导人的谈判中发现，血气方刚的欧文斯还是一个在生产、技术的改进革新方面不可多得的天才。在谈判中，欧文斯不断地指责利伯在生产管理等方面存在的缺陷。利伯不仅没有震怒，而且还从他的指责中发现了他流露出的聪颖、对玻璃生产的谙熟和对一些问题的独到见解。

于是，最后利伯把工厂迁走，并带走了一些工人，欧文斯便是其中一员。利伯不计前嫌的宽容大度，感动了欧文斯，这奠定了日后他们成功的基础。

3 个月后，欧文斯就向利伯提出了一连串改革的建议，几乎皆被采纳。利伯更加赏识他，派他担任吹玻璃部门的监工，两年内，欧文斯成为该厂的主管。

出色的工作和对玻璃生产中表现出浓厚兴趣，使利伯从欧文斯身上看到了更大的希望。1898 年，他提供资金支持欧文斯试验一种生产玻璃瓶的机器。当然，欧文斯的研制并非一帆风顺，历经了一次次的失败和一次次的试验，利伯始终给予他支持和鼓励。1903 年，在欧文斯手下诞生了使玻璃工业发生革命性变化的自动制瓶机，它改革了吹玻璃的古老工艺，使之从手工操作变为大规模的自动化生产。而且，自动制瓶机的发明取代了大批手工劳动者，带来了可互换的机器零件的大批生产，带来了特别的钻模和工具。

制瓶机获得成功之后，欧文斯把注意力又转移到平面玻璃的制造上。尽管欧文斯的古怪性格令许多同事与他疏远并惹来许多纠纷，并且利伯有时也卷入其中，但利伯总能很快冷静下来，力排众议，继续支持欧文斯。利伯还为欧文斯破天荒地拨出400万美元，作为他20年期间的实验费用。

最终，欧文斯在利伯的支持下，改善了平板玻璃的制造方法，发展了一套由炉中抽取板形玻璃的设备。1917年，利伯和欧文斯及其他合伙人，在查尔斯顿兴建了一家全自动化的工厂——从输入原料到由自退火炉内不断输出待割切的玻璃板。

如果利伯没有容人之心，他成不了一位杰出的企业家，欧文斯也成不了发明家，而正是利伯的容人之心成就了他们的成功与辉煌。

所以，请学会包容别人吧，正所谓“能容人者容天下”，如果一个人无法包容另一个人，那么他又怎么会有大胸襟去容天下呢?

大丈夫能屈能伸

太刚强，遇事就会不顾后果，迎难而上，这样的人容易遭受挫折；太柔弱，遇事就会优柔寡断，坐失良机，这样的人很难成就大事。大丈夫就要能屈能伸，能刚能柔。

古人云:“大丈夫能屈能伸。”然则何谓“屈”？何谓“伸”？

屈，是一种“水往低处流”的谦恭；是困境中求存的“耐”，在负辱中抗争的“忍”，在名利纷争中的“恕”，在与世无争中的“和”。伸，是以退为进的谋略，以柔克刚的内功，以弱胜强的气概；是“无可无不可”的两便思维，是“有也不多，无也不少”的自如心态，是“不战而胜”的上善兵法。

“能屈能伸”是大丈夫立志成业的精髓要义，是博大精深、包罗万千的大哲理、大智慧。立大志，需以“屈”处世；成大业，要靠“伸”显才。古今中外，凡做出杰出成就或干出轰轰烈烈事业的人，往往是那些能屈能伸的人。

司马懿出仕时正好30岁。那他这之前这么多年是在干什么呢？与诸葛亮躬耕于南阳不同，司马懿由于是名门之后，他没有做种田之类的事，他就在许昌城中，却一直对曹操避而不见，因为他从心底看不起出身低贱的曹操。

最终曹操拜访了他三次，司马懿才答应出山，这与诸葛亮三顾出山多么相似呀！但与诸葛亮不同的是，当时的曹操不像刚开始创业的刘备，其“智囊团”已人才济济，初来乍到的司马懿在里面不会一下子有什么大作为。司马懿一开始做的只是一些抄抄写写工作，这对于在军事和政治上的天才司马懿来讲，可以说是“屈就”了。但司马懿并没有在乎这些，甚至，在曹操在世时，他都一直都是“屈就”着，虽然他后来的官升到了丞相府主簿，但始终没有什么带兵作战的机会。这么长时间内，他只是作为谋士提出过两次重要的计策，一是在取下汉中后劝曹操乘势进攻刘备立足未稳的西川，二是献计联合东吴共同对付得到汉中的刘备。这两个计策曹操只用了后者，但就是这一个计策使得不可一世的西蜀大将关羽命丧东吴。

司马懿当然知道自己真正的能力绝不是一个普通的谋士，于是在孟达响应诸葛亮北伐时，身为荆州都督的司马懿有了第一次带兵作战的机会。他使出浑身解数，把这一仗打得十分漂亮，让自己在魏明帝曹睿心中的地位有了很大的提升。在都督曹真病逝后，司马懿继任成为都督，他终于有了和诸葛亮亲自交锋的机会。在与诸葛亮的交锋中，司马懿采取的战术很清楚，这就是坚守不战，因为这样他受到了诸葛亮的种种故意的侮辱，但司马懿此时很好地发挥了他能屈的长处，终于熬死了诸葛亮。其后他抓住机会施展自己的才能，带兵平定了魏乐浪公公孙渊的反叛，于是他在魏明帝心中的地位上升到了极点。

但魏明帝一死，执政的曹爽根本不给司马懿机会，于是司马懿又继续“屈就”下去。正是“君子报仇，十年不晚”，从魏明帝病逝到著名的“高平陵事件”，正好是十年，司马懿果断消灭了曹爽的势力，这也为后来的晋代魏拉开了序幕。

大丈夫能屈能伸，“屈”是暂时的，暂时的忍辱负重是为了长久的事业和理想。不能忍一时之屈，就不能使壮志得以实现，使抱负得以施展。“屈”是“伸”的准备和积蓄的阶段，就像运动员跳远一样，屈腿是为了积蓄力量，把全身的力量凝聚到发力点上，然后将身跃起，在空中舒展身体以达到最远的目标。

著名策士范雎刚开始时，由于他出身寒微，无人引荐，不得已只能先在魏国中大夫须贾的府中任事。

一次，须贾奉魏王之命出使齐国，范雎作为随从一同前往。齐襄王钦佩范雎的雄辩之才，便差人携金十斤及美酒赠予范雎。范雎对此深表谢意，却未敢接受齐襄王的赠礼，但仍招来了须贾的怀疑，认为他出卖了魏国的机密，于是回国之后，便将“范雎受金”的事上报给魏国的相国魏齐。魏齐不辨真假，也不做调查，便动大刑杖惩罚范雎。范雎在重刑之下，肋骨被打断，牙齿脱落。他蒙冤受屈，申辩不得，只好装死以求免祸。范雎已“死”，魏齐让人用一张破席卷起他的“尸体”，放在厕所之中，然后指使宴会上的宾客，相继便溺加以糟蹋，并说这是警告大家以后不得卖国求荣。

范雎平白无故地受了这么一场肌肤之苦和奇耻大辱，一腔效命魏国的热忱化为了灰烬。他决计离开魏国，另谋一处显身扬名的地方。范雎买通厕所的守者，将他放了出去。

范雎忍辱求全、隐身民间的时候，秦国一个叫王稽的使节来到魏国。秦国此时国力强盛，且虎视眈眈，有兼并六国的雄心。偶然的一次机会范雎与王稽见面，其才情智慧已使王稽信服，王稽决定带范雎入秦。

王稽私下带着范雎归秦，路上见对面秦国相穰侯魏冉的一队车骑驱驰而来，范雎便对王稽说：“据我所知，穰侯长期把持秦国的大权，厌恶招纳其他诸侯国的客卿入秦。我与他见面，定会对我不利，所以我最好藏在车中。”于是范雎藏了起来。

魏冉的车骑到了之后，他果然询问王稽：“使君出使归秦，有没有带别国客人来啊？”王稽赶快答道：“不敢。”魏冉看了看王稽，然后走了。

听到魏冉一行离去的车马声，范雎这才从车中探出身来，但他心中沉思：“魏冉是一个聪明人，刚才他已经怀疑车中有人，只是决心下慢了，忘记搜索而已。”范雎一念及此，当即断然对王稽说：“魏冉此去，必然会后悔，必派人返回搜索使君的车辆不可。我还是下车走路避一下为好！”说完，范雎便跳下车，往道旁小径走去。

王稽于是按辔缓行，以待步行的范雎。方才走了10多里，魏冉果然遣回骑卒对王稽的车马一阵搜检，见车中确实没有外来的宾客，方才纵马而去。这样，范雎才最终脱险。

入秦后，范雎抓住机会，充分施展辩才游说秦昭王，最终取得信任。秦昭王采用范雎的谋略，对内加强了秦国的中央集权，对外使用远交近攻的霸业方略，使秦国对关东列强压力再度加强。秦昭王因此任命范雎为秦国相，封为应侯。

“大丈夫能屈能伸”，这是一条经千古锤炼而锻造出的古训，多少风云人物英雄豪杰都因善屈善伸而叱咤风云，所向披靡。所以，在逆境中，当困难和压力逼迫身心时，我们应懂得一个“屈”字，委曲求全，保存实力，以等待转机的降临。而在顺境中，当机会和环境皆有利时，我们应懂得一个“伸”字，乘风万里，扶摇直上，以顺势应时更上一层楼。

豁达可以赢得人心

以德治国，国家会昌盛，以德服人，关系会融洽。豁达的人，以德报怨，即便是仇敌也会变成朋友。

法国的文学大师雨果曾说过这样一句话：“世界上最宽阔的是海洋，比海洋宽阔的是天空，比天空更宽阔的是人的胸怀。”豁达之人便拥有这样宽广的胸怀。

豁达的人懂得宽恕，有权力责罚，却不去责罚；有能力报复，却不去报复。你对敌人豁达，敌人也就自然与你拉近了距离，成为你可以依靠的人，所以豁达可以赢得人心。

唐代，以忠直敢谏著称的魏征一开始时是辅佐太子李建成的。他见秦王李世民声望日隆，功业渐大，就劝李建成及早除掉李世民，以免除后患，但李建成却未采纳。

玄武门兵变后，李建成被杀，李世民召见魏征，问他：“你为何离间我们兄弟？”魏征面无惧色，答曰：“太子若早听我言，必无今日杀身之祸。”按理说，魏征必死无疑，可胸襟豁达的李世民不仅没有杀魏征，而且非常欣赏他耿直不屈的性格，器重他的才干，拜他为谏议大夫。而魏征也深受李世民感动，竭力辅佐他，最终没有辜负李世民的重望，成为了一代名臣。

可见，如果一个人能够做到豁达，就能大度容人、谦恭待人，这不仅会受到他人的敬重，而且能使有用之才充分发挥自己的才干，可谓利己而又利人。豁达的人，被人误解而不怨，遭人诽谤而不怒，虽然大权在握，却不倚仗权势排挤打击与自己意见不同，甚至反对自己的人。如果对方确为有用之才，他还会予以重用，或向上级举荐。

美国第一任总统华盛顿在上小学的时候，就开始了不断约束自己的行为，他辛勤地抄写了 100 多条“怎样成为一名绅士”的准则，其中包括不要在饭桌上剔牙，以及同别人谈话时不要离得太近以免唾沫星子溅在人家脸上等。

1754 年，已升为上校的华盛顿率部驻防亚历山大市，当时正值弗吉尼亚州会议选举议员，有一个名叫威廉·佩恩的人反对华盛顿成为候选人。

有一次，华盛顿就选举问题和威廉·佩恩展开了一场激烈的争论，其间华盛顿失口，说了几句侮辱性的话。脾气暴躁、身材矮小的威廉·佩恩怒不可遏，挥起手中的桃木手杖将华盛顿打倒在地。

华盛顿的部下闻讯而至，要为他们的长官报仇雪恨，但华盛顿却阻止并说服大家，非常平静地退回了营地，一切由他自己来处理。

第二天上午，华盛顿托人带给威廉·佩恩一张便条，约他到当地一家酒店会面。威廉·佩恩自然而然地以为华盛顿会要求他进行道歉，以及提出决斗的挑战，料想必有一场恶斗。

到了酒店，大出威廉·佩恩所料，他看到的是酒杯，而不是手枪。华盛顿站起身来，笑容可掬，并伸出手来迎接他。“佩恩先生，”华盛顿说，“人都有犯错误的时候。昨天确实是我的过错。你已采取行动挽回了面子。假如你觉得已经足够了的话，那么就请握住我的手，让我们做个朋友吧！”

最后，这件事就这样皆大欢喜地了结了。从此以后，威廉·佩恩则成了华盛顿一个坚定的支持者和热心的崇拜者。

豁达的人并没有刻意去做什么笼络人心的事，有时仅仅是一杯酒、一个微笑或一次谅解，就足以让别人对他心服口服、五体投地，即便为他出生入死、肝脑涂地也在所不辞。古今中外，莫不如此。

《史记·秦本纪》记载，秦穆公曾丢失一匹良马，几经找寻未果，结果发现是被生活在岐山下的三百多个乡下人捉到并分食了。官吏立刻逮捕了这些乡下人，准备将他们全部处死。穆公却说：“君子不会仅仅因为一头牲畜就去伤害别人，更何况是三百多条人命。我听说吃了马肉不喝酒，对人的身体不好，所以应该再给他们些酒喝。”然后秦穆公便将他们全部赦免，并赐酒请他们喝。

后来，秦国与晋国发生战争，秦穆公亲自参战，却陷入晋军重围。穆公受伤，面临生命危险。此时，岐山之下那曾偷吃马肉的三百多人，飞驰冲向晋军，“皆推锋争死，以报食马之德”。结果，穆公不仅突出重围，反而还活捉了晋君。

我们之所以有时得不到别人的认可，得不到别人的认同，大多数是因为我们不够豁达，过去曾有什么地方做得不够好。

人在各种关系交织的社会中求生存、寻幸福，对于昔日的敌人，打击报复只能为自己埋下更多的怨恨，树立更多的敌人；而如果豁达以对，给敌人以平等的待遇，不但能够感化敌人，为我所用，更能够树立自己的威望，得到更多人的尊敬和拥戴，从而有利于巩固自己的地位，最终成就一番功业。

给别人铺个台阶，留条后路

凡事不可做绝，要给别人留下余地。替人下一台阶，等于给自己造一架云梯。

在与人交往中，能适时地为陷入尴尬境地的对方提供一个恰当的“台阶”，使其不丢面子，是人的一种美德，也是做人做事的一大原则。这样，不仅能给对方留下好感，而且也有助于你树立良好的社交形象。

心理学的研究表明，谁都不愿在公众面前暴露出自己的错处或隐私，一旦被人曝光，就会感到难堪或恼怒。因此，在交际中我们应尽量避免触及对方所避讳的敏感区，避免使对方当众出丑，必要时还应为别人铺个台阶，让对方有路可退。

一家商场来了一位顾客，要求退换她给丈夫买的一套西装。虽然她已经把衣服带回家并且穿过了，但是她丈夫不喜欢，所以她坚持说“绝没穿过”。

售货员检查了衣服，发现有明显干洗过的痕迹。但是，她不能直截了当向顾客说明这一点，这样顾客是绝不会轻易承认的，因为她已经说“绝没穿过”，而且精心伪装了穿过的痕迹。如果双方都坚持，则可能会发生争执。于是，售货员这样说：“我很想知道是否你们家的某位成员把这件衣服错送到干洗店去洗过了。我记得不久前我也有过同样的经历，我把一件刚买的衣服和其他衣服一起堆放在沙发上，结果我丈夫没注意，把这件新衣服和一大堆脏衣服一股脑儿地塞进洗衣机去了。我想你是否也会遇到这种情况？因为这件衣服的确有已经被洗过的明显痕迹。不信的话，你可以跟其他衣服比一比。”

顾客比较了一下后知道无可辩驳，而售货员又为她的错误准备好了借口，顾及了她的面子，给了她一个台阶，于是她顺水推舟，乖乖地收起衣服走了，一场可能的争吵就这样避免了。

所以，要解决争执，最好的办法绝不是赶尽杀绝，把对方驳得体无完肤，而是巧妙地给对方留条出路，让他自己退出。要知道，兔子急了也会咬人，更何况有着自尊心的人呢?

北京一家著名的酒店，一位外国客人吃完最后一道茶点后，顺手把精美的景泰蓝食筷悄悄装入自己的西装内口袋里。服务小姐看到之后，并没有当场去指出，而是不露声色地迎上前去，双手擎着一只装有一双景泰蓝食筷的小匣温和地对外国客人说:“非常感谢您对这种精细工艺品的赏识。为了表达我们的感激之情，经餐厅主管批准，我代表本酒店，将这双图案最为精美并且经严格消毒处理的景泰蓝食筷送给您，并按照大酒家的‘优惠价格’记在你的账簿上，你看好吗？”那位外国客人当然明白这些话的弦外之音，在表示了谢意之后，说自己“多喝了两杯白兰地”，头脑有点发晕，误将食筷放到了衣袋里，并且聪明地借此“台阶”说:“既然这种食筷不消毒就不好使用，我就‘以旧换新’吧！”说着取出衣袋里的食筷恭敬地放回餐桌上，接过服务小姐给他的小匣，不失风度地向付账处走去。

在生活和工作中，谁都可能会犯错误，比如念了错别字，讲了外行话，记错了对方的姓名职务，礼节有些失当，等等。如果把别人的错误当成把柄，自己也会被别人抓住把柄。当我们发现对方出错误时，只要是无关大局，就不必对此大加张扬，故意搞得人人皆知，使本来已被忽视了的小过失，一下变得显眼起来。更不应抱着抓住了别人把柄或者讥讽的态度，来个小题大做，拿人家的失误在众人面前取乐。因为这样做不仅会使对方难堪，伤害他的自尊心，使他对你反感或报复，而且也不利于你自己的社交形象，容易使别人觉得你为人刻薄，在今后交往中对你敬而远之，产生戒心。

从前有位显宦，公余之暇，喜欢下棋，自负是棋艺第一。某甲在其门下做一名食客。有一天某甲与该显宦对弈，一出手便表现出咄咄逼人之势，该显宦知道今天遇到劲敌了。棋下到后来，某甲竟逼得该显宦心神大乱，汗涔涔而下。某甲见对方焦急的神情，格外高兴，故意留一个破绽，该显宦立刻发现了，立即进攻，满以为可以转败为胜。谁知某甲突然使出杀手锏，一子落盘，很得意地说道:“你还想不死么？”该显宦正杀得兴起，突遭此打击，心中大为恼火，立起身来就走。据说该显宦向来着意于修养，胸襟比普通人宽大，但此次也觉得颜面大失，颇为不快。因此对某甲始终耿耿于怀。

而在某甲呢，还是莫名其妙，他始终不懂得为什么该显宦不再与他下棋。该显宦本可以使某甲飞黄腾达，但就是因为这盘棋局，老是不肯提拔他，某甲只好郁郁不得志，以食客终其身。也许某甲会自叹命薄，谁知是忽略了对方的自尊心，抑制不住自己的好胜心，将对方赶尽杀绝，伤了对方面子，铸成了终身的大错。

我们要明白人人都有自尊心，伤害了别人的自尊，他会将之视为“奇耻大辱”，会一直耿耿于怀，随时找机会进行报复。给别人留下余地，也是给自己留下余地，使自己不会因小事而受到不必要的损害。所以，在人际交往和做人做事中，我们要懂得为别人铺个台阶，留条后路，千万不要赶尽杀绝。

第四章

学会调节

——快乐是最重要的

快乐是我们生活追逐的最终目标，没有人会去寻求痛苦，但是在生活中我们时常会遭遇痛苦，不过再苦你也要笑一笑，因为快乐才是生存的法则。

第一节　没有必要太追求完美

没有必要太追求完美

相信完美，但不追求完美。相信完美，是一个人的本能。不追求完美，则是一种理性的自觉。

有个人因为追求完美而到处碰壁，开始郁郁寡欢，于是向上帝祷告。

上帝问他："想要完美吗？"那人答："想要。"

上帝又问："那么，想要快乐吗？"他又答："更想要。"

上帝说："完美和快乐都想要，那么你注定是要一无所有。"

如果想要快乐，就不要总是去追求完美。有时候，做到良好已经很不错了。

有一个女孩子，美丽文静，温柔可爱。说话声音很小，也没有很好的口才，但经常能把话说到人的心里去。她的工作说不上让人羡慕，却是她所喜欢的；她嫁了一个普通人，却十分恩爱；她不要求孩子学这学那，双休日一家三口就去游玩；她每天都要午睡，每天都做健美操，生活很有规律；她从不嫉妒业绩好的同事，也从不鄙薄偶犯错误的同事。

她心明如镜，却绝顶聪明，很多人觉得她的人生本来可以更精彩，而她却总是看得很淡，觉得现在的生活就已经很令她满足。

一个人不用事事追求完美，有时候能做到良好往往就能使你游刃有余。一个人如果太努力地活给别人看，就会痛苦。如果你相信自己做得还不错，不在乎别人怎么看你，你真的可以很自在。

一位老方丈年纪大了，决定在他的弟子中间选一个人接任住持。于是，他派他的众多弟子去寻找一片完美的叶子。到最后，除了大徒弟以外，所有的弟子都空着手回来了，因为没有一片叶子让他们满意。唯有他的大徒弟拿了一片并不漂亮的叶子回来，告诉大家虽然这片叶子并不完美，但是这是他所遇见的最完整的一片。于是，方丈把他的衣钵传给了他的大徒弟。

《西游记》里唐僧在晒经石上修补损坏的经文时，孙悟空的一句“这天地本不全，这经文也该不全”，道破天机。不追求完美，意味着不苛求自己，能够拥有一种非常宽松的环境，所以这种人在大多数时候能很随性地生活。这种人很注重人际关系，注重情感交流，这使得他可以成为一个好的倾听者，一个受朋友爱戴的人。反过来，追求完美不但会让你失去很多变通的机会，也往往会影响效率，把自己弄得很累。有时候，即使你不能做到完美，保持良好其实已经是件不容易的事了。

别让嫉妒毁了你

妒火烧身。如果让嫉妒占据了整个心胸，人生中便少了快乐，多了郁闷，甚至会伤人伤己。

一个人如果长期处于嫉妒的情绪体验中，就会产生压抑感，久而久之，就会出现忧愁、怀疑、自卑等不良情绪，造成不同程度的身心损伤。嫉妒还会影响人对事物进行正确、客观的认识，容易产生偏见或形成怨天尤人的思维习惯，从而影响与他人的正常交往，最终限制自己的发展。

一连几天，劳伦斯的心情都不是很好。情绪烦躁，吃不香睡不好，不佳的心理状况直接导致他的健康每况愈下。他心里很清楚，自己原本是很健康的，自从克里奇搬来成为邻居后，自己就变成了现在这个样子。

克里奇和他开着一样的别克汽车，没想到前不久竟然开了一辆新的劳斯莱斯，那可是他梦寐以求的汽车啊！劳伦斯知道自己的经济能力还没达到享受劳斯莱斯汽车的程度，但每天看着邻居神气的样子，他的心里实在不好受。

劳伦斯的朋友莱克斯劝他养一只小狗吧，这样也许会让他慢慢好起来。

于是，莱克斯给他送来了一只小狗。小狗很可爱，名叫汤姆。劳伦斯给汤姆买了很多好吃的香肠。刚开始的时候，汤姆还吃些香肠，自从见到了克里奇，它便再也不肯吃劳伦斯买的东西了。

汤姆总是用爪子去敲克里奇的门，有次克里奇给它一根香肠，很快便被汤姆吃得精光。后来，汤姆几乎每天都会去克里奇家讨一些食物来吃。这样过了一段时间后，克里奇只得摊开双手，表示他家里已经没有好吃的东西了。可是汤姆并不甘心，依然不停地用爪子去敲克里奇的门。于是，克里奇只好拿来一些吃剩的冷面包。令劳伦斯吃惊的是，连他给的香肠都不肯吃的汤姆，竟然会吃邻居克里奇给的冷面包！

莫非汤姆吃腻了好东西，喜欢上了冷面包？可是当劳伦斯给汤姆冷面包的时候，它却连看都不看一眼！劳伦斯实在没办法了，只好带着它敲开了克里奇的家门。

劳伦斯说："克里奇先生，这只狗好像跟你很有缘，不如你就收养了它吧。"克里奇有些惊喜地问："你是说，将汤姆送给我？"

劳伦斯说："是的，因为它现在不吃我的东西，它只吃你的东西。"尽管他的心里很不愿意，但还是将汤姆送给了克里奇。克里奇高兴地收养了汤姆。

还没过几天，汤姆便用爪子来敲劳伦斯的门。劳伦斯给了它一根香肠，它很快便吃了个精光。当汤姆吃完了劳伦斯买的所有香肠和狗粮后，他再也不想给它买任何吃的东西了。因为它已经不属于自己，而属于他的邻居克里奇。

一天，当劳伦斯开车去上班的时候，他看到克里奇在后面追了上来。克里奇焦急地问："您家里还有香肠吗？"劳伦斯摇了摇头。克里奇接着问："狗粮也没有吗？"劳伦斯又摇了摇头。"那么，"克里奇再次问，"您家里难道连吃剩下的冷面包也没有吗？"劳伦斯还是无奈地摇了摇头。

后来，汤姆还是被劳伦斯的朋友莱克斯带走了。走的时候，莱克斯告诉劳伦斯，这是科学家最新试验出来的一种狗，因为给它加入了人类的嫉妒因子，所以它总是"这山望着那山高"，总以为别人的东西都是好的。

劳伦斯听了，很是惭愧，当即向克里奇道歉说："对不起，我不应该嫉妒你的劳斯莱斯汽车。"令他意外的是，克里奇居然也向他道歉："应该说对不起的是我，劳伦斯先生。我嫉妒你家的房子比我的漂亮，所以我将自己原来的汽车外加一个后花园卖了，才买来一辆劳斯莱斯汽车，想让自己的心理得到一点平衡。"

两人听完各自的真心话，都会心地笑了。

妒忌，真是害人不浅。

如果让嫉妒占据了整个心胸，人生中便少了快乐，多了郁闷，甚至会伤人伤己。所以，如果想成功地驾驭人生这只在大海里飘荡的帆船，豁达的处世态度是非常重要的。

做人不要太贪心

如果一个人的追求不能使生命更灿烂，反而更加沉重，又有什么意义呢？善待自己的生命才是最大的事业。离功名和利益远些没关系，只要离快乐近一些就好。一生快乐，这比任何财富都重要。

谁也不能得到全世界。再有钱也只能一日三餐，住一间房，睡一张床。简单一点不是很好吗？太贪心，往往会使自己得不偿失。

许多人的一生就是这样，追逐这个追逐那个，没完没了，可到头来没有一样真正属于自己，因为他太贪婪了。如果一个人的追求不能使生命更灿烂，反而更加沉重，又有什么意义呢？善待自己的生命才是最大的事业。离功名和利益远些没关系，只要离快乐近一些就好。一生快乐，这比任何财富都重要。

古代的时候，有一个人在朝为官，一日忽然接到老家来的书信。拆开一看，方知家人与邻人发生争执，起因是隔开两家院子的墙塌了，重新砌墙时两家人都为多占些地皮而寸土不让。家人捎信请他出面说话，以让邻人退缩。

不久，官员的家人收到了盼望已久的回信，里面却只有一首打油诗：

千里捎书只为墙，

让他三尺又何妨？

万里长城今犹在，

不见当年秦始皇。

家人明白了其中的道理，主动往后退让了三尺；邻人也不甘落后，也往后退让了三尺，于是中间出现了一条六尺宽的胡同，可供村民行走。村人于是将胡同命名为：仁义胡同。

多吃多占、贪得无厌、不惜为一些蝇头小利而争斗的人，全然无半分仁义之心。其实除却一些精神品德可以传之后世外，又有哪些东西经受得住时间的考验呢？

如果人生在世，事事都想得到最好的，这样的人生只能是遗憾的人生。因为没有人能得到全世界最好的东西。上进与贪心只在一线之间，无论是个人，还是企业，都会因为过于贪心而受到惩罚。

喜欢围棋的人都知道围棋上有一句话，那就是：下棋莫贪。

下棋莫贪，可使你将已取得的优势保持到终局。劣势方要转败为胜，唯一的机会就是等待优势方出错。贪念一起，难免要中埋伏或者头脑不清，往往会让你一着不慎、满盘皆输。

人生也是如此。也许你已定下了30岁前赚够200万元的人生目标，这是驱动力，但要防止它变成名利心，妨碍你的人生快乐。

贫穷的人只要一点东西，就可以得到满足，奢侈的人需要很多东西来满足，而贪婪的人却需要整个世界才能满足。所以，贪婪的人总是不知足，他们天天生活在不满足的痛苦中。贪婪者想得到一切，但最终两手空空。

知足者常乐，古人说得一点都没错。要记住，多并不一定带来快乐，太多就一定会招来麻烦。

忍耐能带来无尽的好处

忍耐和坚持是痛苦的，但它会带来无尽的好处。

忍耐是一种修养。我们常常说用人要坚持德才兼备的条件。所谓德才兼备，其中就包括忍耐。有人说，有才必须忍耐，忍耐才能有德，一语道破天机！纵观历史，凡有作为的成功者都能够严加修养，学会忍耐。

凡·高在成为画家之前，曾到一个矿区当牧师。有一次他和工人一起下井，在升降机中，他陷入巨大的恐惧中。颤巍巍的铁索轧轧作响，箱板在左右摇晃，所有的人都默不作声，任凭这机器把他们运进一个深不见底的黑洞——这是一种进地狱的感觉。事后，凡·高问一个神态自若地老工人："你们是不是习惯了，不再感到恐惧了？"这位坐了几十年升降机的老工人答道："不，我们永远不习惯，永远感到害怕，只不过我们学会了克制。"

有些生活，你永远也不会习惯，但只要你活着，这样的日子你还得一天一天过下去，所以你就得学会克制，学会忍耐。你不习惯黑夜，但黑夜每天适时而来，你忍耐着，天就亮了；你不习惯寒冷的冬季，但冬天的脚步渐渐逼近，你忍耐着，那春天还会远吗？面对日子，把最坏的都挨过去，剩下的也就是好的了。

一位年轻人毕业后被分配到一个海上油田钻井队工作。在海上工作的第一天，领班要求他在限定的时间内登上几十米高的钻井架，把一个包装好的漂亮盒子拿给在井架顶层的主管。年轻人抱着盒子，快步登上狭窄的、通往井架顶层的舷梯；当他气喘吁吁、满头大汗地登上顶层，把盒子交给主管时，主管只在盒子上面签下自己的名字，又让他送回去。于是，他又快步走下舷梯，把盒子交给领班，而领班也是同样在盒子上面签下自己的名字，让他再次送给主管。

年轻人看了看领班，犹豫了片刻，又转身登上舷梯。当他第二次登上井架的顶层时，已经浑身是汗，两条腿抖得厉害。主管和上次一样，只是在盒子上签下名字，又让他把盒子送下去。年轻人擦了擦脸上的汗水，转身走下舷梯，把盒子送下来，可是，领班还是在签完字以后让他再送上去。

年轻人很愤怒，但他尽力忍着不发作，擦了擦满脸的汗水，抬头看着那已经爬上爬下了数次的舷梯，抱起盒子，步履艰难地往上爬。当他上到顶层时，浑身上下都被汗水浸透了，汗水顺着脸颊往下淌。他第三次把盒子递给主管，主管看着他慢条斯理地说："把盒子打开。"

年轻人撕开盒子外面的包装纸，打开盒子——里面是两个玻璃罐：一罐是咖啡，另一罐是咖啡伴侣。年轻人终于无法克制心头的怒火，把愤怒的目光射向主管。主管又对他说："把咖啡冲上。"此时，年轻人再也忍不住了，"啪"的一声把盒子扔在地上，说："我不干了。"说完，他看看扔倒在地上的盒子，感到心里痛快了许多，刚才的愤怒发泄了出来。

这时，主管站起身来，直视他说："你可以走了。不过，看在你上来三次地分儿上我可以告诉你，刚才让你做的这些叫做'承受极限训练'，因为我们在海上作业，随时会遇到危险，这就要求队员们有极强的承受力，承受各种危险的考验，只有这样才能成功地完成海上作业任务。很可惜，前面三次你都通过了，只差这最后的一点点，你没有喝到你冲的甜咖啡，现在你可以走了。"

我们都不会否认坚持对于我们成功的重要性，可我们却常常在现实的坚持过程中对所遇的挑战宣布我们的力不从心，宣布我们的无法承受，从而也放弃了属于自己的那份成功。其实，要坚持下去，很多情况下，我们首先要对自己坚持的事物、对自己的选择充满信心，并在挑战的过程中学会忍耐，忍耐挑战过程中的"无法承受"，享受挑战过程中的"无法承受"。

革命家陶铸说得好：心底无私天地宽。只有心地纯正的人，胸怀才能宽广，性情才能开朗。当发生矛盾时，才会严于律己，宽以待人，有忍让之心，不斤斤计较。当受到委屈时，应能忍辱负重，不反唇相攻、以眼还眼、以牙还牙。

在有些人的眼中，忍耐常常被视为软弱可欺。而实质上，忍耐是一种修养，是在经历了暴风骤雨的洗礼后，自然所生的一种涵养。忍耐能够磨炼人的意志，使人处世沉稳。忍耐可以使人以坚强的心志和从容的心态面对人生。假如失去忍耐，就会造成可悲的结局。

忍耐是一种理智，是一种美德，是一种成熟。忍耐是一种追求的策略，一个追求更大成功的人，往往在关键时刻，不得不忍气吞声。

坚忍是构成性格的最重要的基石之一。一个坚忍的人，会永远含着微笑，从容迎接人生旅程上的风吹雨打。要知道，每个人都是哭着来到这个世界上的，或许这正意味着人的一生肯定有许多的坎坷。面对一生中数不清的困难及痛苦，你能做到坚忍不拔吗？

人生在世，要摆脱困境，就难免有求于人，求人就难免要低三下四，但着眼于未来的成功，即使暂时委屈自己也应在所不惜，放下架子，该屈就屈，能屈能伸，屈中见伸方为英雄！英国哲学家罗素说过："希望是坚韧的拐杖，忍耐是旅行袋，携带它们，人可以登上永恒之旅。"

火山爆发的场面固然震撼，但没有平时的默默积累，哪来岩浆喷薄而出的壮观？所以，你现在要做的，就是学习岩浆，学会忍耐，努力把自己烧得更热，总有一天，你必将破岩而出，一飞冲天！

别过分苛求自己

做事做人都不要过分地苛求自己，这个世界上是没有所谓的完美标准。过分地追求完美只会给自己带来烦恼。

龙王住在海底深处，传说它是水族中的至尊，水中的一切动物都是它的臣民。龙王还能呼风唤雨，它的一举一动都会给民间百姓带来很大影响。因此，民间的百姓虽不是水族动物，也同样对龙王顶礼膜拜。

一天，龙王出外巡游，在海滨遇上了一只青蛙。龙王和青蛙相互致意后，便友好地攀谈起来。

青蛙问："龙大王您居住的地方是什么样呀？"

龙王说："我住在宫殿里，那不是一般的宫殿，那是用珍珠宝石建造的，里面珠光宝气、金碧辉煌。"

接着，龙王又问青蛙说："那么你的住所又是什么样的呢？"

青蛙说："我住的地方嘛，在山间小溪边，那里有绿色的苔藓和碧绿的青草，还有清亮的泉水和洁白的山石。"

龙王说："你为什么不弄成我那样的宫殿呢？"

青蛙笑笑说："那我也太苛求自己了吧！我现在住的地方很美丽，心情也不错。您的宫殿虽然完美，却不是我的理想。"

世上万事万物的差别是很大的，没有必要强求一个标准、一种模式。没有最好的，只有最适合你的。一味追求完美，或者苛求自己，只能害了你自己。

设定高标准、努力工作并没有错，但当这种高标准让你在情感上无比痛苦或让你无法得到成功或幸福时，那就是苛求自己，就是错误了。

在这个世界上，每个人都以自己独特、富有个性的方式而自由地存在，从而构筑了千姿百态、纷繁复杂、气象万千的人类社会。社会是一个大舞台，生旦净末丑，粉墨登场，但没有后台，没有化妆室，没有剧本，没有导演，没有策划，也没有灯光、道具、音响、烟火，每个角色都以自己的本色露脸。

你可能显赫、富有，但并不表示你拥有美满的生活。如果你有一份称心如意的工作，有一个温馨的家，有一个温柔而且贤惠的妻子和一个活泼可爱的孩子，他们爱你，就像你爱他们，那么，一切已经足够，我们并不需苛求自己追逐过剩的名利。

做人，没必要和自己过不去。看开点，随缘任性才能活得潇洒，才能得到内心的快乐。

简单的一句话，却包含着太多的哲理。你看看身边的朋友，经常为了收入低、工作忙、买房子而愁颜不展，苍老了一颗年轻的心。

别苛求自己，不是安于现状、听天由命、不思进取，也不是纵容自己、姑息自己，而是为人立世豁达一些、随和一些、开朗一些、洒脱一些、宽容一些，要学会珍惜自己、善待自己、欣赏自己、爱自己。

假如真的困了，倦了，不妨听听音乐和流行歌曲，读读报纸杂志，参加朋友的聚会，唱唱卡拉 OK，跳跳舞；假如感到苦恼，感到压抑，何妨躺在绿茵茵的草地上，看看蓝天白云和掠过头顶的小鸟，或到野外走走，散散心，闻闻泥土和庄稼的清香，再采一束野花送给自己。

放弃是一种智慧

既然错过了月亮，就不能错过群星。放下旧的行囊，你才能够获得新生。所谓舍得，就是有舍才有得。放弃在以另外一种方式诠释着人生。

一只倒霉的狐狸被猎人用夹子夹住了一只爪子，它毫不迟疑地咬断了那只爪子，然后逃命。放弃一只腿而保全一条生命，这是狐狸的哲学。

人生亦应如此。当生活强迫我们必须付出惨痛的代价以前，主动放弃局部利益而保全整体利益是最明智的选择。智者云："两弊相衡取其轻，两利相权取其重。"趋利避害，这也正是放弃的实质。

人之一生，需要我们放弃的东西很多。古人云，鱼和熊掌不可兼得。如果不是我们应该拥有的，我们就要学会放弃。几十年的人生旅途，会有山山水水、风风雨雨，有所得也必然有所失，只有我们学会了放弃，我们才能拥有一份安然祥和的心态，才会活得更加充实、坦然和轻松。

有个和尚千里迢迢来向禅师求道。禅师先是以礼相待，却不说禅，他将茶水倒进和尚的杯子，杯子已经满了但是还在继续倒。

和尚眼睁睁看着茶水不停地流出来，终于忍不住大声问道："都已经满了，你怎么还倒啊！"

禅师笑了笑："你就像杯子一样，里面已经装满了你自己的看法，如果你不将自己的杯子倒空，我怎么和你说禅啊！"

禅师的话是富有哲理的。人越来越贪婪，什么都不愿意放弃，牢牢抓住自己的东西不放，不懂得放弃，这样怎么能领悟生活的真谛呢？

夏天人们都喜欢吃水果，一次往往就买很多回家。有的水果因为天气热很容易坏。很多人会选择先吃坏的然后再吃好的，总觉得把坏的扔了可惜，结果把坏的吃完了，好的水果放久了也坏了。这样节俭有意义吗？

生活原本是纯朴简单的。人，因为不懂得舍弃才会有许多痛苦。舍弃才能释放出新的空间，天地因此豁然开朗，生命会向你展现出另外一番的景致。

有一个富翁，在坐船过河时，由于风浪太大，船被浪打翻了，富翁落入水中。由于身上带了过多的金子，使本来可以轻松游到岸边的他几乎要沉入水中。富翁拼命地挣扎，但就是不放弃身上的金子，最后终因气力不支而丢掉了性命。

这个富翁其实就是不懂得放弃的道理，不知道暂时的放弃之后可以获取更多的利益。放弃才是快乐人生的大智慧。

碰到强敌时，章鱼舍弃自己的内脏，才能保全自己的性命。遇上天敌时，蜥蜴只有断弃自己的尾巴才能死里逃生。小蝌蚪之所以长成了青蛙，是它舍弃了一条漂亮的尾巴。

不会放弃就等于背上许多沉重的负担。比如说，那些样式过时或者陈旧的衣服，穿不出去，在家穿着也很不舒服，但是很多人还经常花时间去收拾，整理，翻晒，费时费力，还让旧衣服占着本来就拥挤的衣柜。为什么不选择捐给需要的人呢？这样不是很好吗？

所以，人生要懂得放弃，有时候放弃不仅是一种勇气，更是一种智慧。所谓舍得，就是有舍才有得。放弃在以另外一种方式诠释着人生，明白了放弃，你就读懂了人生。

正确对待流言蜚语

君子坦荡荡，小人长戚戚。的确，一个强者，是为自己的目标而活着；只有弱者，才被周围的是非议论所左右。所以，面对是非议论，还得小心处理。

第二次世界大战时期美国著名将领麦克阿瑟说过：“对于正面的敌人，我总能应付；但是对于背后的阻击，我却不能保护自己。”连麦克阿瑟这样的反法西斯名将都对来自背后的恶意中伤无能为力，可见流言蜚语的杀伤力非同小可。

一知名媒体曾在某地 60 所中学 7820 名高中学生中作了调查，调查“你平时最害怕什么？”结果竟有一半左右的学生（女学生的比例更大）回答：“最害怕被人背后议论。”“人言可畏”，可见一斑。

“大嘴巴”制造传播是非，也使你的好人缘功亏一篑。“祸从口出”绝对是个真理，尊重别人对你的信任，管住自己的嘴巴，少参与是是非非，才是聪明之举。

在这个世界上，有人爱议论长短，有人爱搬弄是非，有人工于心计，有人图谋不轨，有人为了个人利益不惜造谣中伤……人生就是如此，充满了各种流言蜚语。所谓“不招人妒是庸才”，谁背后不说人，谁背后又不被人说？己所不欲，而施于人，这大概是人的劣根性之一吧！背后议论，人之常情。

一个人急匆匆地跑到一位智者那里，气喘吁吁地说："我……有个好消息告诉你……"

"等等，"智者连忙打断了他，"你要说的话，用三个网过滤了吗？"

"三个网？哪三个网？"那人迷惑不解。

"第一个网叫真实，你要说的事，是真实的吗？"智者问道。

"这，我也不清楚，我……是从路边听来的……"那人回想道。

"那接着，用第二个网过滤一下吧，你的消息，是善意的吗？"智者继续问道。

那人有点迟疑："这个不是，是关于别人是非的。"

"最后一道网，既然你这么急着要告诉我这件事情，那么你要说的事情是很重要的吗？"

"其实也不重要……一点鸡毛蒜皮而已。"那人有点不好意思了。

智者断然说道："既不真实，也不善意，更不重要，那么你还是别说了吧！"

君子坦荡荡，小人常戚戚。的确，一个强者，是为自己的目标而活着；只有弱者，才被周围的是非议论所左右。所以，面对是非议论，还得小心处理。那么，如何处理流言蜚语呢？

一是坦荡坦然，处之泰然。人生在世，全然不被人议论，是不可能的。背后议论，就其内容而言，有符合事实的，有不符合事实的；就其动机而言，有善意的，也有恶意的。但不管怎么，都应坦荡对待，为人不做亏心事，不怕半夜鬼敲门。"你说你的话，我做我的事"，这是应有的对待流言的态度。

二是保持自己的原则和本色。背后议论别人，是一种不道德的行为，我们绝不能轻信，更不能说三道四、搬弄是非，无意间就成为散播流言的小人。这样一来，你就中了造谣和不怀好意者的圈套，为他们所利用。所以，面对传言时，一定要有自己的原则和本色，不能被他人左右你的观点和看法。

人的一生难免会遇上流言蜚语，遭到他人不公正的评论和批评时，千万不要失去理智，更不要恶语回应，保持沉默是获胜的唯一战术。你越回应，造谣者就越变本加厉、无中生有；你听之任之，流言就自动消沉了。哲人说得好："棍棒、石头或许会击伤我的肌骨，但语言无法伤害我。"总之，对于流言蜚语，可以用一句话对付——"走自己的路，让别人去说吧！"

说话要注意分寸

在生活中，说话要分场合，要有分寸，才能获得好人缘。否则的话，你在社会中将寸步难行。

南朝时，齐高帝曾与当时的书法家王僧虔一起研习书法。有一次，高帝突然问王僧虔说："你和我谁的字更好？"

这问题比较难回答，说高帝的字比自己的好，是违心之言；说高帝的字不如自己，又会使高帝的面子搁不住，弄不好还会招来杀身之祸。

王僧虔的回答很巧妙："我的字在大臣中最好，您的字在皇帝中最好。"

皇帝就那么几个，而臣子却不计其数，王僧虔的言外之意是很清楚的。这样既不会委屈自己，说些献媚的假话，又顾及了皇帝的面子，为自己免去了不少麻烦。

高帝领悟了其中的言外之意，哈哈一笑，也就作罢，不再提这事了。

王僧虔之所以能化解自己的尴尬处境，就在于他说话时能恰当地把握分寸，说了一句作为大臣应该说的话。同样，在当代社会要想受人欢迎，做个会说话的人，就必须懂得掌握说话的分寸！那么，哪些地方是说话时需要注意的呢？

第一，保护别人的隐私。在与他人交际中，为了避免引起别人的不快，一定要注意是否涉及对方的隐私。具体地说，在日常交际中，应该避免问及下列这些方面的隐私话题：

（1）工作情况及经济收入；

（2）家庭情况及存款；

（3）夫妻感情；

（4）身体情况；

（5）女性的年龄体重；

（6）工作计划；

（7）个人隐私。

第二，在什么位置说什么话。如果是建筑设计师，那么在公司的业务会议上，你就应该从设计师的角度出发表达自己的观点；如果是普通职员，那么就应该说职员应该说的话，千万不可抢了上司的风头，更不可颐指气使，对其他员工呼来喝去；如果你是以安慰者的身份和朋友聊天，那么就应该好好开导对方。

在什么位置说什么话，这点非常重要。如果你不能明白在交往中你所处的地位，就像一辆没有目的地的火车，又怎么能发挥自己的语言才能和个人魅力呢？

第三，不要言及他人的缺陷和不幸。每个人都有一些缺陷或者不想提及的病痛或者伤心事，和他人交往时，我们应该尽量有意避免提到这些事情。否则，勾起他人伤心的回忆或者伤人自尊，你就准备收拾烂摊子吧。

第四，不要抱怨和发牢骚。抱怨和发牢骚是无能和虚弱的表现。不要时常抱怨，更不要随意对同事发牢骚，诉说对公司制度的不满，小心传到老板的耳朵里，落得连申辩的机会都没有。

第五，有些问题不宜刨根问底。如果你问对方一些问题，对方回答得很模糊笼统，甚至有意回避，你最好就不要再问下去。如果对方高兴让你知道，他一定会主动地说出来的。否则，别人不想让你知道，你再问也没有用的。此外，在问其他类似问题时，也要注意掌握问话尺度，要适可而止。

第六，不要随便承诺。当别人对你提出要求时，你肯定不好意思开口就说“不”，因为这样很可能会造成两个人关系的疏远。但是有时候明知自己做不到还信誓旦旦，要是事情没办成，你就失去了最宝贵的东西——信任。许多人在面对这种矛盾时十分苦恼，不知如何是好。所以，千万不要随便允诺。

到什么山上唱什么歌

俗话说：秀才遇到兵，有理说不清。如果说话不分对象和场合，无异于对牛弹琴。

每个人由于其经历、所受教育、家庭、兴趣、性格等不同，由此带来其谈话的领域、内容、“兴奋点”的差异。这是社会的现实，也正是这种差异，才有了丰富多彩的社会。因此，在与不同性格、不同行业、不同熟悉程度的人交谈时，就要察言观色，选择语言，甚至转换话题，这也就是常说的“到什么山上唱什么歌”。例如，在学校谈论一下春游计划或者学习体会，在车站等公共场所聊一聊天气情况、新闻报道、体育赛事、文艺演出等。

俗话说：秀才遇到兵，有理说不清。如果说话不分对象和场合，无异于对牛弹琴。

美国最大的商业银行——美国银行创始人基安尼尼有个特长：用对方的语言谈生意。比如与墨西哥人打交道说西班牙语，而与中国人打交道则用汉语。正是因为他懂得“到什么山上唱什么歌”的道理，才获得了众人的信任，从而创造了银行界的奇迹。

在和人交流的时候，必须看对象、看场合，针对不同的人要采取不同的说话方式。否则，你再能言善辩，别人不知所云，不买你的账也是白搭。

在人际交往中，不但要注意说话内容，更要注意说话方式和场合。不同场合要求采取与之相应的语言形式，否则就达不到交际的目的。

小萧和他的部门经理刘哥非常合得来，不光在工作上珠联璧合，就是爱好也惊人地相似。比如他们都是巴西队的铁杆足球迷，喜欢听张学友的歌，晚上下班也经常一起去喝酒……为此两个人在一起的时间也就多一些。办公室本是多事之地，他们如哥们兄弟一样的亲密自然招致了别人的非议。

刘哥作为上司意识到了自己还是应该和下属保持一定的距离，不然太过亲近，就管不了自己的部下，于是就留心慢慢地疏远小萧。

可是小萧却没有意识到这点。一天，刘哥在自己的办公室里接待一位客户，小萧门都没敲就冲了进来，看见了客户点了点头就问：“嗨，老刘，今天晚上去看球赛怎么样？我好不容易搞到了两张票。”

刘哥的脸色立即很不自然，只说了一句：“你风风火火的像什么样子？这是在办公室。”不久，小萧被调到其他部门去了，离开了自己喜欢的工作岗位。

可见，与同事关系好也是要注意场合的。因此，一个受社会欢迎的人，应当说话看场合，见人择言。说话看场合，常见的有以下几种区分：

（1）熟人场合和生人场合。我国传统文化一向是重视内外有别的。对自己人可以无话不谈，言无不尽，可以说掏心窝子的话。而对于陌生人或者外人，总怀有戒心，“逢人只说三分话，未可全抛一片心”。

（2）正式场合与非正式场合。正式场合说话应严肃认真，言简意赅，不能语言放肆，更不能言语粗俗。非正式场合下，就可以自由发挥，自由交流。同时要注意自己的角色和身份，在什么位置就说什么话。

（3）庄重场合与轻松场合。在庄重的场合时，一定要注意措词，不可带有感情色彩。轻松场合下，就该以气氛为重，高兴就好，只要把握好度就行了。

（4）喜庆场合与悲痛场合。这两种场合说话一定要和气氛保持协调。喜庆的时候多说吉利喜庆的话，要多笑多说；悲痛的场合多说点安慰开导的话，表情要庄重严肃。

（5）多说的场合与少说的场合。如果对方很忙，时间仓促，就得简明扼要，长话短说。如果就是叙旧闲聊，不妨海阔天空、谈笑风生。

（6）注意他人的喜好忌讳。不同的地方有不同的风俗和忌讳，每个人都有个人的喜好厌恶，如果不注意这些，冒犯了别人，到时候后悔都来不及了。

一个广受欢迎的人，一个有着人生智慧的聪明人，应当看场合说话、看人说话，即所谓“到什么山上唱什么歌”。当然，每一句在适当时机、对适当对象所说的好话，都是靠日积月累的经验得来的。记得先学会少说话，说话前要三思，谨言慎行，这是把话说好的三个主要步骤。只有不断磨炼，说话的智慧才会高人一等。

细节更能温暖一颗心

不要放过任何细节。细节不但促成了事业的成功，更能温暖一颗心。

范德罗是20世纪世界四位最伟大的建筑师之一，当记者问及他成功的原因时，他回答说：“不管你的建筑设计方案如何独特宏伟，如果对细节的把握不到位，就不能称之为一件好作品。细节的精细生动可以成就伟大的作品，而细节的疏忽会毁坏一个绝佳的设计。”

对于细节的重要性，实在是无须多言。世上很多事物的成与败、优与劣、美与丑，皆是源于细节。例如，名牌衬衫之所以成为名牌，并不是因为其面料有多大差别，恰恰是因为少了几个线头、袖领对称、衬衣下摆多钉几颗纽扣等，这些细节吸引了消费者的目光。许多人的成功，也多出自自身修养的提高，一些微小细节可以改变他人对他的印象，进而促成了他的成功。

日本东京一家贸易公司的一位小姐专门负责为客人买车票。德国一家大公司的经理不久就发现了一个有趣的现象：每当他去大阪时，座位总在右边的窗口；返回东京时，又总是坐在左边的窗口。那位经理便问其中的缘由，小姐微笑着答道：“车去大阪时，富士山在您的右边；返回东京时，富士山就在您的左边。我想，外国人一定喜欢富士山的壮丽景色，所以我每次总是特意为您买下不同位置的车票。”这位德国经理十分感动，就把与这家公司的贸易额由400万马克一下子提高到 1200 万马克。德国经理说，就这样一件小事，这家公司的职员都能想得如此周到，跟他们做生意还有什么不放心的呢?

被日本企业界誉为经营之神的松下幸之助一再告诫人们：不要放过任何细节。细节不但促成了事业的成功，更能温暖一颗心。

意大利的琼·撒西，因自小家境贫寒，九岁时不得不退学，跟母亲在一所学校边上开设了一间文具店。因为店小得只有七八平方米，因此赚不了多少钱，只能简简单单地维持生活。可母亲却总是拿出一大瓶胶水，供学生们在买信封、贴邮票时使用。

在当时，这瓶胶水，琼和母亲得用一天的时间才能赚到。琼很不理解。母亲却说，极小的事，有时反而会让人感到温暖，只有让人感到温暖，才能做好生意；就是不做生意，能让人感到温暖，也是件好事。

不久，母亲又拿出一个转笔刀，供学生们使用。那时转笔刀刚刚问世，多数学生还买不起，就都到小店来削铅笔。几天时间，转笔刀就会坏掉。母亲就再拿出一个。

琼和母亲开的小店，利润微薄，却总能让人感到温暖和亲切。几年后，琼长到了 15 岁，觉得自己该干点什么了。意大利曾是个自行车较多的国家，琼便在自家的小店前修起了自行车。这是琼自己第一次创业。

琼准备了一些气门芯，供前来修车的人使用。别人修车，气门芯都是要花钱的，只有琼是白送，这很让人惊奇。学生们宁可多跑一两里路，也要来琼这里修车。

若干年后，琼开设了自己的私人快递业务。别人的快递公司，邮件包装都是要收取费用的。而在琼这里，简单的包装却是免费的。琼比任何快递公司都赚得少，但琼很快就赢得了人心。

琼在 39 岁时，又接手了一家汽车经销店。琼接手时，让员工们做好准备，先赔半年钱。谁都知道琼是最能赚钱的人，可他宣布的却是赔钱。琼的对外发布，更是让车市一片哗然：凡是来本店购车的，本店一律送内饰。琼是整个意大利第一个如此卖车的人，也是全世界首创卖车送内饰的人。不到半年，琼的店开始赚钱了。

琼在 50 岁时，创办了意大利最大的连锁超市。别的超市都是一分一厘地与顾客算计，琼的超市却是为顾客省下零钱。让几分钱，对于一个超市，乃属小事，但琼却赢得了人心。

“极小的事，温暖的心。”琼一生都是这么做的。看起来没有什么，平常得不足挂齿。但是错了，天下绝大部分的人，是万万做不到的。越是有钱人，骨子里越是斤斤计较。

就心理学而言，一个人，让人一分一厘一毫，实际上都是困难的，不习惯的。有的人之所以让人感到厌恶，在于他们缺少对别人的让利与关爱，在于他们道德的不够完善。而斤斤计较，不能让人，是他们最难以克服的人生缺陷。一个能终身让利的人，哪怕就是让小利的人，实际上也一定是一个胸怀博大、充满爱心的人。你去观察吧，事实一定是这样！

多给别人一点宽容

原谅别人，意味着自己对自己的利益的让步，意味着让别人占一点小便宜，意味着让别人有一个犯错误的机会。因此，原谅别人，并不容易。

在周源家做清洁的钟点工，是个女的，这是周源要求的；但长得不好看，这是周源太太要求的。每周一早上八点二十她准时到，大约十一点半结束收工。全家人对她非常信任，她一来，家人该干什么就干什么去，只留下她一个人在家里。周源不想给她压力，心想：让她呼吸自由空气，干活时心情舒畅了，干劲也就大了。

好几回，小女儿奇怪地问周源，她的软糖怎么少了几个，果冻怎么也少了……那些零食，是她的酷爱，所以这位读小学的大小姐会如数家珍地记住她的零食数量。每次，周源都没好脸色地应对：“谁会吃你的那些小孩子的东西？”孩子缺乏自信，被周源这么一反问，她也不好再深究。

有一天，周源买了一大袋水果回家，品种繁多，其中有鲜亮的苹果10个。为什么这次周源对数字这么明晰？因为第二天周源要给孩子们做一个魔术表演，必须用10个苹果做道具。周一，周源下班回家，正准备演练一下刚学会的魔术，发现苹果少了一个。周源第一个反应是，钟点工是嫌犯，然后冲进卧室，看看密码箱，没有被动过，心里的一块石头落地了。可是，仍然觉得不舒服。这怎么可以呢？自己把整个家都交给她，几乎所有抽屉都不上锁，平常零钱也散落在每一个角落……

周源急得恨不得马上找到她，但是也不好贸然直接问，就只好等家人回来商量。

晚上家人吃晚饭，周源轻描淡写地通报了这件事。太太事后诸葛亮起来："我就觉得她眼神特贼！"

周源反唇相讥："你不是说找个长相困难的可信吗？"看来，人不可貌相。

其实，周源待那个钟点工不薄，常有一些吃不完的用不了的东西礼貌地送给她，纸箱报纸之类的可以拿去废品收购站卖的杂物，更是全部由她处理，她真不该拿走那个苹果。但是现在，她全身都是疑点，恐怕跳进黄河也洗不清了！

终于盼到钟点工来了，周源一个人在家，非常温和小心地悄声问："大姐，你是不是上周拿走一个苹果？"周源有点儿心虚与不自在，想不到钟点工非常干脆地招认了："对不起，对不起！"

这时候，周源反而不知所措，赶紧善解人意与人为善地解围说："我们对你是很信任的，其实请你吃个苹果也没什么，但不说一声总不太好……"钟点工没有说什么，很快就转身开始忙碌地工作起来。

那天，周源有些担心她会因此在工作上闹点情绪，便特地提前下班回家。钟点工正准备收工，没什么异样，周源这才放心，并有意强调说："下周，你还是再来吧！"

这事到此得到圆满解决，大家都不尴尬。有同事劝周源赶紧把她辞了，周源很同情她，不忍心。之后，周源发现，她的清洁工作越做越好，甚至自作主张地帮周源女儿缝扣子。显然，她是带着一份歉疚的心更细致更卖力地做这份工作的，因为周源原谅了她，甚至没有斥责更没有辞掉她。

太信任一个人，有时会给对方一个错觉：可以适当乱来，从而放纵自己。但原谅一个人，则会让其自觉愧歉，从而心存感激，并更好地检点自己的言行。

其实，最高明的做法是原谅别人。如果别人能够内心愧疚，你会收获一份尊敬。如果别人不能察觉自己的错误，你也避免了被别人的错误所伤害，以致影响你生活的情绪。而且因为你对别人的原谅，不仅成就了你自己的雅量，更衬托了别人的粗鄙，这实在是一箭双雕的事，何乐而不为呢？

学会原谅，远离的不仅是烦恼，还将收获快乐。在原谅别人的过程中，你自己就已不知不觉地脱离了平庸与俗气，清静的心灵中就会涌出快乐的甘泉。

一天早上，一位年轻人走进格兰特的礼品店。他的脸色显得很阴沉，视线固定在一个精致的水晶乌龟上面。

“先生，请问您想买这件礼品吗？”格兰特亲切地问。

“这件礼品多少钱？”年轻人问了一句。

“50元。”格兰特回答道。

年轻人听格兰特说完后，伸手掏出50元钱甩在橱窗上。

格兰特很奇怪，自从礼品店开业以来，他还从没遇到过这样豪爽的买主呢。

“先生，您想将这个礼品送给谁呢？”格兰特试探地问了一句。

“送给我的新娘，我们明天就要结婚了。”年轻人依旧面色冰冷地回答着。

格兰特心里咯噔了一下：“什么，要送一只乌龟给自己的新娘，那岂不是给他们的婚姻安上了一颗定时炸弹？”

格兰特沉重地想了一会儿，对年轻人说：“先生，这件礼品一定要好好包装一下，才会给你的新娘带来惊喜。可是今天这里没有包装盒了，请你明天早晨再来取好吗？我一定会利用今天晚上为您赶制一个新的、漂亮的礼品盒……”

“谢谢你！”年轻人说完转身走了。

第二天清晨，年轻人早早地来到了礼品店，取走了格兰特为他赶制的精致的礼品盒。

年轻人匆匆地来到了结婚礼堂——新郎不是他而是另外一个人！年轻人快步跑到新娘跟前，双手将精致的礼品盒捧给新娘。而后，转身迅速地跑回了自己的家中，焦急地等待着新娘愤怒与责怪的电话。在等待中，他有些后悔自己不该这样去做。

傍晚，婚礼刚刚结束的新娘便给他打来了电话：“谢谢你，谢谢你送我这样好的礼物，谢谢你终于能原谅我了……”电话的另一边，新娘高兴而感激地说着。

年轻人万分疑惑，便挂断了电话，迅速地跑到格兰特的礼品店。一推开门，他惊奇地发现，在礼品店的橱窗里依旧静静地躺着那只精致的水晶乌龟！

一切都已经明白了，年轻人静静地望着眼前的格兰特。而格兰特依旧静静地坐在柜台后边，冲着年轻人轻轻地微笑了一下。年轻人冰冷的面孔终于在这一瞬间变成一种感激与尊敬：“谢谢你，谢谢你，让我又找回了我自己。”

原谅是一种风格，宽容是一种风度，宽恕是一种风范。格兰特只是将水晶乌龟这样一件定时炸弹似的礼品换成了一对代表幸福和快乐的鸳鸯，竟在这短短的时间内最大限度地改变了一个人冰冷的内心世界。给人一点宽恕，它将带给一个人重新获取新生的勇气，去直面他人生中的另一个幸福时刻。心地善良、宽容体谅往往会有一种意想不到的力量。

其实很多道理，存在于人的心里。只要静下来，细细品味，便会觉察；如果对每件事都耿耿于怀，那么短暂的人生也就没什么意义了。抓住人生的每一秒，学会原谅，让别人快乐，才能让自己快乐！

从最低处开始

海的位置最低，所以才能容纳百川、包罗万象。人不妨放低自己，脚踏实地，才能站稳脚跟，然后再一步步登攀。想要达到最高处，必须从最低处开始。

一位留美的计算机博士，毕业后在美国找工作，结果好多家公司都不录用他。思前想后，他决定收起所有证明，以一种“最低身份”再去求职。

不久，他被一家公司录用为程序输入员，这对他来说简直是“高射炮打蚊子——大材小用”，但他仍干得一丝不苟，非常认真。不久，老板发现他能看出程序中的错误，能力远远超出一般的程序输入员，就和他聊了一次，准备提升他。这时，他亮出学士证。老板马上给他换了个与大学毕业生对口的工作。

过了一段时间，老板发现他时常能提出许多独到的、有价值的建议，很有眼光，远比一般的大学生要高明。这时，他又拿出了硕士学位证。老板很高兴，又提升了他，任命他为部门主管。

再过一段时间，老板觉得他还是与别人不一样，能力非常突出，就找他谈心。经过长时间的交流，他拿出了博士学位证。这个时候，老板对他的水平有了全面认识，于是毫不犹豫地重用了他，让他当了副总。

以退为进，由低到高，这是自我表现的一种艺术。由此可以知道，从最低处开始，不但不是一件坏事，还有事半功倍之奇效。

一个人放低姿态，并没有失去什么，反而能收获更多。

一个国王和他的朝臣们在一次冬季的狩猎中迷了路，走到了一个人烟罕至的地方。当夜晚来临之际，他们好不容易才发现一处农人的房子。于是国王说：“我们在这儿过夜吧。”

但是有位朝臣却极力反对，他认为尊贵的国王到农人家避难有失尊严，还是自己搭帐篷较为妥当。

农人知道了这种情形，就说："国王的尊贵不会降低，只是朝臣不希望农人的尊贵提高。"

国王听了这句话觉得很有道理，就走进农人的房子过夜，并在第二天早晨赐给他一些礼物。

离别前，农人陪着国王散步，恳切地说："接受了农人，国王的权力和伟大没有损失，但是当您这样一位国王遮住农人的头时，农人的帽沿却无法延伸到阳光下。"

一个大人物能够谦恭地礼贤下士，对所有的人一视同仁，不仅不会失去尊严，反而更显得坦荡和伟大。

是的，不妨放低自己，脚踏实地，站稳脚跟，然后再一步步登攀。正如一位哲人所言，想要达到最高处，必须从最低处开始。

第二节　多给自己松松绑

给郁闷一个自然出口

郁闷是不良情绪积压造成的，不仅伤心，而且伤身，我们应该给郁闷一个自然的出口。

郁闷不是件好事情，它会搅乱我们的生活，损害我们的健康。当你郁闷时，请千万不要闷着忍受，要给郁闷一个自然的出口，让其如洪水一样泄去。

要让郁闷自然排解，我们就要学会跟着自己的感觉走。跟着自己的感觉走，就是该笑的时候笑，该哭的时候哭，该发泄时就发泄。科学研究证明：适当发泄对身体有好处。所以，在心情不好的时候，你可以尽情地发泄出来，发泄之后你会好受得多，而且有利于身体健康。

在生活中，不会发泄的人总是会有麻烦。比如，某个人的家人和朋友都知道他是易怒的人，因此他们都尽量不惹火他。万一他有什么不顺心，大家便有意无意地避开他。在他供职的公司，他一般还是会忍耐一些，不过，如果那些他本身就很讨厌的人惹到他，那他决不会善罢甘休。他很可能非常生气地骂几句莫名其妙的话，但也可能把矛头指向对方，连讥讽带谩骂。这种情况下，要是对方是个耐性稍差的人，他们就只好硬碰硬相互指责、争吵，甚至干脆以拳头解决问题。

那么问题在哪里呢？其实，问题就在于他无法控制自己的情绪。于是，同事们都害怕接近他，甚至连上司都不愿招惹他。情况严重时，他还可能因打人而被告到法庭上，而且可能经常受伤，却没人同情。在这种情况下，他其实应该好好考虑适当发泄一下他的情绪了。

古时候，有一个叫爱地巴的人，每当和人争执的时候，就会以最快的速度跑回家去，绕着自己的房子和土地跑三圈，然后坐在田地边喘气。爱地巴工作非常勤劳、努力，土地也越来越广，但是，不论房地有多大，只要与人争论郁闷时，他还是会绕着房子和土地跑三圈。爱地巴为什么每次郁闷时都绕着房子和土地跑三圈？认识他的人心里都会这样的疑惑，但不管怎么问他，爱地巴也不愿意说明。

爱地巴很老了，他的房子和土地也越来越大，每当郁闷时，他还是会拄着拐杖艰难地绕着土地和房子走，等他好不容易走完三圈，太阳都下山了。爱地巴独自坐在田地边喘气，他的孙子在身边恳求他："爷爷，你年纪已大，不能再像从前，一郁闷就绕着土地跑啊！您可不可以告诉我这个秘密，为什么您一郁闷就要绕着房子和土地跑上三圈呢？"

爱地巴禁不起孙子的一再恳求，终于说出隐藏在心中多年的秘密。他说道："在我年轻时，每次和别人吵架、争论，就会绕着房子和土地跑三圈，边跑边想，我的房子这么小，土地这么少，我根本没有时间、也没有资格去跟人家郁闷。一想到这里，我就舒服多了。就这样，我把所有的时间用来努力工作，才有了今天这样大的房子和土地。"

孙子又问："爷爷，我不明白，现在您年纪大了，又变成了附近最富有的人，为何还要绕着房子和土地跑呢？"爱地巴笑着说："因为我现在还是会郁闷啊，郁闷时绕着房子和土地走三圈，边走边想，我的房子这么大，土地这么多，我又何必跟人计较？一想到这里，我心里又舒服了。"

虽然爱地巴发泄的方式很奇怪，但无疑很有效果，所以，每个人都应该按照自己的个性，选择一种最适当而又有效的发泄方法，并将它养成习惯，那么当郁闷来临时，就不难立刻将它消失于无形了。

但无论碰到什么问题，首先要做的是先理智地分析一下情况，心平气和地把意见不和的地方拿出来同大家讨论。那种既伤人又伤己的发泄无助于解决分歧，反而会遗留下许多令你头痛的难题，所以应尽量避免。如果是在公司遇到的问题，可以向理解你、愿意听你倾诉的人寻求帮助，让他们为你拿主意。与同事产生了矛盾和摩擦，可以找第三者来调停。这样更容易让你察觉并改正自己个性上的弱点，以后就不会再出现这些问题了。

给郁闷一个自然出口，就是要学会适当发泄。适当发泄应取决于你的具体情况。比如，你是个很冲动的人，那就不妨在家里悬挂一个沙包，以方便自己的发泄。适当发泄的目的在于让郁闷自然地排解，所以我们首先要明确发泄是否有利于达到目的，然后判断发泄是不是达到目的的最好方法，最后还要决定采取什么样的应对方式，这样才能恰到好处地让自己得以发泄，又不至于让这种不佳情绪因过度表现而影响了人际关系。

当然，为了尽量减少产生不佳情绪的可能性，我们要学会体谅，学会宽以待人，学会恬静，但有时候，认认真真地发泄一次也是极有必要的。毕竟谁也不希望让郁闷破坏了自己的生活和工作，甚至是健康。

尖叫也是一种发泄

由于人们工作和生活的节奏快，与人沟通少，难免造成压力过大，心情不佳。研究表明，通过尖叫的方式，不仅可以把自己心中的压力发泄出来，而且对健康也有一定的帮助。

很多人，把尖叫视为一种疯狂的行为，特别是女士那超高的分贝会让人心惊胆战。其实，只要不影响到他人，大声尖叫并非是一无是处，比如说，它能缓解人的精神压力，给人一个释放的空间。

许多心理治疗师认为：一切形态的不快乐与健康不良都起源于情绪得不到表达。他们主张，只要感受到情绪就要表达出来，完全抒发，不要迟疑。这样，人会变得心平气和，不受任何“包袱”拖累。你可曾留意，好好哭一场、捧腹大笑一阵，或者跟朋友或家人进行一席澄清猜疑、化解张力的谈话之后，你会感到多么舒坦！

在你心情不好的时候，尖叫也是一种发泄。你需要做的就是打开所有使你能抒发各种情绪的管道：你的心智、你的呼吸、你的声音。此事看起来复杂，其实很简单。你只要尖叫就行，或者吼叫也行。

海伦是一个普通的白领。已经午夜2点了，她却无法入睡，几小时前和老公争吵的一切依然清晰地浮在眼前，老公那带有人身攻击性的言语深深刺伤了她。共同经营了20年的感情破碎于一场暴风骤雨的争吵之后，老公毅然提出离婚，海伦感到委屈、恐惧和不安。

凌晨5点，海伦坐上第一班大巴赶去上班，长途奔波，疲惫袭面而来，昏昏入睡。仓促间下车，手提袋就狠狠地撞了下车门，这下子，移动硬盘被撞坏了，熬夜赶出的策划也无法在公司讨论会上展示。因为无法展示部门的成绩，部门经理与海伦吵了起来。海伦内心充满了无限的委屈与无奈，一瞬间对生活失去了信心。

其实，如果你就是海伦的话，不妨拎个软软的枕头，走进一个你能独处几分钟的房间。先做个很深很深的呼吸，用枕头盖住了脸，然后尽你所能大声尖叫或高吼。再深呼吸，然后再用枕头盖住脸尖叫。如此一而再，再而三。一直到你觉得自己所有情绪都已透过肺呼吸、声带的声音释放出去时，才停止。

你可以尽可能想出生活中，甚至世界上，你反对的一切事物，然后对着枕头大叫“不对！”如果你觉得疲惫、沮丧和懊恼，就大喊“我厌透了疲倦、沮丧和懊恼！”如果你感觉到幸福快乐，就喊“呀噢！”想出你生气的每个人，大叫“气死人了！”想出你爱的所有人、所有事物，大叫“好！”或“我爱你！”

如果你感到胃中灼热或背上疼痛，喊出来；如果你感到颈部僵硬或胸腔紧收，喊出来。直到你身体里最后一个细胞说：“我喊完了，再无怨言了。”这时候，静静安坐片刻，你将感受到解脱压抑情绪的滋味。在日常生活中，要抒发你的情绪，就要培养这种解脱感，这就是发泄之道。

所以说，尖叫也是一种情绪的释放，是发泄的一种方式。而它对准的目标人群是现代都市里的工作一族，这些人有着太多的压力，比如就业的压力、住房的压力、生存的压力，各式各样的压力，让他们喘不过气来，于是他们的情绪也变得不太稳定，不良情绪经常使他们无法正常有效地工作和生活。也许，你就是他们中的一员，这些情况也在你身上发生着，那么你选择了尖叫作为你的发泄方式了吗？

大哭一场解千愁

哭作为一种常见的情绪反应，对人的心理恰恰起着一种有效的保护作用。哭会使心中的压抑与委屈得到不同程度的缓解和发泄，从而减轻精神上的负担，对健康有积极的作用。

人有很多减压的方式，比如打哈欠是睡前紧张情绪的释放，叹气是人主动地缓解压力。人在不开心时，常得到的劝慰大多是笑一笑，很少有人会劝其哭一哭。哭在人们的脑海中被定格为一种对身体有害的情绪反应，往往被人们视之与不好的事情联系在一起。其实，哭也是一种很好的解压方式，有助于个体达到暂时的平衡。

从医学角度来看，眼泪是泪腺分泌出来的一种液体，泪腺位于眼球的外上方。一般人平均每分钟眨眼 13 次左右，这是人的一种自我保护方式。每眨一次眼，眼睑便从泪腺带出一些泪水来，泪水不仅可以湿润眼球，与污染物混合后，还能从眼角把污物清除掉。

美国圣保罗·雷姆塞医学中心精神病实验室专家对眼泪做过相关的研究，他们发现，眼泪可以缓解人的压抑感。他们通过对眼泪进行化学分析发现，泪水中含有两种重要的化学物质，即亮氨酸与脑啡肽复合物及催乳素。有趣的是，这两种化学物质仅存在于受情绪影响而流出的眼泪中，在受洋葱等刺激流出的眼泪中则测不到这两种化学物质。

研究人员认为人体排出眼泪，可以把体内积蓄的导致忧郁的化学物质清除掉，从而减轻心理压力，保持心绪舒坦轻松。这个实验室的研究人员曾对 200 多名男女进行过为期一个月的“哭泣试验”，结果有 85% 的女性和 73% 的男性说他们在大哭一场以后心里舒坦了许多，压抑感测定平均减轻 40% 左右。

哭是人们情感的流露，哭往往是由于内心感到委屈或精神受到了重大刺激。面对外界环境的压力，人总是会先选择用积极的手段去消灭它，但是人的忍受力是有限度的，有时候也需要寻找一些途径来发泄。该哭不哭，一味地忍，闷在心里时间久了，心中的压抑就会越积越重，精神负担也就越来越大，进而出现精神萎靡、情绪低落，叹息不止，导致失眠，影响食欲，出现悲观厌世甚至轻生的念头，抑郁症往往就是这样造成的。

实际上，哭是人类常用来排泄悲伤和苦恼最自然的方法。在悲伤时人们经常会哭，妇女和儿童更是如此。所以说哭不是坏事情，哭有助于缓解悲伤、苦恼等情绪状态而引起的心理反应。

婴儿用哭泣来促进肺的成长，女人也因为比男人更擅哭泣而较男人长寿。哭泣是造物者赐予我们的天生本领，自有它的奥妙所在。但长期以来，根深蒂固的观念都一直教导我们，哭泣是软弱的表现，尤其对男人更是如此。这样的枷锁，让我们压抑了哭泣的本能。当我们任凭痛苦和悲伤啃噬身体的同时，也同时拒绝了一种健康的宣泄模式。

很久以前，有一名身负重伤的士兵从战场上归来后发现，迎接他的比战场还要残酷，家园被毁，爱人也背叛了他。他想哭，但是想起自己是男人，于是硬把眼泪忍了回去。大家都竖起了大拇指：男儿有泪不轻弹，你是个真正的英雄。

一天，国王要为女儿举行一次比武招亲大赛，许多人踊跃参加，这位战士也报名参加了。在比武中，他击败了所有敌手，取得了第一名的好成绩。为此，他又负了伤，但他咬紧牙关没有哭，一滴眼泪都没流。

他被带到公主面前时，身上还在流血。他满以为公主会把他当成首选，想不到公主却直接排除了他，公主说："我怎么可能选一个不会哭的人做我的夫婿呢？"士兵答道："哭是弱者的行为，真的勇士是从来不哭的。"

公主说："你错了，只有坚强的人懂得哭，哭维护了他心灵中至纯至美的地方。你不会哭，并不说明你坚强和快乐，恰恰相反，它说明你已经衰老和麻木。会哭的人还有希望与爱，而不会哭的人却没有。连哭的勇气都没有，说明你还不是一个真正的勇士，而是一个懦夫。不会为自己哭的人，也不会为别人哭；不会为痛苦哭的人，也不会为幸福哭。而一个不会哭的人，跟冷血动物还有什么区别呢？"

所以，男人应该摒弃那种"男儿有泪不轻弹"的观念。很多时候，为了回避在他们看来是非常荒谬的眼泪，他们便用快速行动来表达情感：构思新东西、打架、喝酒或逃避。人应该生活在一个快乐的社会中，眼泪能够让男人发泄，减少暴力冲动欲望，因此，男人想哭的时候，就要哭个痛快。每一个男人都应该记住：哭并不是女人的专利。

哭是一种最好的发泄方式。哭能排除人情绪紧张时所产生的化学物质，从而把身体恢复到放松的状态，缓和紧张的情绪。在该哭的时候就要哭，这样才能得到快乐和幸福。人在极度痛苦或过于悲痛时，痛哭一场，往往能产生积极的心理效应，可以防止痛苦越陷越深而不能自拔。

总之，人在情绪很不佳时不哭是有害于健康的，很多时候哭比笑好，哭是有益健康的。无论何种情感变化引起的哭都是机体自然反应的过程，不必克制，尤其是当你心情抑郁时，大声地哭出来，你就会获得一份好心情。既然哭是有益的，那么，让我们"大哭一场解千愁"吧！

千万不要堆积情绪

坏情绪就像毒素，累积得越多毒性就越大，也许一开始它还毒不死一只“蚂蚁”，可是到后来，你会惊恐地发现它能轻而易举地毒死一头“大象”。所以，请尽早地解决这些坏情绪，不要让它们堆积成山。

你常有这样的感受吗？只要遇到一件倒霉事，一系列的倒霉事都会接踵而至。你一整天的心情都被搞得乱七八糟。而管理情绪的诀窍在于不要让坏情绪堆积起来。

我们先来看看雷纳德一天的遭遇：

早晨。下着小雨。雷纳德最讨厌下雨了，刚上了油的皮鞋会沾水，裤腿也会带上泥；穿西裤吧，刚买的名牌，舍不得在雨中穿；穿休闲裤吧，白色的很快就变脏。像这种毛毛雨又懒得打伞，坐出租车都要排队。接女朋友也不方便，要是晚去一会儿，塞丽娜就会噘着嘴巴气跑了，然后几天不理他。雷纳德躲在被窝里烦躁了一会儿，一看表，快迟到了，雷纳德一阵心慌。

上班途中。公车站牌下雨伞林立，伞下一张张脸翘首以待。雷纳德看看自己的名牌西服，决定坐出租车。好不容易一辆空车过来，立刻有人蜂拥而上，根本就挤不上去。如此三番，雷纳德还没坐上，心里只恨自己没有车。终于等到机会，找到一辆车，但上车刚一落座，一股凉意沁入屁股，扭身一看：“天哪，你这车上怎么有水啊！”

司机回头说：“下雨天能不有水吗？”

“那也不能有这么多啊！”

“噢，可能是刚才的乘客把伞放在车座上了吧。”

雷纳德憋了一肚子火，没好气地说：“早知道还不如坐公车，白白糟蹋了我的新西裤。”

“要怪只能怪这鬼天气。”

“坐你的车就怪你！”雷纳德拿纸巾去蘸屁股上的水，湿漉漉的纸巾立刻粉身碎骨，雷纳德甩着手，碎纸屑却粘着手不肯掉。他嘴里嘟囔着：“真倒霉！”

司机回他说：“别人放在车座上，我哪看得见！”

……

就这样，雷纳德和司机打了一路的嘴巴官司，窝了一肚子火，车一到站赶紧买单下车。走到办公室才发现，司机竟没找零！坐了一屁股水，还白送司机 10 块钱。雷纳德气得不行！

办公室。刚进办公室，同事就通知雷纳德，策划方案没通过，退回修改。那份策划可是雷纳德熬夜后的心血，全企划室，也只有雷纳德能拿得出这种像样的方案来，再修改，说得轻巧！坚决不改！雷纳德心里又委屈又气愤，决定搁到一边等经理来找他。可是等了一天，经理也没来。

下班。雨依然淅淅沥沥，天依然阴着，雷纳德依然打不起精神来。突然间，他想起下午忘了给塞丽娜打电话，他们约好了下午打电话决定晚上到哪里吃饭的。一看表，糟了，6 点了，雷纳德赶紧打电话过去，但办公室没人听，估计塞丽娜早下班了。打她手机，半天才接，手机里传来塞丽娜尖利的声音："你怎么回事啊！现在才睡醒吗？我已经跟别人约了！"啪的一声，塞丽娜就挂了电话。都怪这鬼天气！雷纳德半天没回过神来。

瞧，坏情绪就是这样堆积起来的。当我们遇到一件倒霉事，坏心情就开始进入我们内心，如果没有及时地解决，又带着坏心情去处理其他的事情，自然会起连锁反应。心理学家研究表明，当一个人处于坏情绪之中时，下丘脑就会分泌出一种叫"多巴胺"的物质，这位"多先生"会让你的情绪越来越糟糕；而当一个人高兴的时候，下丘脑就会分泌出一种叫"去甲肾上腺素"的物质，而这位"去先生"会让你的心情越来越舒畅。

所以，心理学家建议，当坏情绪刚刚冒头时，就立刻把它消灭掉，千万不要让坏情绪堆积起来，不要让你的心情在"多先生"的感染中越来越糟。这样的处理方法就好像一路走一路丢掉身上的包袱，你会越走越轻松。

现在，让我们全面解析雷纳德的情绪，运用心理学家简易的方法帮他逐个丢掉身上的包袱。你会发现，是要"多先生"还是"去先生"，关键看自己的选择。

早晨。谁说阴雨天会带来坏心情？雷纳德已经有了一个思维定式：一下雨就会有坏心情。按照这样的路线走下去，心情能好得起来么？这种行为在心理学上叫"自我暗示"。雷纳德不断地暗示自己，只要下雨，自己就会倒霉。好像失眠的人总说自己会失眠一样，所以总是失眠。雷纳德可以去做一个调查：还有很多人特别喜欢下雨呢！下雨，可以听着雨打玻璃的声音安然入睡；下雨可以滤掉马路上的灰尘、噪音，让空气清新起来；下雨，可以给女朋友送伞讨好她，还可以和她共撑一把伞，在雨中漫步，然后趁机搂住她的肩……所以，换个角度看问题，阴雨天也会有晴朗的心情。

上班途中。不就是坐了一屁股水嘛，庆幸的是没坐一个烟头、一滩油。要有同事问你屁股上是什么东西，你正好幽他一默："我返老还童了。"倘若是女同事，还指不定怎么乐呢？能博红颜一笑，不亦乐乎？

办公室。别人都做不出来的策划案，唯独你能做出来，这不正好证明你比别人强？重要的方案不可能一次通过，退回来修改很正常，再说又不是让你重新做一份。积极的做法是，站起来，主动去敲经理的门，问问清楚，究竟是哪些地方欠缺，怎样修改。主动和上司沟通，会让你心情舒畅、信心十足。

下班。整个一天的坏情绪已经一一被化解了，那就不会忘记和女朋友的约会；即使忘记了也不要紧，打一个电话过去，潇洒地告诉她："我马上过去买单！"不把她乐死才怪！

所以，只要按这种逐个击破的方法，那么我们的坏情绪并非是不可化解的。这种方法的关键在于你要在坏情绪刚出现苗头时就将它们扼杀在摇篮里，不要等它们暗暗堆积起来，最后形成一股巨大的力量一起向你攻来，到时，即便你想反抗，也为之晚也！

多给自己松松绑

生活中，我们应该多给自己松松绑，做到有张有弛。学会生活，这是一门科学，也是一门艺术。

世界上最恐怖的监狱并没有围墙和铁窗，这种监狱就是我们自己的心为自己所造的心灵监狱。我们经常看到走在路上的行人，神色匆忙，眉宇间带着生活的种种烦恼。难道生活真的让人如此痛苦吗？让我们给自己松松绑吧！除了自己释放自己，为自己找一个出口，还有谁能让你从心灵里真正地恢复自由呢？

很久以前，某国在农村抓到窃贼时，拘禁的方法非常简单。他们抓到一个窃贼便在地上画一个圈让他待在里边，抓到一定的数量便把他们一个个从圆圈里拉出来排队押走。中国有一个成语叫“画地为牢”，它的意思与这一方法何其相似。所以我们才说，世界上最恐怖的监狱并没有铁窗和围墙。

人类的智慧可以在不自由中寻找自由，也可以在自由中设置不自由。对有的人来说，心里的不良情绪就是一座监狱，各种情绪都成了层层铁窗，被关在里面的人天天为之郁闷忿恨。这些不良情绪，如果没有得到及时地释放，会让人始终无法解脱，有时甚至会导致严重的后果。

29岁的外企销售经理小张从小学习就很出色，顺利从大学毕业后，进入某外企工作，从普通的业务员做到销售经理，收入很高。但是她却一直感觉心里很压抑，心烦意乱，甚至觉得生活没有乐趣。因为长久以来，工作繁忙的她一直忽略了与男朋友的交流和相处，后来男朋友提出了分手，她非常痛苦，并且一直没有开始新的感情，一旦闲下来，她就会感到孤独和寂寞。而且，除了工作时，小张很少与人交往，心里的压抑和烦恼一直都得不到发泄和排遣。所以，小张的生活似乎有着截然相反的两面，在外人眼里她一直都很出色，生活也很幸福，而只有她自己才知道她心里有那么多的烦恼，她感觉自己快要崩溃了，后来再也无法忍受的小张竟然在家中打开天然气阀门自杀了。

其实，小张身上到底发生了什么大不了的事，让她非得走上那条绝路呢？看得出来并没有发生什么大不了的事。她的工作很好，人也很出色，本来应该过着很幸福的生活，但却仅仅由于长期以来郁积在心里的情绪得不到宣泄，而走上了那条不归路。如果她能及时地发现自己的心理问题，重视心理健康，不时给自己松松绑，将心中的各种不快发泄出去，那么也就不会发生这样的悲剧了。

所以，郁闷的人呀，请舒一舒眉，为自己松松绑吧。除了你自己，没有人能让你恢复自由。

一位医生在给一位老板进行诊疗时，劝他多多休息。这位老板非常愤怒地抗议道：“医生，你不知道我有多辛苦！我每天承担大量的工作，没有一个人可以分担一丁点儿的业务。医生，您知道吗？我每天都得提一个沉重的手提包回家，里面装的是满满的需要处理的文件呀！如果我能休息，就不会那么辛苦了！”

“那么，为什么晚上还要批文件呢？”医生非常讶异地问道。

“那些都是必须处理的急件。”老板无奈地回答。

“难道别人不可以帮助你吗？你不是有助手吗？”医生问。

“当然不可以！只有我自己才能正确地批示呀！而且我还必须尽快处理完，否则公司就无法运营下去了。”

“这样吧！现在我开一个处方给你，你不妨照着做。”医生有所决定地说道。

这位病人听完医生的话，读了读处方——每星期空出半天的时间到墓地一次；每天散步两小时。病人非常惊异地问道：“为什么要我去墓地呢？”

医生不慌不忙地回答道：“因为我希望你可以四处走一走，看一看那些与世长辞的人的墓碑。你不妨认真思考一下，他们生前也与你一样，认为全世界的事都得扛在双肩，可现在他们全都永眠于黄土之中，总有一天你也会加入他们的行列，但是整个地球依然会不停转动着，在世的人们仍会如你一般继续工作。我建议你站在墓碑前好好地想一想这些摆在眼前的事实。”

医生这番苦口婆心的劝说终于敲醒了老板，他依照医生的指示，转移一部分职责，放慢生活的步调，他知道生活的艺术不在于急躁和焦虑，他的心已经得到平和，嘴里也不再抱怨辛苦了，可以说他比以前活得更好了，当然事业也是蒸蒸日上。

这位商人能够一改过去辛劳而紧张的生活，重新开始新的人生，全在于他及时地醒悟，开始为自己松绑。其实，即便我们身处绝境，只要我们有为自己松绑的意识，就会找到新的天地。

茨威格在《象棋的故事》里写一个被囚禁的人无所事事度日如年，而获得一本棋谱后日子过得飞快。靠着那本棋谱，囚犯轻松愉快地把他的牢狱之灾化解掉了。他把“恐怖”的监狱当成自己发展的另一美好天地，痴迷于对棋艺的研究，通过这种方法他为自己减了刑松了绑。

生活中真正进监狱的人毕竟不多，但有的人却像真正的囚徒一样把自己关在心造的监狱里，不肯自我松绑、自我减刑。我们应积极努力地去寻找自己心灵的“棋谱”，如果你能找到它，学会为自己松绑，那么，你的人生将会是出色和潇洒的。

脾气可以被转移

发脾气大多是不必要的，这就给了你转移脾气的可能性。懂得转移脾气的人，才是真正懂得控制自己的人。

古时候，人们利用脚力极佳的骡子来驮运笨重的货物。骡子的体力虽然很好，但却有一个令人烦恼的缺点，那就是骡子的脾气非常不好。

如果一头骡子使了性子，它的四只脚便会像上了钉子一样，固定在地面，一动也不动；无论主人怎样使劲鞭打，骡子就是不动，一步也不会向前走。

一天，一位老和尚和小和尚在运东西的途中就遇到了这样的情况。小和尚面对着不肯迈步的骡子，又急又气，于是就举起了鞭子准备打它。

老和尚赶忙制止了他："慢！慢！每当骡子闹脾气时，有经验的主人，不会拿鞭子打它，那样只会让情况更加严重。"

小和尚忙问："那该怎么办呢？"

老和尚指指脑袋说："你可以运用智慧。"说着，老和尚很快地从地上抓起一把泥土，塞进骡子的嘴巴里。

小和尚好奇地问："难道骡子吃了泥土，就会乖乖地继续往前走了？"

老和尚摇头道："当然不是，骡子不吃土，它会很快地去吐嘴里的泥沙；此时，主人只要驱赶它一下，它就会往前走了。"

小和尚诧异地问："怎么会这样呢？"

老和尚微笑着解释道："原因很简单，只要骡子忙着处理口中的泥土，便会忘了自己刚刚生气的原因。这种塞泥土的做法，就是一种转移法。这个方法不仅在骡子身上有效，同样在人发脾气的时候也有效。"

是啊，我们人有时候会像故事中的骡子一样不时地发些莫名其妙的脾气。我们发了脾气后自己痛快了，但往往伤害了别人，然后自己又因这种伤害而感到内疚，所以发脾气只会造成对自己和他人的伤害。要避免这种伤害，就要及时地"转移脾气"。

美国名人之一毕林斯先生，曾任全美煤气公司总经理达30年之久。他在任总经理期间，给人留下最深刻的印象，就是他对于许多小事常常会大发脾气，对于那些重大事情却反而镇静异常。

有一次，他乘车回家，下车时，把一盒雪茄遗落在车里了，不久他记起来，于是立刻返身去找，但雪茄早已不见了。这包雪茄的价值，不过是5美分，对他而言真可算是微乎其微的损失。但他竟因此而气得面红耳赤、暴跳如雷，以致旁观者都以为他失去的是一件什么价值珍贵的宝物。

在全世界闹经济恐慌的那段时期，毕林斯先生有好几天因为卧病在床，没有去公司办公。就在这几天里，有一家银行倒闭了，他凑巧在这家银行里有几万美元的存款，结果竟然成了“呆账”。等到他病愈后，听到这个消息，却只伸手搔了搔头发，然后沉思了一会儿，便说：“算了，算了。”这次的损失可以说是上次掉盒雪茄的10万倍，但毕林斯却反而镇定得若无其事，这全靠他平时就将脾气发泄到了小事上，所以遇大事时就能更冷静。

实际上，遇到一些感觉不快的小事时，你可以尽情地发脾气，直到你的心境完全恢复平静为止。因为这样可以使你永远保持开朗镇定的情绪，使你一旦遇到大事，就可以用全副精神从容地应付。否则，不论事情大小，遇到怒气便积在心里，等到面临更大的打击时，你堆积了很久的怒气便会如气球一样爆裂，这种爆裂将会冲破了理智约束，使你变得毫无自制能力。

除了将脾气转移到小事上，你当然还可以将脾气转移到其他方面，有时甚至可以转化成好心情。

温德尔密太太正在教她5岁的儿子奥斯卡使用剪草机，母子俩剪得正高兴时，家里的电话铃响了，母亲进去接电话。不一会儿，温德尔密太太出来后看到一幕惨剧：奥斯卡把剪草机推向她最心爱的郁金香花园，不一会儿，已经有两米长的花圃被剪掉了。

温德尔密太太看到这一切，青了脸。眼看她的巴掌已经高高地举起……忽然，温德尔密太太的丈夫沃尔德出来了，他看见满地狼藉的花圃，马上明白发生了什么事。沃尔德小声、温柔地对太太笑道：“亲爱的，我们现在最大的幸福是养孩子，不是在养郁金香，你说对吗？”两秒钟后，他们交换了一个微笑，看着活泼的儿子，心里感觉很幸福。

事实上，转移怒火只是轻而易举的事，可以轻轻松松地做到，只要你有这样的积极态度，再加上你对生活的细心体验，你就不难发现转移怒火的方法，并将它轻松地付诸实践。

给自己备个情绪“垃圾桶”

人人都应该有自己的“情绪垃圾桶”，我们可以把所有的不开心、坏心情和烦恼、哀愁统统都扔进去，从此这些精神垃圾就与我们绝缘。广告说得好：排除毒素，一身轻松！

你可曾为平时不屑一顾的小事而痛哭流涕，或是毫无理由地想朝某人大发雷霆？如果答案是肯定的话，那么你很可能正处于情绪低潮期和彻底的坏情绪中。当然，很多人都有如你一样的经历。加利福尼亚大学的一项调查表明，日常生活中，人们有 3/10 的时间会脾气古怪、爱发牢骚、易怒，却不知道原因何在。

其实，虽然表面上看来你的恶劣情绪似乎属于没有根由的突发事件，但实际上坏心情差不多总是归因于一些烦心事儿，比如跟配偶吵架或是跟升职失之交臂等。紧张时刻，甚至突然响起的刺耳的电话铃声或是隔壁孩子的吵闹声都可能让你烦躁不安。

关注健康的人都知道，心情不快却闷在心里不说会闷出病来，所以当你情绪糟糕时，你要找一个合适的“情绪垃圾桶”，并且要学会很好地利用它。这种“情绪垃圾桶”可以是人，也可以是事，还可以是物。当然，我们的首选仍然是人。

一般来说，人有了苦闷后，心里就会产生一种非常想向人倾诉的需要，这种“情绪垃圾桶”就是要满足人的这种需要。那么，首先你可以向朋友倾诉，如果能把心中的苦楚和盘倒给知心人，或者能安慰你的人，甚至能为你出谋划策的人，你的心胸自然会像打开了一扇门一样明朗。除此之外，你还可以向亲人倾诉，把心中的委屈和不快倾诉给他们，也会使心境立即由阴转晴。

另外，你还可以试着把坏情绪用一件简单的事来替换掉。一旦你心情很坏，你就可以立刻去做那件事。慢慢地，你会收到意想不到的效果。

有一个男孩有着很坏的脾气，于是他的父亲就给了他一袋钉子，并且告诉他，每当他发脾气的时候就钉一根钉子在后院的木桩上。第一天，这个男孩钉下了 29 根钉子。慢慢地，他每天钉下的数量减少了。他发现控制自己的脾气要比钉下那些钉子来得容易些。

终于有一天这个男孩再也不会乱发脾气了，他告诉他的父亲这件事，父亲告诉他，现在开始每当他能控制自己的脾气的时候，就拔出一根钉子。一天天地过去了，最后男孩告诉他的父亲，他终于把所有钉子都拔出来了。父亲握着他的手高兴地说："你做得很好，我的好孩子。你终于克服了自己的坏脾气。"

但是，找到了我们各自的"情绪垃圾桶"还只是第一步，不要以为一切就已万事大吉了。如果你的"情绪垃圾桶"是你身边的人的话，那你还要学会如何正确地使用它。

大家都明白，在出现坏情绪时，朋友和亲人的确应该豁出时间陪伴与倾听。从小我们就被告知，这是亲情和友情的责任。但是，当你在任何时候，任何地方都把他们视为你的"情绪垃圾桶"时，那就会变得很可怕。

据科学研究发现，坏情绪和细菌病毒一样具有传染性，而且传染起来很快，少则几分钟就能完成。美国洛杉矶大学医学院的心理学家加利·斯梅尔经过长期研究发现，如果一个心情开朗、舒畅的人与一个成天愁眉苦脸、抑郁难解的人相处，不久也会变得情绪沮丧起来。而且，如果一个人敏感性和同情心越强，也越容易感染上坏情绪，并且坏情绪的传染往往是在不知不觉中完成的。

当你抱怨完毕，也许你就好过多了，但你的"垃圾桶"们却开始了郁闷。虽然倾听者总会安慰自己，虽然他们晴朗的天空被你这个朋友污染了，但帮你宣泄了怨气和烦恼，你的心情好些了，这对他们来说也是个安慰。殊不知，他们这样做不但纵容了你不分时间场合乱发泄一通的坏习惯，甚至自己也会慢慢沾染上这个毛病。这样的结果是：每天大家都在互相抱怨人性恶和社会脏的一面。

我们应该知道，虽然糟糕的环境令人无奈，工作不是很理想，收入不是很拔尖，但部分人的"阿Q精神"会使周围变得和谐一点，也会让自己开心一点。没了这样的心态，长此以往，你和你的"垃圾桶"必定会陷入恶性循环。

因此，坏情绪需要被扔进垃圾桶里，但你不仅要找到合适的"垃圾桶"，而且要学会在合适的时间、合适的场合使用它，不然倾听者就会成为你的受害人。

告别不良情绪

人总是会有情绪。告别不良情绪，最好的办法是给这股“流水”建筑一个“闸门”，调节水情，控制水势，趋利避害，让正常健康的情绪主宰自己，避免劣性情绪的困扰，达到身心健康的目的。

现实生活中，我们常常会遇到一些引起不良情绪的事情，比如：当你几经奔波，终于找到了一份工作，可以放手大干充分施展你的聪明才智的时候，却突然发现，你的工资比别人少了一些；当你领导的一项改革计划被社会实践证明是有益的，而且正在节节推进的时候，却突然听到人群里有几声闲言碎语；当你和你的爱人携手建起了美好家园，甜甜蜜蜜共度人生的时候，你们之间发生了一点小小的龃龉。这些情况都会让你心情大糟。

除了影响你的心情以外，不良情绪还会导致人们产生某种身心疾病，如高血压、糖尿病、冠心病、消化性溃疡、过敏性结肠炎、癌症等。对已患了某种疾病的人会进一步加剧生理功能紊乱，降低对疾病的抵抗力，加速原有疾病的进一步恶化。

西汉时的政论家和思想家贾谊，18 岁时以诵诗属文而闻名，后为河南太守吴公招到门下。文帝即位之初，听说吴公曾经师事李斯，号称治政天下第一，遂征为廷尉。吴廷尉上书推荐贾谊，言贾生年少，颇通诸子百家之书，故文帝召贾谊为博士。当时贾生年方二十余，每次参议诏令，众人尚未能言，贾谊即尽为之对答，诸生以为不能及，于是一日间连升三级，超迁为太中大夫。

文帝对贾谊颇为赏识，拟任其为公卿，但遭到周勃、灌婴等重臣反对，诬其“年少初学，专欲擅权，纷乱诸事”，故天子与其疏远，不用其议，遂贬为长沙王太傅。

长沙在古时属于“卑湿远地”，贾谊忧汉室而贬天涯，过湘水时作赋以吊屈原，借“彼寻常之污渎兮，岂能容吞舟之鱼”感怀意不自得，他心中盘结着满腹忧郁苦闷，心情激荡不安，流露出远走退隐的想法，再后来更是自伤不幸而哭泣不止，最后中年夭折，时年 33 岁。

贾谊英年早逝，其实就是因不良情绪郁积在胸，一直没有得到发泄，结果诱发疾病，然后病情又因为情绪低落而不断加重造成的。

一个人早上心情好的时候，可能会爱他的妻子、他的工作和他的车子。他对前途可能感到乐观，对过去也心存感激。可是，到了下午，如果心情不佳，他就会说他痛恨自己的工作，讨厌自己的太太，觉得他的车子是垃圾，而且相信他的事业没有前途。

所以说，除了影响健康外，不良情绪还会影响你的事业。可以设想，当情绪不良，心理灰暗时，你就不会有与人交往的欲望和兴趣，很容易自我封闭，性情孤僻。但实际上，你不可能不与别人接触和相处，那么不良情绪会使你的言谈、神态、举止不对头，有意无意地给别人以不良的信息刺激。这怎么不影响你的事业成功呢？

不良情绪还会破坏人生效率。人们常说，祸不单行，福无双至，这主要也是不良情绪在作祟。各种不如意的事情，如丢失财物、环境变化、亲友别离、家庭不和、工作挫折等等，都会打破当事人原先的心理平衡，使人处于悲观、消沉、烦恼、抑郁的心理状态。人在这种不良心态下生活与工作，便会心不在焉，注意力分散，引发又一次“倒霉事件”。

所以，祸不单行，并非是命运和你作对，主要是因为你情绪不良，心理失衡造成的。我们每个人总是生活在矛盾的世界中，心理平衡时常有被打破的可能，一旦平衡被打破，就有可能连续出错。这样一来，我们怎么能正常有效地生活、工作呢？

所以说，不良情绪不容我们小觑，如果对不良情绪不加以及时调节疏导与释放，就会影响人的工作、学习和正常生活，继而导致身心疾病，危及人的健康。那么，怎样来排解生活中遇到的不良情绪呢？以下便给你介绍几个小方法：

（1）写日记。写下哭和笑、爱和恨，写完后会有痛快淋漓的感觉。也可以写信给较好的朋友，把烦恼写在纸上，写完后也能使人感到心情畅快，即使信不寄出，烦恼也好似随信抛在脑后了。

（2）高歌释放。音乐对治疗心理疾病具有特殊的作用，而音乐疗法主要是通过听不同的乐曲把人们从不同的病理情绪中解脱出来。殊不知，除了听以外，自己唱也能起同样的作用。尤其高声歌唱，是排除紧张、激动情绪的有效手段。当我们的不满情绪积压在心中时，不妨自己唱唱歌，歌的旋律、词的激励，唱歌时有节律的呼吸与运动，都可以缓解不良情绪。

（3）学会倾诉。人们有了烦恼总希望对信得过又能给自己安慰的人诉说，这样的确可以起到调节心理和情绪的作用。当心中不快时，可以邀朋友们聚一聚，一壶清茶，一杯咖啡，就事论事倾诉一番，把自己郁积的消极情绪倾吐出来，以便得到别人的同情、开导和安慰。

（4）以静制动。当人的心情不好，产生不良情绪时，内心都会十分激动、烦躁、坐立不安，此时，我们可以默默地侍花弄草，观赏鸟语花香，或挥毫书画，垂钓河边，这种看似与排除不良情绪无关的行为恰是一种以静制动的独特宣泄方式，它能以清静雅致的态度平息心头怒气，从而排除沉重的压抑。

其实，宣泄不良情绪的方法还有很多，从小小的一声叹气，到大笑、疾呼、怒吼以及打球、散步、购物等都可以起到宣泄作用。人与人因个体差异和所处环境、条件的差异，采用宣泄的方式也不同，所以我们要选择适合自己的宣泄方式。

在旅行中排遣烦恼

旅行最大的快乐在于排遣烦恼。排遣出沉重的工作压力带来的烦恼，排遣出围绕身旁的大小事情的烦恼，让你成为一个无拘无束、自由自在、游山玩水的闲云野鹤。

当你的生活中出现了许多一时无法解决的烦恼时，你不如暂时脱离现有的困境出去走走。旅游是排解烦恼与郁闷的一剂良方。在旅途中，你会惊奇地发现那些缠绕你很久的坏情绪突然不翼而飞了。

古人的旅游是很让人遐想的。富人揽马，贫者骑驴，或捧一卷诗，或携一壶酒，走走停停，随处行吟赋歌，且歌且乐走天涯。登山远望则直抒胸臆，临水迩思则缱绻徘徊，羡鸥羡鸬，爱花爱草，中秋月下伤远游，山中鹧鸪感离家。途中友遇，兄弟四海，把酒言欢，不亦乐乎？

明朝就有一个浪漫的旅行家、冒险家叫徐霞客，他用自己的双脚丈量了祖国的千山万水，他把毕生的精力用于旅行和探险，最终写下了一本人文地理的奇书——《徐霞客游记》，让后人羡慕不已。

虽然我们无法像徐霞客一样用一生去旅行，但在我们被郁闷包围时，我们可以借着旅行冲出重围，解放心灵。或许有的人只想借着一趟旅行的冒险，来制造一点点生活的浪漫与刺激，不管是哪一种情况，每一个想要旅行的人，出门前的动机是不会相同的，即使坐在同一架飞机里，飞往同一地点的人，他们的旅行目的也决不会相同。旅行是记忆的收藏，也是美的收藏。因此，每一个人的内心里都潜藏着一份对生命和生活的渴求，那是在现实生活中无法获得的心灵企盼，我们希望在一段又一段的旅途中，获得暂时的治疗和舒解。

像古人一样，我们现代人旅游也要有情怀，虽然达不到他们的潇洒，但可以学学他们的情致，让旅游也有着风雅与格调。

小安在北京工作，身兼二职，回家还要翻译文件和写策划方案。平均每天工作量 16 小时。有一天，小安突然决定要去欧洲旅行。这是因为，一方面她不堪忍受超时的工作压力，另一方面也为了实现年少时环游世界的梦想。然后，她抱着不惜辞职的心情向老板请了三个月的假，便踏出她探索世界奥秘之旅的一小步。

她觉得在北京的生活太紧张，到了欧洲后，欧洲的闲散一时让人难以适应。她发现在欧洲人的步调中，总透露着一份富裕之后的从容。在负荷一天 16 小时的工作之后，她从身边缓步而过的欧洲人的身上，看到自己紧绷的神经。

走过街边的咖啡座，下午的太阳暖烘烘的，小安伸长了腿，细细打量着来往的行人，一坐几个钟头，动也不动，就这样悠闲地等着日影西斜。

夜晚，巴黎的香榭丽舍大街上，灯火辉煌，人群摩肩接踵，吃一个冰淇淋，喝一杯鸡尾酒，聆听一首小曲，全然无视于夜色转墨。

旅行的一个月，小安开始体会到欧洲人舒缓的生活情调，她把懒散的心留在了欧洲。

后来，旅行的地方多了，漂泊的经验丰富了，那些不同民族与国家的色彩也就淡淡散去。最后给小安留下的是一个胸怀开阔、性格活泼的世界面貌。每一次旅行回来，小安都感觉自己的心灵，被洗涤得清清爽爽。

所以，旅行是一个喘息的空间，一个人生的驿站。生活太疲惫了，许多问题纠缠在一起，理不清头绪。你必须走开，旅行就成为一个很好脱逃的借口。从复杂的人际关系、沉重的工作，甚至最亲密的家人朋友当中，解脱出来，给自己一个喘口气的机会。出去走一走，至少可以把这些人和事都抛在脑后，回来再做一个新人。当然，出去走走是一种心灵的出游，但却不是逃避，唯有了解自己的目的，才不会有过度的想象和期待。

在旅途中感悟人生，挥洒情意。从旅途中汲取快乐，才是真正的旅游。这种快乐，不是肤浅的感官之乐，而是打动心灵，从心灵深处荡漾开来的真正的快乐。当你处于烦恼中时，出去旅游吧，让这种真正的快乐来排遣我们的烦恼。

第三节　学会变通，别老和自己较劲

固执让你自讨苦吃

人应当始终保持对新鲜思想观念的敏感性，勇于拥抱新的看法，相反，如果人太过固执，那么将会走入死胡同，无法自拔。

固执是人性的一大弱点，在日常生活中，在自己的事业中，我们应该尽可能避免固执。

如果遇到难走的或行不通的道路，那么就找另一条切实可行的路子。有一位哲人说得很好："如果你叫山走过来，山不走过来，那你就走过去。"但总有些人，固执顽固，一条道走到黑，最后只能自食其果。

有一天，东郭先生的三个弟子将要去襄阳。东郭先生送他们到路口时，说道："从这儿往南走，全是畅通的大道，你们沿着这条道路走就对了，别走岔路啊！"

这三个弟子分别是左野、焦茬和南宫无忌，他们三人向南走了50多里时，遇上了一条大河流，横在老师指示的正前方。他们左右观察了一下，发现沿河走半里左右，便有一座桥可行。

南宫无忌说："那儿有座桥，我们从那儿过河吧！"

但是，左野却皱着眉头说："这怎么行？老师要我们一直往南走啊！我们怎么能走弯路呢？这不过是个水流罢了，没什么可怕。"

说完之后，三个人互相扶持，一起涉河而过，由于水流相当湍急，好几次他们都险些葬身河底。最终，虽然全身都湿透了，也总算安全地过了河，三人继续赶路，往南走了100多里时，又遇上了一堵墙，挡住了前进的道路。

这次，南宫无忌不再听其他两个人的意见了，他坚持地说："我们还是绕道走吧！"

但是，左野和焦茬却固执地说："不行，我们要遵循老师的教导，绝不可以违背，那样我们方能无往而不胜。”

于是，焦茗和左野朝着墙撞去，只听见“砰”的一声，两个人重重地撞倒在地上。

南宫无忌恼怒地说：“才多走半里路而已，你们干嘛不考虑呢？”

左野说：“不，我就算死在这里也不后悔，与其违背师命而苟且偷生，不如因为遵从师命而死！”

焦茗也附和地说：“我也是，如果违背老师的话，就是背叛者。”

两个人话一说完，便相互搀扶，奋力地往墙上撞了去，南宫无忌想挡也挡不住，结果这两个人就这么撞死在了墙下。这就是所谓的“撞了南墙也不回头”。

当一个人固执起来死钻“牛角尖”的时候，他可能不知道自己正在走入死胡同，他还可能标榜顽强和百折不挠。大多数固执的人都有一种心理：不成功便成仁。殊不知，这一念之差，毁了多少英雄豪杰的大好前程。

我们在人生的每一次关键时刻，要注意自己执着的意念是否与成功的法则相抵触。执着并不是固执。追求成功，并非意味着你必须全盘放弃自己的执着，只要你在意念上做灵活的修正，使之契合成功之道，即可走向成功。反之，如果将自己的固执当做执着，那么失败就离你不远了。

因此，我们大可不必做无谓的坚持，以致一条路走到黑。古人说得好，变则通。及时变通，才是人生应有的态度。学会转变和放弃，才能发现人生的新天地。

诺贝尔奖得主莱纳斯·波林说：“一个好的研究者知道应该发挥哪些构想，而哪些构想应该丢弃，否则会浪费很多时间在无谓的构想上。”有些事情，即使是你做了很大的努力，并为之坚持不懈，苦苦劳作，但最终你会发现你走向的是一条死胡同，一面死墙。这时，就需要你能够及时退出来，重新研究，寻找对策。

我们需要信念与精神的执着，但不需要固执。如果你做事撞了南墙，撞得一蹋糊涂，此时再不回头可就无可救药了。条条大路通罗马，一条不行，还有第二条、第三条……千万不要固执地在一条死胡同里浪费我们的时间和精力。

学会变通，灵活面对生活

学会变通，是一种智慧，一种选择，一种放弃。人生总会遇到许多走不通的路，在这时候，你应当灵活一些，学会变通，找到新的道路。

很多人都说：只要朝着自己的目标努力奋斗，坚持到底，那么一定会成功。的确，我们承认不坚持肯定不能成功，但是我们能否问一句——坚持就一定会成功吗？

答案是否定的，我们应坚持，但不能毫无条件地坚持，不能不知变通地坚持。如果真的走错了路，选错了方向，难道我们还需要一如既往地坚持？

人生的危机与转机，往往只是一线之间，发现前面的路走不通之后，只要我们静下心来重新找到自己奋斗的方向，人生的成功机会就可能出现在身边。“东方不亮西方亮”，当一条路不好走或预料到一条道路势必进入死胡同时，就应及时悬崖勒马，寻找另一条新的出路，这样就能让你更快到达目的地。

一个人现在所处的情况，其实正是以往自己所保持的态度造成的。如果想改变未来的生活，使之能按照既定的方向航行，就必须要学会变通，学会做出正确的选择。坚持错误的观念，固执不愿改变，就算付出再多的努力，也只能是枉然，也只是自己和自己过不去。

实际上，当你发现一切好像不对头时，你不一定非要做无谓的坚持，如果灵活一点，调整一下目标，改变一下思路，往往会豁然开朗。也就是说，当路已经到了尽头，不是说你已经失败了，而是在提醒你：该变通了。

在人生道路上有许多事可做，有许多方向可以选择，但有一条原则不能变，那就是无论你现在做的是什么，你都一定要记得选择一条最适合你的路。

1929年，乔·吉拉德出生在美国一个贫民窟，他从懂事起就开始擦皮鞋，做报童，然后又做过洗碗工、送货员、电炉装配工和住宅建筑承包商等等。但由于没有找到最适合做的事，他没有取得成功。朋友都弃他而去，他还欠了一身的外债，连妻子、孩子的吃喝都成了问题。为了养家糊口，他开始卖汽车，步入推销生涯。

乔·吉拉德以极大的专注和热情投入到推销工作中。他抓住一切机会，推销他的产品，同时也推销他自己。只要碰到人，他就把名片递过去，不管是在街上还是在商店里。三年以后，他成为了全世界最伟大的销售员。

谁能想到，这样一个不被看好，而且还背了一身债务、几乎走投无路的人，竟然能够在短短的三年内被吉尼斯世界纪录称为“世界上最伟大的推销员”呢？他一直被欧美商界称为“能向任何人推销出任何商品”的传奇人物。他至今还保持着销售昂贵产品的空前纪录——平均每天卖 6 辆汽车！

虽然乔·吉拉德做过很多种工作，而且屡遭失败，但是他懂得变通，懂得不断探索、寻找最适合自己的道路。他不被以前的种种工作所牵绊，最后把自己定位在做一名销售员上，终于获得了成功。可见要想成功，就必须灵活把握住自己人生的航向，懂得及时变通，否则，你就将在无所适从中，迷失自己的方向。

人生是一条漫长而艰辛的道路，人的最大痛苦莫过于因循守旧而导致失败，最大的遗憾莫过于拼搏了一生却一事无成。所以，当你不小心走进人生的死胡同时，一定要灵活，学会变通，懂得反省，及时调转方向，寻找另一条更适合自己的道路。当你找到了最合适的位置时，你将领悟到，为寻找这个位置，你所做出的改变、付出的牺牲与代价，都是非常值得的。

换把钥匙开锁更轻松

思维需要广度，思维也需要深度。只有兼具深度与广度的思维才能让我们从容面对这个多变的世界，找出正确的“钥匙”，打开正确的“锁”。

有时，我们的确无法改变生活中的一些东西，但是我们可以改变自己的思路。一把钥匙打不开锁时，我们可以再换另一把钥匙。

只要我们放弃了盲目的执着，选择了理智的改变，就可以化腐朽为神奇。所以，当我们在碰壁的时候，不妨换个角度想想，也许会找到巧妙又恰当的解决方法。

《射雕英雄传》里面有一个情节。黄蓉被一个巨大的海蚌夹住了脚，费了很大的劲也掰不开。最后黄蓉想了想，抓了一把细沙放到蚌壳里面，结果蚌就自己打开了。因为黄蓉想到了，蚌最怕的就是细沙。

换把钥匙去开锁，有时需要逆向思维的帮助。比如 1901 年，伦敦举行了一次“吹尘器”表演，以强有力的气流将灰尘吹起，然后收入容器中。而一位设计师看到之后却反过来想，将吹尘改为吸尘，岂不更好？根据这个设想，于是研制成了吸尘器。

在传统的动物园内，无精打采的动物被关在笼子里让人参观。然而有人反过来想，把人关在活动的“笼子”（汽车）里，不是可以更真实地欣赏大自然中的动物吗？于是野生动物园应运而生。

换把钥匙去开锁，最重要的是要充分利用自己的头脑，打开思维，在其中寻找到最佳的“钥匙”。

土豆现在在法国是很常见的，但是，其实直到18世纪，土豆种植还没有在法国得到推广。宗教迷信者不欢迎它，还给它起了怪名字——“地下苹果”；医生们认定它对健康有害；农学家断言，种植土豆会使土壤变得贫瘠。

法国著名农学家安瑞·帕尔曼切曾在德国吃过土豆，觉得土豆是一种很好的食品，于是决定在本国培植它。可是，过了很长一段时间，他都未能说服任何人。

面对人们根深蒂固的偏见，他一筹莫展。后来，帕尔曼切决定借助国王的权力来达到自己的目的。1787年，他终于得到了国王的许可，在一块出了名的低产田上栽培土豆。帕尔曼切发誓要让这不受人欢迎的“地下苹果”走上大众的餐桌！

但是，他知道采用直接的方法，是达不到目的的，于是他想到了另一种迂回的方法。

他请求国王派出一支全副武装的卫队，每个白天都对那块地严加看守。这异常的举动，显得十分神秘，撩拨起人们强烈的偷窃欲望。一块土豆地怎么会派哨兵日夜把守呢？周围的农民无不好奇，不断地趁着士兵的“疏忽”而溜进去偷土豆，小心翼翼地把偷来的土豆拿回去研究，种在自家地里，精心侍弄，看到底有何不同。哨兵对周围的农民偷土豆，表面上似乎严禁，实际上则睁一眼闭一眼。而当周围农民种的土豆获得丰收之后，土豆的优点就广为人知，也就普及开来，很快成为最受法国农民欢迎的农作物之一。通过这样的方法，土豆才终于昂然走进了法国的千家万户。

其实，思维方式对人的成功有着巨大的决定作用。思维有多宽广，你的道路就能有多宽广。想要有更多更好的解决问题的方法，就要有开放和发散的思维。开放型思维要求思维能够从广度和深度两个方面发散出去，就像是一颗夜明珠发出的光芒一样，以一点为中心向四面八方辐射，横向的、纵向的、逆向的，各个方面都要延伸出去。横向思维决定了思维的广度，纵向和逆向思维则决定了思维的深度。

曾经在上海有过一次许多中外学者参加的开发创造力的研讨会。在会上，日本的创造力研究专家村上幸雄拿出一枚曲别针，请与会者说出曲别针的用途有多少种，以此来比较一下大家的思维广度。大家各抒己见，很快就说出了 60 多种，村上对此表示称道。这时一个人问村上能够说出多少种，村上一笑，说："300 种。"对此许多人纷纷表示惊讶和佩服，但也有人怀疑。

于是村上来到讲台，滔滔不绝地向大家说出曲别针的 300 种用途。正当大家惊叹于村上过人的开放思维时，中国的许国泰先生站起来说："我能说出 3 万种曲别针的用途。"此话一出，在座的一片哗然，觉得不可思议。

为了证实自己所说的话，许国泰先生来到讲台上对大家说："刚才村上先生讲的用途其实可以用四个字概括，就是钩、挂、别、连，但这仍然具有局限性，其实要使思维突破这种格局，最好的办法就是借助于简单的形式思维工具——信息标和信息反应场。"

接着他把曲别针的总体信息分成长度、截面、弹性、重量、直线、体积、银白色等 10 多个要素，再把这些要素，用一根标线联系起来，形成一个信息标，然后，把与人类实践活动有关的要素联系起来，最后形成信息反应场。他将信息反应场的坐标不停地组合交切，这时，一枚普通的曲别针变幻出无穷的用途。如把曲别针分别做成 0、1、2、3……9，再做成 +、-、×、÷，用来进行四则运算；可以做成英文、俄文、希腊文等外文字母；在音乐上可以用来创作曲谱；曲别针是由铁元素构成的，铁与铜化合是青铜，与不同比例的几十种金属元素分别化合，则能生成成千上万种化合物。

由此我们可以看到，要想思维开阔，我们就要有逆向思维和纵向思维。"换把钥匙去开锁"就是要灵活变通，不要按习惯的思维方法沿着正常的、固定的、有序的程序进行推论，而是要打破固有的思维定式，从各个角度对问题进行思考。如此，我们才能发现更多的方法。

打破常规，自己订立游戏规则

规则不是不能改变的。运用自己的智慧，自己订立游戏规则，你就能掌握命运的主动权。

我们生活在一个充满了规则的世界，做任何事都必须遵守规则。规则保证了世界秩序的有效运转，但另一方面它也限制了人发挥他的能力。

很多人墨守成规，虽然也能解决问题，但是往往缺乏效率与新意。而打破常规，我们以各种角度来看待问题，这样就能更容易地抓住问题的关键，并据此订立新的规则，有针对性地解决问题。这种解决问题的方式既有效率，又有新意。

在一次企业管理培训班上，培训师要求大家做一个游戏。十几个学员平均分为两队，要把放在地上的两串钥匙捡起来，从队首传到队尾。规则是必须按照顺序，并使钥匙接触到每个人的手。比赛开始并记时后，两队的第一反应都是按老师做过的示范：捡起一串，传递完毕，再传另一串。结果都用了 15 秒左右。

老师说："动动脑筋，时间还可以再减半。"一个队先"悟"了，把两串钥匙拴在一起同时传，这次只用了 5 秒钟。老师说："时间还可以再减半，你们还有潜力可挖！"怎么可能？学员们很不自信。这时场外没参加游戏的人急忙提醒道："只是要求按顺序从手上经过，不一定非得传呀！"一个队明白了，完全抛开了传递方式，开始飞快地把手扣成圆桶状，摞在一起，形成一个通道，让钥匙像自由落体一样从上落下，这样的方法既按了顺序，同时也接触了每个人的手。时间是 0.5 秒，随即欢呼声起。

从这个例子可以看出，遵守常规会造成思维定式，要提高效率就要寻找新方法，要获得成功就需要自己订立游戏规则。

有个小村庄，村里除了雨水没有任何水源，为了解决这个难题，村里的人决定对外签订一份送水合同，以便每天都能有人把水送到村子里。村子里有两个年轻人小李和小张非常愿意接受这份工作，于是村里把合同同时给了他们。

签订合同后，小李立刻行动起来。他每日在十里外的湖泊和村庄之间奔波，用两只大桶从湖中打水运回村庄，倒在由村民们修建的一个结实的大蓄水池中。

每天清晨他都必须起得比其他村民早，以便当村民需要用水时，蓄水池中已有足够的水供他们使用。由于起早贪黑地工作，小李很快就开始赚钱了。即使这是一项相当艰苦的工作，但是小李非常高兴，因为他能不断地赚钱，并且他对能够拥有两份合同中的一份感到特别满意。

而小张呢，自从签订合同后他就消失了，几个月来，人们一直没有看见过小张。这令小李兴奋不已，由于没人与他竞争，他赚到了所有的水钱。小张干什么去了？他做了一份详细的商业计划书，并凭借这份计划书找到了 4 位投资者，和自己一起开了一家公司。6 个月后，小张带着一个施工队和一笔投资回到了村庄。花了整整一年的时间，小张的施工队修建了一条从村庄通往湖泊的大容量的不锈钢管道。

后来，其他有类似环境的村庄也需要水。小张重新制定了他的商业计划，开始向全国甚至全世界的村庄推销他的快速、低成本、大容量并且卫生的送水系统，每送出一桶水他只赚 1 角钱，但是每天他能送几十万桶水。无论他是否工作，无数的村庄每天都要消费这几十万桶水，而所有的这些钱便都流入了小张的银行账户中。显然，小张不但开发了使水流向村庄的管道，而且还开发了一个使钱流向自己的钱包的管道。从此，小张幸福地生活着。而小李在他的余生里仍拼命地工作，最终还是陷入了“永久”的财务问题中。

和小李一样，在工作中，有的人会发现，自己付出的辛勤汗水并不比别人少，但效果却总比别人差。究其原因，主要是方法的问题。在工作中，我们要注意做事的方法，培养自己打破常规的思维习惯。因为要想培养聪明巧干的能力，必须从思维方式方面着手。如果一直局限于一种思维方式，即便它过去总是给你带来成功，但也许有一天它就会导致你的“滑铁卢”。

著名的心算家米尼苏·弗拉德曼从来没有失算过。

这一天他做表演时，有人上台给他出了道题：“一辆载着 283 名旅客的火车驶进车站，有 87 人下车，65 人上车；下一站又下去 49 人，上来 112 人；再下一站又下去 37 人，上来 96 人；再再下站又下去 74 人，上来 69 人；再再再下一站又下去 17 人，上来 23 人……”

那人刚说完，心算大师便不屑地答道：“小儿科！告诉你，火车上一共还有——”

“不，”那人拦住他说，“我是请您算出火车一共停了多少站。”

米尼苏·弗拉德曼呆住了，这组简单的加减法成了他的“滑铁卢”。

而真正“滑铁卢”的失败者拿破仑也有一个故事。

拿破仑被流放到圣赫勒拿岛后，他的一位善于谋略的密友通过秘密渠道给他捎来一副用象牙和软玉制成的国际象棋。拿破仑爱不释手，从此一个人默默下起了象棋，打发着寂寞痛苦的时光。象棋被摸光滑了，他的生命也走到了尽头。

拿破仑死后，这副象棋经过多次转手拍卖。后来一个拥有者偶然发现，有一枚棋子的底部居然可以打开，里面塞有一张如何逃出圣赫勒拿岛的详细计划！

两个故事，两个遗憾。他们的失败，其实都是败在没有打破常规上。心算家思考的只是老生常谈的数字，军事家想的只是消遣，他们忽略了常规之外的东西，但这些东西偏偏就是问题的关键。由此可见，在自己的思维定式里打转，天才也走不出死胡同。

无数事实证明，伟大的创造、天才的发现，都是从打破常规开始的。只有打破常规，你才能订立自己的游戏规则，在人生的舞台上做出自己最精彩的表演。

换个思路多出路

思路决定出路，解决问题的方法不仅仅一个。当面临困难时，换个思路也许就会看到更多的出路。

工作和生活中，我们常遇到让我们束手无策的难题。在这些问题面前，好像无论我们做何努力都无助于事，让自己有了一种有力却使不出来的感觉。

其实，这并不是问题太难的缘故，而仅仅是因为我们陷入了思考的僵局。一旦陷入思考的僵局，我们便会总纠缠着一个思路而走不出去。解决这个问题的方法并不难，那就是换个思路、换种角度想问题。

1915年，在巴拿马国际商品博览会上，世界各地的展品琳琅满目。可是，中国送展的茅台酒很长时间无人问津，每个参加博览会的工作人员都很着急。其中一个工作人员想了想，一直这样“守株待兔”可不行啊，必须想个方法扭转局面。突然他脑中灵光一闪，想出了个好办法。他立刻提着两瓶茅台酒，走到展览大厅最热闹的地方，然后故意装作不慎把酒摔在地上。一股浓郁的酒香顿时弥漫了整个大厅。立刻“好酒！好酒！”的赞叹声便此起彼伏。结果，这位中国工作人员这个办法果然奏效，茅台酒在这次博览会上被评为世界名酒，从此名声远扬。

无独有偶，类似的出奇制胜的办法西铁城表也用过。日本的西铁城手表质量优良，属于世界名牌，但在刚进入法国市场的时候却不被看好，因为法国人对西铁城表根本就不了解。钟表商为了让法国人了解西铁城表，费尽了心思，但仍未见效。正在该公司决定撤离法国市场时，有一名中层经理出了一个“流星雨”的主意。他们首先在大众传媒上广泛宣传：某日将有世界上最好的手表从天而降，谁拾到就归谁。数千人怀着侥幸的心理在这天来到指定广场。预定的时间一到，忽然有一架飞机出现在上空，不一会儿一只只金光闪亮的手表从天而降。广场上的人兴奋地拾起落在地上的手表，发现手表居然完好无损。从此，西铁城表得到了法国人的认可并名声大震。

所以，要解决问题，一定要多思考，更重要的是多方面思考。有了好的思路，那么就不乏好的出路。

有个年轻人跟着别人一起来到山上，开山卖石头。别人把石块砸成石子，运到路边，卖给附近建筑房屋的人，但这个年轻人觉得这样很辛苦，并且赚钱不多，照此下去一定没有出路。他想了想，这儿的石头奇形怪状，与其卖重量，还不如卖造型。于是，他就把石头直接运到码头，卖给杭州的花鸟商人了。然后，这个年轻人很快就富裕起来了。3 年后，卖怪石的年轻人成了村子里第一座漂亮瓦房的主人。

后来，不许开山，只许种树，于是村子成了果园。当地的鸭梨汁浓肉脆，香甜无比。每到秋天，漫山遍野的鸭梨引来了四面八方的客商。乡亲们把堆积如山的鸭梨整车整车地运往北京、上海，然后再发往韩国和日本。

鸭梨带来了小康日子，村民们欢呼雀跃。就在这时候，那个卖怪石的年轻人却卖掉果树，开始种柳树。因为他发现，来这儿的客商不愁挑不上好梨，只愁买不到装梨的筐。

5 年后，他又成了村子里第一个在城里买商品房的人。再后来，一条铁路从这儿贯穿南北。这儿的人上车后，可以北到北京，南抵九龙。小小的山庄更加开放搞活了。乡亲们由单一的种梨卖梨起步，开始发展果品加工和市场开发。

而就在乡亲们开始集资办厂的时候，那个年轻人却又在他的土地上砌了一道百米长的墙。这道墙面朝铁路，背依翠柳，两旁是一望无际的万亩梨园。坐火车经过这里的人，在欣赏盛开的梨花时，会醒目地看到 4 个大字：可口可乐。据说这是五百里山川中唯一的广告。精明的年轻人仅凭这座墙，每年就又有 4 万元的额外收入。

20 世纪 90 年代末，美国某著名公司的老板来中国考察。当他坐火车经过那个小山庄的时候，听到上面的故事，马上被那个年轻人惊人的商业智慧所震惊，当即决定下车寻找此人。当美国人寻找到这个年轻人的时候，他却正在自己的店门口与对门的店主吵架。

原来，他店里的西装标价 800 元一套，对门就把同样的西装标价 750 元；他标 750 元，对门就标 700 元。一个月下来，他仅卖出 8 套，而对门的客户却越来越多，一下子批发出了 800 套。美国人一看这情形，顿时失望不已。但当他弄清真相后，又惊喜万分，当即决定以百万年薪聘请他。原来，对面那家店也是他的。

年轻人事业和经商成功的秘诀就在于，他懂得转变自己的思路，去发现新的出路，这样不仅能很好地解决问题，而且总是使他领先他人一步。这对我们的工作和生活而言是个很好的启示。如果我们能像他一样多换思路，我们也就能圆满地解决问题并掌握先机。

换个思路，就是要打破常规，打破自己的思维定式。摆脱了自己常有思路的束缚，灵感也会不约而至，解决问题的奇迹也就出现了。

有家人收获了一个大葫芦，左思右想不知如何处置。用来盛水吧，没有那么大的水缸；用来装水，又怕葫芦盛不下那么多水导致破裂。庄子听说："难道水只能装在葫芦里，而不能装在葫芦外吗？只要把葫芦做成一条船就行了。"

为什么那一家人都想不到这个好主意？那是因为人们的思维定式是"水应该放在葫芦里"，而庄子打破这一思维定式，换一种角度思考问题，提出了把水装在葫芦外，这样问题得到了圆满解决。

获得诺贝尔化学奖的江琦博士，也是因为换了个思路，运用逆向思维而成功的。

一直以来，江琦博士和助手黑田孜孜不倦地研究如何才能把锗提炼得更纯。尽管黑田每次都十分谨慎小心地操作，却总是不可避免地混进一些杂质，一次次的测量参数都显示不同的数据，这很让黑田懊恼。于是他想，既然绝对提纯不可能到达，干脆采取相反的做法，一点点地添加少量杂质，看一看到底能够提炼出什么样的晶体。

而江琦并没有阻止他做这个违反常规、近似荒唐的试验，反而为此拍案叫绝。于是，两个人开始了一连串的试验。而当他们把锗的纯度降到一半时，一种极为优异的半导体晶体诞生了，因此，江琦荣获了诺贝尔奖。

思维的倒置，是瞬间的灵光，也是胆识的闪现，更是对习惯思维的挑战。换一种思路，事情也许就换了一副模样，你对它的判断也会因此而不同。换个思路，出路也会更多。我们应把转换思路养成一种思维习惯，在每次遇到似乎无法解决的问题时，就可以提醒自己一下——该换个思路了。

眼界决定境界

人生的境界，高低不同，宽广不一，决定境界高低、宽广的是人的眼界。眼界高则境界高，眼界宽则境界宽。

古今中外，成功的人无一不有着宽广的眼界和独特的眼光。他们不会轻易放过每一个映入眼帘的有效信息和资源，他们能及时地发现并抓住它们，这才给了他们成功的机会。正是眼界决定了他们的境界。

当今时代，面对扑面而来的信息大潮，有人无动于衷，有人不知所措，只有极少数有眼界、有眼光的人，才会开动自己的感官，去接纳它，去占有它，去利用它。信息就是机遇，就是效益，就是创意与金钱。因此，他们可以“凭借东风，直上青云”。

1865 年 4 月，美国的南北战争快接近尾声了。那时，市场上的物质很匮乏，猪肉的价格很贵。美国实业家拉普罗迪知道，这种情况只是暂时的，战争一旦结束，猪肉的价格就会很快降下来。所以他对战争的重视绝不亚于正在打仗的军人。他天天读报纸，听收音机，打探着最新的消息。他从最新的消息推算出南军的败局已定。

一天，他被一条新闻吸引住了，这条新闻说：

在南军高级将领罗伯特·李将军的营地附近，一个神父遇到了一群孩子。孩子们手里拿着钱，问神父什么地方可以买到面包和巧克力。

孩子们说：“我们已经两天没有吃到面包了！”

神父问：“你们的父亲呢？”

“我们的父亲都是李将军手下的军官，他们也是几天没有吃到面包了。他们给我们带回来的马肉太难吃了，根本嚼不动。”

在战争期间，有关人们缺穿少吃的新闻到处都是，对这条新闻，开始的时候，拉普罗迪也没太在意。可是他突然感觉到有什么不对。他立即意识到，这是一条非同小可的消息，这里面有很重要的关于南北战争的信息！

他是这样分析的：南军供给缺乏是大家都知道的消息，不足为奇，但是南军的大本营里发生的却是很重要的事情。俗话说，兵马未动，粮草先行，现在已经到宰杀战马的地步，这说明形势已经十分危急了。

他的结论是：战争马上就要结束了！

时机来了，必须马上行动。他马上与东部市场签订了一份以低于市场 2% 的价格卖出猪肉的合同，交货期限是 10 天以后。合同刚一签订，当地所有经销商都大笑拉普罗迪疯了，把猪肉的价格压得这么低！在这些人的眼里，拉普罗迪的行为是不可思议的。这样做，毫无疑问，是把大把的美元往别人的口袋里扔，只有疯子才会这样做。于是，很多人都想趁机大捞一把，纷纷找拉普罗迪订合同。拉普罗迪来者不拒，几天之内，又签订了一批合同。

最后，事实证明了拉普罗迪眼光的准确：就在合同签订的几天之后，战局和市场都发生了根本性的变化，猪肉的价格一下子降到比拉普罗迪卖出的猪肉价格低 25%。那些经销商们一时间目瞪口呆，后悔莫及。

就是这一笔交易，拉普罗迪就赚了 100 万美元！

拉普罗迪说：“我准时地抓住了那条消息所反映出来的信息。要是我有一点犹豫，这 100 万美元就进别人的腰包了。我的法宝有两个，一是信息，二是快捷。”

一条小小的信息有时候就蕴藏着无限的商机。有眼光的人能及时地发现并抓住了它，没有眼光的人则熟视无睹，视而不见。拉普罗迪的商机和灵感都来源于报纸上的一条新闻。每天阅读报纸上新闻的人何止千万，但是真正抓住了商机的却只有拉普罗迪。原因很简单，因为他的眼界，他用发现的眼光在各个新闻之间寻找着有利于自己的新闻信息。他关心战局和社会大事，所以能知道南方的战况，然后再结合另一条消息的实际情况，从而挖掘了商机。

要想做有眼界的人，就要留意观察周围的事物，无论事大事小，都要仔细观察，深入思考。能抓住有效的信息，就意味着为成功开辟了一片新的领域，而在那个领域中，你是唯一的开拓者。

1934 年，美国总统罗斯福正在为挽救美国历史上最严重的经济危机而采取新政。法斯宾德密切地注视着形势的发展，他觉得自己事业大发展的时候可能到了，因为在1919年，美国议会通过了《沃尔斯德台案》，法定不许酿造和销售酒精含量超过5‰的饮料，但新政一旦得势，那么禁酒令就会被废除。

法斯宾德看着罗斯福的新政策一个接一个地出台，认定罗斯福一定会取消已经不合时宜的禁酒令。而一旦禁酒令被解除，全美国对啤酒和威士忌酒的需求将会出现一个高潮。然而市场上却没有酒桶，尤其是白橡木制成的酒桶。

事不宜迟，法斯宾德很快就从俄国订购了几船的桶板。当货物运到美国时，法斯宾德却发现俄国人搞错了，他们运来的不是成型的桶板，而是一块块晾干的白橡板。等不及追究谁的责任，法斯宾德马上就近租用了纽约船坞公司的一个码头，修建起一座临时的桶板加工厂，日夜不停地加工这些白橡木板。

正如法斯宾德所料，很快，禁酒令被解除了。当禁酒令解除时，法斯宾德的酒桶也正从生产线上滚滚地下线，这些酒桶很快被各大酒厂抢购一空，因为供不应求，法斯宾德又在新泽西州建立了一个现代化的加工酒桶的工厂。钞票源源不断地流入了法斯宾德的口袋。

法斯宾德为什么能把公司的规模越做越大呢？是他拥有特别雄厚的资金吗？不是！是他有什么后台支持他吗？也不是！他唯一具有的就是超前意识和预见未来市场机会的眼光，正是这种眼光，使他的事业踏上了一个又一个新的台阶，最终成为美国的巨富。

什么叫做有眼光？在别人都没有看到的时候你看到了，这才叫“有眼光”。

什么叫做有眼界？在别人只看到眼前利益你看到了长远目标，这才叫“有眼界”。

什么叫做有境界？在别人纠缠于问题的枝节和细节累得疲惫不堪时，你却一下子抓住问题的主要矛盾从而审时度势，这才叫“有境界”。

有眼光和眼界的人，不仅能够看懂机会，而且善于把握机会，从而让自己进入更高的境界。

多换角度多条路

解决问题，角度至上。找到一个好角度，等于找到了一个准确的突破口，找到了准确的突破口，那么问题就迎刃而解了。

如果给你一根蜡烛、半纸盒图钉、一张说明书，要求你在尽量短的时间内，把这根蜡烛安放在垂直的木板墙上，你会怎么做?

这就是著名的“邓克尔蜡烛”问题，经常用作智力测验题。现在请你好好思考一下问题的解决方法。答案当然会有很多种。

你可以把说明书折成一个小袋子，然后用图钉固定在木板上，再把蜡烛放进袋子里；或者不用折，直接就把说明书的三条边用图钉固定在木板上，就像我们的上衣口袋一样，然后把蜡烛放进去，等等。

这些都是不错的办法，如果你能想到的话，说明你的思维还不算封闭，但是也还不够开放，因为还有一个最简单的方法你没有想到：首先把图钉盒钉在木板上，然后把蜡烛安放在图钉盒上。

如果是要比赛谁的速度最快的话，这无疑是最快最有创意的方法。但很多人还是受到封闭思维的束缚，很少有人能够想到这个方法，一个很重要的原因就是大家看问题的角度太单一，只把图钉盒看成是装图钉的东西，而没有想到可以把它用作蜡烛托。

我们在思考的过程中必须打破单一角度的模式，尽可能多地把与该对象相关的因素纳入考虑的范围，多角度、全方位地看问题，这样我们的思路就会豁然开朗，创意不断。

西方国家有这样一种习俗：男子入室必须脱帽；妇女戴的大沿帽，进入公共场所则可以不摘。

在电影院里常有一些妇女看电影时戴着帽子，这样就会挡住坐在后面的观众的视线，引起了他们的不满，经常有人要求电影院明令通告，禁止妇女戴帽子看电影。一家影院的老板听到观众的呼声后，却说：“这恐怕不能禁止，反而要‘提倡’一番呢！”

这家影院在上演前，在银幕上打出一则文字通告：“本影院为了照顾衰老高龄的女观众，允许她们照常戴帽，请不必摘下。”

通告仅放出一遍，女士们，甚至包括一些五六十岁的妇女，都摘下了帽子。

爱美之心，人皆有之。这位影院老板就是利用女人爱美的天性，达到了制止她们看电影戴帽子的问题。因为影院中的女观众觉得自己若戴帽子，那就等同于“衰老高龄的女观众”了，每一个女人都不能接受这一点，甚至包括那些真正衰老高龄的女人。影院老板巧妙地从“美”的角度切入问题，以一种不禁止反而提倡的方法去达到了禁止的目的，这就是角度和思维运用得好的作用。

古代有一个国王身体有残疾，不仅少一只腿还少了一只眼。有一次，这个国王心血来潮，让宫廷画师给自己画像。

第一位画师是个老实人，他规规矩矩地画出了国王的本来面目——又瞎又瘸。国王看后不禁大怒：“这个可恶的画师竟敢把我画得如此丑陋，真是该杀。”于是这个老实本分的画师被杀掉了。

国王仍不甘心，便又找了第二个画师来给他画像，这个画师知道了前边那个同行的悲惨结局，再也不敢照实描绘国王的缺陷了。他在画布上画了一个双眼明亮两腿矫健的国王，心想这下国王该满意了吧，不曾想国王一见画像大发雷霆，骂道：“你这该死的东西！这难道还是我吗？”结果，第二个画师也没有逃出被杀害的命运。

这下国王的画师们谁都不敢再给国王画像了，没想到有个小画工自告奋勇地说他要给国王画像，这让画师们大吃一惊。小画工画啊画啊，终于把国王的肖像画完成了。国王一见画像，紧绷的脸变得柔和起来，最后他笑了，直夸小画工聪明。

原来，这个机灵的小画工既没有像第一个画师那样把国王的缺陷完全表现在画布上，也没有像第二个画师那样不顾实际妄加涂彩。他画的国王是这样的：侧身骑在马上，残缺的那条腿隐在马鞍的后面，双手举着猎枪，正用一只眼在瞄准，而闭上的另一只眼正是那只瞎眼。这样一安排，画面上则是一个英姿勃发骑马打猎的国王，看不出任何缺陷，可谁也不能说他像第二个画师那样改变了国王的本来面目。那个挑剔的残疾国王这次毫不吝啬地奖励了那个小画工。

这个故事告诉我们，在思维过程中改变看问题的角度，往往会收到意想不到的效果。我们要善于学习变换视角的思考方式，不要让旧框框去限制自己的思维，总“钻死胡同”，要尽可能地选择新视角，力争看到事物的新侧面。

现代社会，充满了竞争，如果一直平平庸庸，毫无新意，那么很容易在竞争中失败，而拥有出众的思维和独特的角度，将助你在竞争中旗开得胜！

在巴黎的一条大街上，同时住着三个不错的金匠。可是，因为离得太近，所以生意上的竞争非常激烈。为了能够压倒别人，吸引更多的顾客，金匠们纷纷在门口的招牌上做文章。一天，一个金匠在门前的招牌上写到“巴黎城里最好的金匠”，结果吸引了许多顾客光临。

看到这种情况以后，另一个金匠也不甘示弱。第二天，他在门口挂出了“全法国最好的金匠”的招牌，档次比第一个金匠高了一级，结果同样招揽了不少顾客。

第三个金匠非常苦恼，前两个金匠挂出的招牌吸引了大部分的顾客。如果自己不想出一个更好的招牌，可能就要成为“生意最差的金匠”了。按照常规思维思考，能超过前面两个金匠的招牌就只能是“全世界最好的金匠”了，但是这么说口气太大了，恐怕会引起顾客的反感，这时第三个金匠换了个角度，想到了一个好主意。

第三天，第三个金匠的门前挂出了一个更加吸引人的招牌，上面写着“本街道最好的金匠”。结果吸引了比前两个金匠还要多的顾客。

我们不得不佩服第三个金匠的智慧，他没有按常规的以“大”制胜的角度看问题，反而想到了以“小”制胜的角度。

所以，在竞争日趋激烈的今天，想要成功就更需要借助于从新的角度看问题。在工作中，经常会出现许多我们无法从常规角度来解决的问题。即使能够解决，也会因为耽误大量的时间而降低效率，这个时候就需要我们更多地转换角度去解决问题。

用智慧打破僵局

要打破僵局，就要学会动脑，用智慧代替埋头苦干。如果你在僵局中只拉车不看路，那么你很有可能力没少出，劲也没少费，但结果却事与愿违。

智慧是人类的专利，只有人类才会运用头脑来做到远超过体力能做的事。我们常说：“解决问题先动脑。”所以，智慧是解决问题的关键，也许你有双勤劳的手，但没有智慧，你也很难成功。

在工作和生活中，有时事情难免陷入僵局，此时着急也没有用，埋头奋斗也没有用，只有运用智慧的火花，才能照亮眼前的道路。

当莫扎特还是海顿的学生时，曾和老师打过一次赌。莫扎特说，他能写一段曲子，老师准弹不了。海顿当然一笑了之，以为这不过是学生说的玩笑而已。当莫扎特拿来曲子时，海顿未及细看就满不在乎地坐在钢琴前弹奏起来。仅一会儿工夫，海顿就惊呼起来：“我两只手分别弹响钢琴两端时，怎么会有一个音符出现在键盘中间位置呢？”接下来他以自己精湛的技巧又试弹了几次，还是不成，最后无奈地说：“真是活见鬼了，看样子任何人也弹奏不了这样的曲子了。”这时，莫扎特接过乐谱，微笑着坐在琴凳上，胸有成竹地弹奏起来。当遇到那个特别的音符时，他不慌不忙地向前弯下身子，用鼻子点弹而就。海顿禁不住对自己高徒的智慧赞叹不已。

智慧犹如莫扎特的鼻尖，只需轻轻一点，就解决了难题。所以，我们要用脑来做事，而不是用手。

迪士尼乐园开张之前，设计部对如何设计最人性化的路径大伤脑筋，如何才能让所有人都觉得路径的设计最合理呢？而建筑设计大师格罗培斯从法国南部卖葡萄的老太太的“给人自由，任其选择”中得到启发，采用“撒下草种，提前开放”的策略，让游人们一拥而进，随自己的喜好随意走向目的地，结果形成了真正人性化的路径，并使迪士尼乐园的路径设计获得世界最佳路径设计奖。

很多故事其实都告诉我们，运用智慧，用心去思考，无论再难的事情都有解决的办法。

我们在小学就学过司马光砸缸、乌鸦喝水等故事，它们就是说明了关键时刻运用智慧的重要性。

司马光的小同伴在玩耍中，一不小心栽到一人多高的水缸里，水又深，缸壁又高又滑，爬不出来，马上可能被淹死，同伴们束手无策。司马光想，只要把人和水分离开，人就不会被淹死，这是显而易见的道理。怎么样使人和水分离开呢？一种方法是人从缸里爬出来，这是常规的思维方法，然而当时没有条件做到；另一种方法是反过来进行思考，既然人不能从缸里爬出去，那么就让水从缸里流出去，同样可以达到人和水分离的目的，人就不会被淹死了。司马光立即拿起一块大石头，用力把缸打破，水流出来了，小同伴得救了。正因为司马光令人赞叹的智慧，使得这个小故事流传近千年，家喻户晓。

再看乌鸦喝水的故事，乌鸦解决喝水问题，没有总是局限于把嘴伸进瓶去，而是想到了让水面自己升高。于是它去叼石子，把水面升了上来，结果就轻轻松松喝到水了。

如果让你去把一个名不见经传的人，突然变成世界银行副总裁和洛克菲勒的女婿，你觉你能办到吗？很多人觉得不可能。那么就请看看下面这个人如何运用智慧将不可能变为可能的吧。

一位花甲老人，大儿子、二儿子都在城里工作，只有小儿子和他相依为命。一天，一个外乡人对他说："老人家，我想给你的小儿子在城里找一份工作。"

老人气愤地说："不行，你快滚！"外乡人说："如果我给你的儿子找个对象呢？"老人恶狠狠地说："少废话，快滚！"他边说边拿起一根棍子。外乡人后退一步说："如果我给你儿子找的对象是洛克菲勒的女儿呢？"老人笑着答应了。

几天后，外乡人找到了洛克菲勒："先生，我想给您女儿找个对象。"洛克菲勒冷冷地说："不需要！"

外乡人又说："如果我给你女儿找的对象是世界银行的副总裁呢？"

洛克菲勒沉思着答应了。

外乡人找到了世界银行总裁："先生，你应该马上任命一位副总裁！"

世界银行总裁："你没事吧？"

外乡人胸有成竹地说："如果你任命的这个人是洛克菲勒的女婿呢？"

总裁当然没有拒绝的理由了。

这样一来，这一个有着重重阻碍、看似不可能的任务就完成了。这就是智慧的力量，他不但能帮你打破僵局，更能将"不可能"变为"可能"。

聪明的人就是最善于动脑筋的人。一个人，不动脑筋，就没有新思路，做起事来就没有好方法。多动脑筋，就可以找到解决难题的新思路。思路一变难题解，思路一变天地宽。智慧往往有着点石成金的作用。

法国著名舞蹈家丽丝拉·波丽妲有一个美丽的私人园林。每到周末，总会有人到她的园林里去摘花，采蘑菇，有的甚至搭起帐篷，在草地上野营、野餐，弄得园林一片狼藉，脏乱不堪。

管家曾让人在园林四周围上篱笆，并竖起"私人园林，禁止入内"的木牌，但均无济于事，园林依然不断遭到践踏和破坏。于是，管家只得向主人请示。

波丽妲听了管家的汇报后，让管家做几个大牌子立在各个路口，上面醒目地写明：如果在园林中被毒蛇咬伤，最近的医院距此 15 公里，驾车约半个小时才能到达。

从此，再也没有人闯入她的园林。园林还是那个园林，波丽妲只是运用了一下智慧，保护园林的难题就解决了。

这个世界对于善于运用智慧的人来说充满机会，对于不善于运用智慧的人来说就充满难题，只有善于运用智慧的人才是有创造力的人，才能迅速打破僵局，让事业顺利前进。在竞争中，如果做什么事情只能做的和平常人一样，无法超越别人，就难以从如林的强手中胜出，在激烈的角逐中夺魁。

第五章

学会行动

——做一个实干家

成功地将一个好主意付诸实践，比在家里空想出 1000 个好主意要有价值得多。没有行动，再远大的目标只是目标，再完美的设想也仅仅是设想，要想使其变为现实，必须付出行动。

第一节　躺着思想，不如站起来行动

躺着思想，不如站起来行动

成功地将一个好主意付诸实践，比在家里空想出1000个好主意要有价值得多。没有行动，再远大的目标只是目标，再完美的设想也仅仅是设想，要想使其变为现实，必须付出行动。

在远古时候，有两个朋友，相伴一起去遥远的地方寻找人生的幸福和快乐。一路上，两个人风餐露宿，在即将到达目标的时候，遇到了一片风急浪高的大海，而海的彼岸就是幸福和快乐的天堂。关于如何渡过这片海，两个人产生了不同的意见：一个建议采伐附近的树木造成一条木船渡过海去；另一个则认为无论哪种办法都不可能渡得了这片海，与其自寻烦恼和死路，不如等这片海流干了，再轻轻松松地走过去。

于是，建议造船的人每天砍伐树木，辛苦而积极地制造船只，并顺带着学会游泳；而另一个则每天躺下休息睡觉，然后到河边观察海水流干了没有。直到有一天，已经造好船的朋友准备扬帆出海的时候，另一个朋友还在讥笑他的愚蠢。

不过，造船的朋友并不生气，临走前只对他的朋友说了一句话："去做一件事不见得一定能成功，但不去做则一定没有机会得到成功！"

能想到躺到海水流干了再过海，这确实是一个"伟大"的创意，可惜的是，这却是个注定永远失败的"伟大"创意。

这片大海终究没有干枯掉，而那位造船的朋友经过一番风浪最终到达了彼岸，这两人后来在这片海的两个岸边定居了下来，也都各自衍生了许多子孙后代。海的一边叫幸福和快乐的沃土，生活着一群我们称为勤奋和勇敢的人；海的另一边叫失败和失落的原地，生活着一群我们称之为懒惰和懦弱的人。

临渊羡鱼，不如退而结网。与其羡慕幻想，不如马上行动。有条件不做等于没有条件，没有条件可以在做的过程中创造条件。想法只有化作行动，才有达成愿望的可能，否则想法永远是想法。

想到了就去做，人的潜能是无法预测的。只要有了好的想法，然后立即行动，相信谁都可以成功，关键看你是否将想法付诸于行动。

从前有两个和尚，一个很有钱，每天过着舒舒服服的日子；另一个很穷，每天除了念经时间外，就得到外面去化缘，日子过得非常清苦。

有一天，穷和尚对有钱的和尚说："我很想去拜佛，求取佛经，你看如何？"

有钱的和尚说："路途那么遥远，你怎么去？"

穷和尚说："我只要一个钵、一个水瓶、两条腿就够了。"

有钱的和尚听了哈哈大笑，说："我想去也想了好几年，一直没成行的原因就是旅费不够。我的条件比你好，我都去不成，你又怎么去得了？"

然而，过了一年，穷和尚回来了，还带了一本佛经送给了有钱的和尚。有钱的和尚看他果真实现了愿望，惭愧得面红耳赤，一句话也说不出来。

我们并不能在行动之前把所有可能遇到的问题统统消除，但是我们可以在行动中克服各种困难。

正因为有不少人总想着等到有100%把握了才行动，反而陷入了行动前的永远等待中。有的人甚至连一个小小的愿望都要等到所有条件都满足后才开始行动。你不可能等到所有条件都成熟后再行动。如果是那样，恐怕也就错过最佳的时机了。

正因为如此，很多人一辈子干不成一件事情，永远处于等待中。只有那些想到就马上动起来的人，才是真正能改变现状的人。

"想到就去做"这好像是一句广告词。说起来，人人皆知，可又有几个人能真的"想到就去做"呢？

美国成功学家格林演讲时，曾不止一次地对听众开玩笑说，全球最大的航空速递公司——联邦快递（FedEx）其实是他构想的。

格林没说假话，他的确曾有过这个主意。20世纪60年代格林刚刚起步，在全美为公司做中介工作，每天都在为如何将文件在限定时间内送往其他城市而苦恼。

当时，格林曾经想到，如果有人开办一个能够将重要文件在24小时之内送到任何目的地的服务，该有多好！

这想法在他脑海中停留了好几年，他也一直经常和人谈起这个构想，遗憾的是，他没有采取行动，直到一个名叫弗列德·史密斯的人（联邦快递的创始人）真的把它转换为实际行动。从而，格林也就与开创事业的大好机会擦身而过了。

格林用自己的故事现身说法：成功地将一个好主意付诸实践，比在家里空想出1000个好主意要有价值得多。没有行动，再远大的目标只是目标，再完美的设想也仅仅是设想，要想使其变为现实，必须付出行动。

可见，行动才是最终决定力量，无论你的计划多么详尽、语言多么动听，你不开始行动，就永远无法达到目标。在一生中，我们有着种种计划，若能够将一切憧憬都抓住，将一切计划都执行，那么，事业上所取得的成就将是多么的伟大！

目标是行动的指南

对于一只盲目航行的船来说，所有的风都是逆风。

目标是行动的指南，没有或迷失了方向，行动就很难成功，更不会有所成就。

美国哈佛大学曾对当年的毕业生进行了一次关于人生目标的调查，调查结果显示：27% 的人，没有目标；60% 的人，目标模糊；10% 的人，有清晰但比较短期的目标；只有 3% 的人，有清晰而长远的目标。

25 年后，哈佛大学再次对这一批毕业生进行了跟踪调查，结果是这样的：3% 的人，25 年间他们朝着一个既定的方向不懈努力，现在大都成为社会各界的成功人士，其中不乏行业领袖、社会精英；10% 的人，他们的短期目标不断实现，成为各个行业、各个领域中的专业人士，大都生活在社会的中上层；60% 的人，他们安稳地生活与工作，但没什么特别突出的成绩，他们大都生活在社会的中下层；剩下 27% 的人，他们的生活没有目标，生活很不如意，并且常常在抱怨他人，抱怨社会，抱怨一切，他们挣扎在社会的最底层。

其实，他们之间的差别仅仅在于：25 年前，他们中的一些人知道自己的人生目标，而另一些人不清楚或不是很清楚自己的人生目标。要想获得成功，最重要的不是我们现在所处的位置，而是我们行动的方向。

古罗马的小塞涅卡说过："有些人活着没有任何目标，他们在世间行走，就像河中的一棵小草，他们不是行走，而是随波逐流。"人生有了目标，好比手里有了生命之旅的车票，你能确切地知道自己该去哪儿，何时停站，何时到达。没有目标，人生也就没有了方向，也就没有了生活的动力，这就如同面对一个看不见的对手，你握紧了拳头都不知打向哪里。

《福布斯》世界富豪、日籍韩裔富豪孙正义19岁的时候曾做过一个50年生涯规划：20多岁时，要向所投身的行业，宣布自己的存在；30多岁时，要有1亿美元的种子资金，足够做一件大事情；40多岁时，要选一个非常重要的行业，然后把重点放在这个行业上，并在这个行业中取得第一，公司拥有10亿美元以上的资产用于投资，整个集团拥有1000家以上的公司；50岁时，完成自己的事业，公司营业额超过100亿美元；60岁时，把事业传给下一代，自己回归家庭，颐养天年。现在，孙正义正在逐步实现着他的计划，从一个弹子房小老板的儿子，到今天闻名世界的大富豪，孙正义只用了短短的十几年。

富人与穷人的区别就在于富人有自己明确的奋斗目标。要想成为富人就必须确定成为富人的目标，然后坚定不移地向你认为正确的方向努力。当你确定好你的人生方向时，才能成为一艘有航行目标的船，任何方向的风都会成为顺风。当你拎起第一桶金后，你会发现赚第二个100万比第一个100万简单容易得多。

那么如何确认你的目标呢？又怎么去实现目标呢？你只要按照下面的几个要点去做就行了：

（1）目标必须是明确的、可达到的。明确地写出你的答案。比方说，如果你想做个企业家，那么你想从事哪一行业，主要做什么业务？一定要尽可能地明确。

（2）把目标写下来并问自己为什么要实现这个目标。把目标写在纸上，同时列出实现目标的好处和理由。好处和理由越多，你就越能认识到目标的重要性和必要性，从而更有动力和紧迫感。你可以把目标写在卡片上随身携带，经常用来参考，也可以把目标深埋在心中。

（3）制定实现目标的期限。没有期限，就等于没有目标，有期限才会有压力。

（4）明确实现目标过程中的困难和障碍。在一张纸上写出实现目标的过程中可能会遇到的困难和障碍，然后根据重要性和难度设定优先顺序，再仔细考虑解决问题的方法。

（5）找出能提供帮助的人和组织。列出在实现目标的过程中，哪些人或者组织能为你提供帮助。一个人的能力毕竟有限，借助他人的力量，很多事情就能迎刃而解。

（6）根据目标制定计划。如果目标过于长远和虚无，你最好将目标细分为计划。为目标制定一个切实可行的计划，一定要明确详细，年有年计划，月有月计划，周有周计划。

（7）不断调整和完善目标。社会和条件是不断变化的，所以，根据实际情况调整和完善目标是很有必要的。

（8）按期评估和考核。没有评估和考核，缺乏监督和调整，一切目标都是没有意义的。

（9）马上行动，放手去做。没有行动，再好的计划也只是梦想。

心理学家经过调查发现，成功人士大都有两个共同点：第一，明确地知道自己的目标；第二，能够朝着目标坚持行动。目标是人生的核动力，是效率的加速器，是战胜困难的自信心。所以，从现在就开始，向着你的目标行动吧！

成功其实很简单

成功真的很简单。因为在我们身边，许多偶然的事件之中蕴含着巨大的机遇。只要你细心观察，发现机遇，积极行动，你就有可能改变你的人生。

香子兰是一种豆科植物，它在花落后会结出豆荚形的果实。成熟的香子兰果实晒干变黑后，就会成为散发浓郁香味的香料，这种香料，可以被广泛用于食品和化妆品。由于产量低，其价格仅次于藏红花，是世界第二昂贵的调味“香料之王”。最初，香子兰只生长在墨西哥，这是因为只有墨西哥特有的长鼻蜂才能使其授粉结果。因为香子兰果实的珍稀与贵重，当地的印第安人部落经常为争夺它发生武力冲突。

1793 年，南印度洋留尼汪火山岛上的居民引进了香子兰和为之授粉的长鼻蜂。那年春天，香子兰在岛上生长茂盛，并开出了淡黄色的花朵，这令留尼汪人很高兴。但令人们想不到的是，那些长鼻蜂竟然出了问题：它们无法适应火山岛上的生活，最后都死去了，而当地蜜蜂对这种外来植物毫无兴趣。

香子兰的花期短暂，每朵花只开一天，没有授粉者，就意味着这些花朵全部凋谢却结不出一颗果实！人们心急如焚，只能眼看着花谢而绝望。

一天，一个心有不甘的留尼汪人偶然用手捻了一下一朵香子兰花的花蕊，没想到这一捻竟捻出了奇迹，不久以后，这株香子兰结出了香喷喷的果实。这样，岛上的人们才知道，香子兰是雌雄同体的植物，没有长鼻蜂，人工也可以为它授粉。这个发现，使得香子兰的足迹开始遍及世界。

如今，每当香子兰花开时，人们只要随身带一个长长的针，刺一下花蕊，就完成了授粉任务。

香子兰的故事告诉我们：有时，奇迹与我们只相隔一朵花的距离，有些人因为无动于衷、消极等待而失之交臂，而有些人只是动了一下手指，奇迹就出现在眼前。所以，只要你积极行动，努力尝试，成功其实也可以很简单。

与海水相比，空气到处都有，呼吸即得，那么，你想到过出卖空气吗？

大都市里的人们往往生活在污浊的空气中，早已有人打起了空气的主意，比如空调器、加湿气、负离子发生器，等等。然而，这些玩意儿虽然有一定的效果，但仍不能使人有如置身大自然的感觉。

有一位日本人机敏地抓住了这个机会，把山林、田野、草地间的清新空气收集起来，生产出不可思议的产品——只有一股气儿的“空气罐头”。

对那些日夜饱受污浊大气之苦的大都市有钱人来说，一打开空气罐头，扑面而来的是一股股真实清新的大自然的气息，闭上眼睛便可以体会到置身山林、田野、草地的感觉，那可真是心旷神怡的享受啊！结果，空气罐头销路出奇地好，那个日本人也发了大财。

看来，成功真的很简单。因为在我们身边，许多偶然的事件之中蕴含着巨大的机遇。只要你细心观察，发现机遇，积极行动，你就有可能改变你的人生。

决不为自己找借口

没有人与生俱来就会表现出能与不能，是你自己决定要以何种态度去对待问题。保持一颗积极、决不轻易放弃的心去面临各种困境，而不要让借口成为你工作中的绊脚石。

世界上最容易办到的事是什么？很简单，就是找借口。狐狸吃不到葡萄，它就找出一个借口：葡萄是酸的。我们都讥笑狐狸的可怜，但我们又不自觉地为自己找借口。

在我们日常生活中，常听到这样一些借口：上班晚了，会有“路上堵车”、“闹钟坏了”的借口；考试不及格，会有“出题太偏”、“题目太难”的借口；做生意赔了本有借口；工作、学习落后了也有借口……只要有心去找，借口总是有的。

久而久之，就会形成这样一种局面：每个人都努力寻找借口来掩盖自己的过失，推卸自己本应承担的责任。于是，所有的过错，你都能找到借口来承担，借口让你丧失责任心和进取心，这对于你的生活和工作都是极其不利的。

没有人与生俱来就会表现出能与不能，是你自己决定要以何种态度去对待问题。保持一颗积极、绝不轻易放弃的心去面临各种困境，而不要让借口成为你工作中的绊脚石。

年轻的亚历山大继承了马其顿的王位后，拥有广阔的土地和无数的臣民，可这并不能满足他的野心。一次，亚历山大因一场小型战争离开故乡，他的目光被一片肥沃的土地吸引，那里是波斯王国。于是，他指挥士兵向波斯大军发起了进攻，并在一场又一场战斗中打败了对手。随后陷落的是埃及。埃及人将亚历山大视为神一般的人物。卢克索神庙中的雕刻表明，亚历山大是埃及历史上第一位欧洲法老。为了抵达世界的尽头，他率领部队向东，进入一片未知的土地。二十多岁的时候，他就已经击败了阿富汗的地区头领。接着，他又很快对印度半岛上的王侯展开了猛烈进攻……

在仅仅十多年的时间里，亚历山大就建立起了一个面积超过 200 万平方英里的帝国。因为他在任何情况下都不找借口，即使是条件不存在，他也毫不犹豫地去创造条件。

做事没有任何借口。条件不足，创造条件也要上。美国成功学家拿破仑·希尔说过这样一段话：“如果你有自己系鞋带的能力，你就有上天摘星的机会！”让我们改变对借口的态度，把寻找借口的时间和精力用到努力工作中来。因为工作中没有借口，失败没有借口，成功也不属于那些找借口的人！

第二次世界大战时期的著名将领蒙哥马利元帅在他的回忆录《我所知道的二战》中有这样一个故事：

“我要提拔人的时候，常常把所有符合条件的候选人集合到一起，给他们提一个我想要他们解决的问题。我说：‘伙计们，我要在仓库后面挖一条战壕，8 英尺长，3 英尺宽，6 英寸深。’说完就宣布解散。我走进仓库，通过窗户观察他们。

“我看到军官们把锹和镐都放到仓库后面的地上，开始议论我为什么要他们挖这么浅的战壕。他们有的说6英寸还不够当火炮掩体。其他人争论说，这样的战壕太热或太冷。还有一些人抱怨他们是军官，这样的体力活应该是普通士兵的事。最后，有个人大声说道：‘我们把战壕挖好后离开这里，那个老家伙想用它干什么，随他去吧！’”

最后，蒙哥马利写道：“那个家伙得到了提拔，我必须挑选不找任何借口地完成任务的人。”

一万个叹息抵不上一个真正的开始。不怕晚开始，就怕不开始。没有第一步，就不会有万里长征；没有播种，就不会有收获；没有开始，就不会有进步。因此，你千万不要找借口，再困难的事只要你尝试去做，也比推辞不做要强。

懒惰是精神腐蚀剂

懒惰是一种精神腐蚀剂。因为懒惰，人们不愿意爬过一个小山岗；因为懒惰，人们不愿意去战胜那些完全可以战胜的困难。

记得有位哲人说过：“懒惰，像生锈一样，比操劳更能消耗身体——经常用的钥匙总是闪闪发亮的。”懒惰，不但让你一事无成，还会贻害无穷。

谁都知道，深海氧气稀薄，但为了生存，很多动物不得不根据深海里的环境来进化自己：它们尽量减少活动或者干脆不动，长期蛰伏在一处，以减少身体对氧气的需求。所以，尽管深海里环境恶劣，还是有不少动物顽强地生存了下来。最近，美国的一家海湾水族馆研究所，由克雷格·麦克莱恩领导的一项研究发现，生活在深海里的动物渐渐减少的原因，居然不是因为氧气的减少，而是因为氧气的增多。

在南加州海域，就因为移植了大量含氧海藻，而导致许多深海动物消失。人们以为含氧海藻能够改善深海动物的生存环境，没想到反而害了那些动物。因为含氧海藻是一种能够制造氧气的深海植物，是普通海藻造氧量的100倍。

照理来说，增加了氧气的深海对鱼类应该是一件有益的事，可是因为千百年来，那些长期蛰伏于一处不动的深海动物已经适应了缺氧的环境，突然有新鲜的氧气注入，便容易产生氧气中毒。不会氧气中毒的方法只有一个，那就是迅速改变原有的生活习惯，改静止为动态。只有不停地游动，才能够加速呼吸，让过量的氧气排出体外，这样，过量的氧气不但对它们构成不了威胁，反而会让它们更加具有活力。

所以，生活在深海中的动物很快便会分为两种：一种因为无法改变自己原有的“懒散”的生活习性而变得无所适从，甚至被“淘汰”了；而另一种则一改往日的静止而快速行动起来，因为适应了由大量氧气注入的新环境而变得“如鱼得水”。

克雷格·麦克莱恩最后得出结论：不是氧气害了那些深海动物，而是它们自己的懒惰习性。

对从事任何种类工作的人而言，懒惰都是一种堕落的、具有毁灭性的东西。懒惰、懈怠从来没有在世界历史上留下好名声，也永远不会留下好名声。只有多行动，依靠自己的辛勤劳动，才能创造美好未来。

20世纪初叶，一个华人泥水匠在美国洛杉矶北部一条铁路附近建了一座很漂亮的塔。他在那里打工时认识了一个比他小20岁的黑人姑娘。他天天买甜饼给她吃，后来二人渐渐有了感情，黑人姑娘就嫁给了他。那块空荡荡的荒地就是他为她而买下的，住房像一个工棚，很简陋，但后院却很大。黑人妻子坚持要在后院修建一个游泳池，起初他依了她，但后来他还是不顾她的阻拦把游泳池拆了，要改建成一座塔。修塔的时候，他也说不上有什么目的。他发动自己的孩子和周围的儿童去捡碎酒瓶和破瓷片，然后他再粘贴在塔上。妻子认为建塔没有什么用，他不听，妻子就带着孩子们走了。他一个人每天一点一点地建，总共花了34年的时间，终于把塔建成了。

但最后他却走了，把房子、院子和塔都交给了邻居的老头儿看管。当地警长要拆毁这个塔，说它不安全，倒下来会砸伤人。可一位大学教授呼吁全社会保护那座塔，并请来了力学专家鉴定塔的安全性能。专家用10000磅的拉力也没有拉倒塔，证明塔是坚固的，于是作为重点文物保护下来，那位大学教授也因保护那座塔而声名远播。

世界上有很多的事情最初是看不出它的端倪的，就像泥水匠建的塔，他随意而建，毫无目的，于是，当他日积月累地建成了，就成了一种建筑艺术珍品，就成了珍贵的文化遗产。大学教授对那座塔进行过多年研究，并在三藩市找到了已78岁的建塔老人。大学教授把他请上讲台，要他给大学生做一次学术报告，讲讲当年建塔的原始冲动。他说：“我当初建塔就像咳嗽一样地忍不住。”大学生们笑了，教授补充说：这是老先生的幽默，而我们应该领会到他所表达的一个真理，那就是艺术家都有最原始的创作冲动。

大凡灵感都像咳嗽一样忍不住，会产生一种原始的冲动，而将那种原始的冲动付诸实施，就会成就一件艺术珍品或者某种发明创造。当然，原始的冲动也是厚积薄发的，它来源于勤思与实践。一个懒惰的人，灵感是不会光顾他的。

懒惰是一种精神腐蚀剂。因为懒惰，人们不愿意爬过一个小山岗；因为懒惰，人们不愿意去战胜那些完全可以战胜的困难。因此，那些生性懒惰的人不可能在社会生活中成为一个成功者，他们永远是失败者。成功只会光顾那些辛勤劳动的人们。

在行动中完善自己

只有自己付出行动，去亲身实践体会，得到的才是真正属于自己的见识和智慧。

有座仓库里放了两把犁，其中一把满是铁锈，另一把却无比光亮。生锈的犁嫉妒地看着它熠熠生辉的邻居说："为什么你这么光滑帅气，我却全身乌黑，毫无光彩。不公平，我要求给予平等！"光滑的犁说："我的光彩来自于我的艰辛劳动。"

同样是两把犁，为什么一把锈迹斑斑，另一把光亮如新？很简单，差别就在于行动。勤于行动，才能让自己保持光亮。同样的道理，只有在行动中，人才能得以完善自己。

一个年轻人因为失业生活渐入窘境，走到海边去自尽。一个老者向他讲了一段话：假如你手中有一粒沙子，你扔向沙滩，你很难在沙滩中找回这粒沙子；但假如你是一颗灼灼发光的珍珠，你扔向沙滩，你就能飞快地从沙滩中找回珍珠。

我们都在同一个起跑线上，要使自己脱颖而出，首先得让自己变得不同寻常，使自己与其他人相比更加优秀！

那么，要怎么优秀呢？如何才算优秀呢？优秀是一种习惯，生命更是个过程。因此，我们要从行动中完善自己，因为行动决定习惯，习惯决定性格，性格决定命运！因此可以说，行动决定了一个人今后的命运！

英国剧作家萧伯纳说过：行动是通往知识的唯一道路。只有把理论和实践结合起来，在行动中完善自己，才能真正得到属于你自己的知识。否则，即使你满腹经纶，学贯中西，那也都是别人的知识和理论，并不能转化成你自己的智慧和能力。

战国时期，王子期驾驭车马的技术非常高超，世人皆知。赵襄子来向王子期学习驾车。可是，学了很久，与王子期驾车比赛时，他总是落后。赵襄子认为王子期没有把最好的技术教给他。王子期解释说："主公，我怎敢不把驾车的全部技术都教给您呢？您在几次比赛中失败，主要原因是您只懂驾车理论却不会运用呀！我在比赛时，并不十分在意输赢，而是想尽一切办法让马儿跑得舒适流畅些；您却一心一意想争先，根本不顾马的死活，因此总是不能争得第一。"

赵襄子向王子期学习驾车很久，比赛时却总是落后，原因在于他不会把学到的知识运用到实践中去。知识转化为实践能力，需要在社会生活中反复实践，反复运用。课本上学到的东西，不去实践中广泛运用，并在实践中不断总结经验，是不会转化成自己的真正才能的。

"读万卷书，行万里路"，就是提倡深入实际、深入生活、深入实践，有好多知识非得在实践中才能学得到。从现代科学的角度看，人的能力有 30 多种，能通过书本学到的只有那么几种，更多的是师法自然，在实践中去锻炼提高。这就是很多好动爱实践的学生日后成才的原因。

在科技进步一日千里的今天，人们不出门就可以知道天下事了。但是传闻和一些简单的介绍是有局限的，自己亲身经历的才是真正可靠的。有段顺口溜说得好：

"不到印度不知道人还得给牛让道；不到新加坡不知道四周都是水还得管别人要；不到西班牙不知道被牛拱到天上还能哈哈大笑；不到奥地利不知道连乞丐都可以弹个小调；不到丹麦不知道写个童话可以不打草稿；不到斯堪德勒维亚不知道太阳也会睡懒觉；不到巴西不知道衣服穿的很少也不会害臊；不到智利不知道火车在境内拐个弯都很难办到……"

美国作家马克·吐温说过："只有通过实践，别人的智慧才能成为你的经验！否则你和一个藏书的书柜有什么区别呢？"所以，在行动中完善自己这个道理在任何时候、任何阶段都是适用的，只有自己付出行动，去亲身实践体会，得到的才是真正属于自己的见识和智慧。

"读万卷书，行万里路"，就是知行合一，这对于人生很有现实意义。

仪表是人的门面

通常一个人不了解一本书之前，他都是看书的封面来判断书的好坏。一个人不了解另一个人之前，都是看他的穿着。

著名寓言家克雷洛夫写过这样一则寓言：有个聪明人去参加一个朋友的聚会。朋友家养了一条非常乖巧的狗，看到有客人进门就走过去，摇头摆尾，好不殷勤。客人们纷纷夸奖狗聪明，主人被夸奖得飘飘然："只要外人一进门，我这狗就会大声吠叫。"

聪明人这时候刚好赶到，朋友的狗猛烈地吠起来了。聪明人笑着对朋友说："难道我是外人？我又不是第一次来，为什么总是对我叫呢？"朋友只好尴尬地辩解："可能它还没熟悉你的气味吧。"

聪明人笑了笑，说要做个游戏。众人来了兴趣，纷纷表示支持。

聪明人找了一套做工精良的衣服，给外面一个流浪汉穿上。流浪汉穿上衣服后，大摇大摆地进了这位朋友的家门，狗跑上去摇头摆尾。这时候，聪明人笑着对大家说："从某种程度上来说，这是条聪明的狗，它已经能辨别衣服的好坏了。看来我下次不穿好一点，是进不了这个门了！"

众人恍然大悟，原来这条狗只认衣服不认人啊！

通常一个人不了解一本书之前，他都是看书的封面来判断书的好坏。一个人不了解另一个人之前，都是看他的穿着。根据科学家研究，人其实是很感性的动物，人们往往会不由自主地根据第一印象来判断一个人，而且一旦对一个人形成一种判断就很难消除。人们给他人的第一印象中，有 95% 是来自仪表，因为人的表面有 95% 是被衣服所包裹着的。

所以，第一印象中，穿着是一个决定性的因素。海飞丝广告中有句话，"你没有第二次机会给人留下第一印象"，非常经典，也非常正确。

一个衣冠楚楚的仪表能告诉别人："这里站着一个精明能干、很有前途，并且能担当大任的人。他值得受人器重与信任。由于他很尊重自己，因此我也要尊重他。"

而衣着邋遢者就令人不敢恭维了。他们的仪表就告诉别人："这是个落魄的人，他不修边幅，毫无效率，是那种可有可无的小人物。他根本不值得认真重视。”

美国著名推销员特纳在做印刷厂推销员时，是一位善于着装的人，登门推销时，第一次他可能穿的是套头宽松毛衣；第二次来访他就会换上白衬衫、红领带、西装革履；第三次他又会是牛仔裤、T恤衫……总之他的服装色彩、样式搭配非常和谐，简直像在做时装秀。也正因为如此，他给顾客留下了很好的印象。

特纳主要推销印刷业务，一般公司的广告设计、图表、文件对配色、配图、剪接、图案、选定字型等都要求印厂具有敏锐的感觉力，而这位推销员的着装变化，正显示了他这方面的能力，从而赢取了顾客的信任，扩大了产品的销售。

注重自己的衣着，这的确是一个良好的习惯。整洁、干净、得体的衣着，既给自己一种自信的感觉，也是对他人的尊敬，它体现了你良好的个人修养。一个人的穿着打扮也表现了一个人的偏好、价值观、审美观、人生观和个性，你在以你的穿着向世界展示着你是一个什么样的人。

一勤天下无难事

勤奋能塑造卓越的伟人，也能创造最好的自己。大凡有作为的人，无一不与勤奋有着深厚的缘分。

古人说的好：一勤天下无难事。勤奋能塑造卓越的伟人，也能创造最好的自己。爱因斯坦曾经说过，“在天才和勤奋之间，我毫不迟疑地选择勤奋，它几乎是世界上一切成就的催化剂”。高尔基还有这么一句话：“天才出于勤奋。”卡莱尔更激励我们说：“天才就是无止境刻苦勤奋的能力。”

大凡有作为的人，无一不与勤奋有着深厚的缘分。古今中外著名的思想家、科学家、艺术家，他们无不是勤奋耕作走向成功的典型。

1601年的一个傍晚，丹麦天文学家第谷·布拉赫卧在床上，生命已经垂危。他的学生德国天文学家开普勒坐在一张矮凳上，倾听着老师临终的话：“我一生以观察星辰为工作，我的目标是1000颗星，现在我只观察到750颗星。我把我的一切底稿都交给你，你把我的观察结果出版出来……你不会让我失望吧？”

开普勒静静地坐着，点了点头，眼泪从脸颊上流下来。

为了不辜负老师的嘱托，开普勒开始勤奋工作。但是他的继承引起了布拉赫亲戚们的妒忌，不久，他们合伙把作为遗产的底稿全部收了回去。无情的挫折没能使开普勒屈服，他日夜牢记着老师的托付“我的目标是1000颗星”。开普勒顽强地进行实地观测，每天只睡几个小时，吃住都在望远镜边，开始了枯燥单调的天文工作。751，752，753……20多年过去了，终于在1627年，开普勒实现了老师的遗愿。

天才出自于勤奋，伟大来自于平凡的努力，没有人能随随便便成功。没有细致耐心的勤奋工作，也不会有大的成就。

所谓勤，就是要人们善于珍惜时间，勤于学习，勤于思考，勤于探索，勤于实践，勤于总结。看古今中外，凡有建树者，在其历史的每一页上，无不都用辛勤的汗水写着一个闪光的大字——“勤”。

德国伟大诗人、小说家和戏剧家歌德，前后花了58年的时间，搜集了大量的材料，写出了对世界文学和思想界产生很大影响的诗剧《浮士德》；

马克思写《资本论》，辛勤劳动，艰苦奋斗了40年，阅读了数量惊人的书籍和刊物，其中做过笔记的就有1500种以上；

我国著名的数学家陈景润，在攀登数学高峰的道路上，翻阅了国内外相关的上千本资料，通宵达旦地看书学习，取得了震惊世界的成就。

记得有人说过：“天才之所以能成为天才，只不过是因为他们比一般人更专注更勤奋罢了。”的确，没有人能只依靠天分成功。上天只能给人天分，只有勤奋才能将天分变为天才。

曾国藩是中国历史上最有影响力的人物之一，然而他小时候的天赋却不高。有一天在家读书，他把一篇文章反反复复地朗读了不知道多少遍，还是没有背下来。这时候他家来了一个贼，潜伏在他的屋檐下，希望等曾国藩睡觉之后捞点好处。

可是等啊等，就是不见他睡觉，一直翻来覆去地读那篇文章。贼人大怒，跳出来说：“这种水平读什么书？”然后将那文章背诵一遍，扬长而去！

贼人是很聪明，至少比曾先生要聪明，但是他只能成为贼，而曾先生却成为近代史上的风云人物。其中奥妙何在？无非一个勤字。“勤能补拙是良训，一分辛苦一分才。”

可见，任何一项成就的取得，都是与勤奋分不开的，古今中外，概莫能外。伟大的成功和辛勤的劳动是成正比的，有一分劳动就有一分收获，日积月累，从少到多，奇迹就可以创造出来。

无论多么美好的东西，人们只有付出相应的劳动和汗水，才能懂得这美好的东西是多么地来之不易，因而愈加珍惜它。这样，人们才能从这种“拥有”中享受到快乐和幸福。

如果能试着按下面的方法去做，你就能变得勤奋，你的努力也会更加有效：

(1)要做一些自己喜欢的事情；学会自己做决定，哪怕是已定的事情也要学着自己决定一下；从小事开始，先做一些有把握成功的事情；把激发自己热情的事情记录下来；珍惜生命；鼓励自己，和热情的人在一起。

(2)会休息的人才会工作。充分休息，自我放松，培养愉快的心情。在积极的心态下行动，才能事半功倍。

(3)做一个详细具体的计划，让自己的工作有计划、有规律，然后努力把眼前的事情做好。

(4)只顾忙碌而不注重效率也不行，所以要做好时间管理，让自己的努力更有效率。

(5)绝不拖延，只有这样，才能养成今日事今日毕的好习惯。长此以往，便可拥有可贵的品质——勤奋。

第二节　天下事为之则易

成功只存在于行动中

你付出行动了，说不定就能成功，但是不去做，就一定不会有机会成功。

世界上最远的距离是什么？是嘴和手之间的距离。当代人最缺的不是好的创意和构想，也不是能言善辩的雄辩口才，而是行动能力。一个人能否取得成功，不在于学了多少，说了多少，想了多少，而在于他做了多少。因此，说到和做到之间的距离确实可以算是最远的距离，当然也可以算是最近的距离。关键在于，你能不能“现在行动，马上去做”。

猫是老鼠的天敌，老鼠们因深受猫的袭击而感到十分苦恼。有一天，为了共同的利益，它们聚在一起开会，商量用什么办法对付猫的骚扰，以求平安。会上，多种方案提出来了，但都被否决了，最后一只小老鼠站起来提议，它说在猫的脖子上挂个铃铛，只要听到铃铛响，我们就知道猫来了，便可以马上逃跑。这真是个绝妙的办法，大家对这个建议报以热烈的掌声。

这一决议终于被全票通过，但决策的执行者却始终产生不出来，高薪奖励，颁发荣誉证书等等办法一个又一个地提出来，但无论什么高招，好像都无法执行这一决策。至今，老鼠还在自己的各种媒体上争辩不休，也经常举行会议……

这则寓言说明，仅有想法是无济于事的，你必须找到有效的执行方法。成功只会存在于行动中，无论你的心中所想象的是什么伟大的成就，没有行动，你就不可能成功。所以，想做的事，就立刻去做！

很多人抱怨自己有决心，有计划，就是不能成功。其实，这些人是非常愚蠢的，只守着成功的欲望，不行动，成功怎能垂青于你？好好想一想自己，是否每天都在下决心，然而每天都无所事事？是否自己胸怀大志，慷慨激昂，但是从来没有付出行动？记住，有了梦想和计划，就一定要动手去做，哪怕只是从一件很小的事情开始。做完一件事，你就会觉得向希望靠近了一步，自信心也能由此增加。否则，梦想永远遥遥无期。因为，成功只存在于行动中。

罗伯特·约翰逊是西伯里和约翰逊公司的合伙人之一，有一天他无意中了解到生物学家约瑟夫·利斯特关于细菌的研究成果，觉得大有可为。1886年，他们兄弟几个成立了自己的公司——约翰逊公司，并且开始推销他们的消毒纱布。随着医学界逐渐认识到细菌感染的威胁，形势开始对约翰逊兄弟有利了。到1910年，公司发展到需要40栋楼来生产医疗设备。1920年的一天，公司一位名叫厄尔·E.迪克森的职员给同事看了他在家里使用的自动粘贴绷带。厄尔用一小块纱垫粘在胶带上，从而把一些绷带粘在一起，用以保护家里人的割伤或擦伤。公司立即意识到了这项小发明的潜能，不久"邦迪创可贴"就进入了千家万户。

从这个故事里我们可以得知，成功只存在于行动中，没有行动，再好的想法也是空谈，就好比99℃的水少了1℃就不能沸腾。温水和开水的差别就在于这微不足道的1℃。然而，这一步之遥、一度之差又总是艰难和智慧的一跃，是成功与失败的分水岭。这一步，归根结底，就是行动。

一个好的主意，纵使有成百上千人听到，但真正会采取行动将其付诸实践的却往往寥寥无几。你付出行动了，说不定就能成功，但是不去做，就一定不会有机会成功。英国前首相丘吉尔曾指出，虽然行动不一定会带来满意的结果，但不采取行动就绝无满意的结果可言。所以，如果你想获得成功，就必须从行动开始，成功只会存在于行动之中。

万事为之则易，不为则难。凡事都可以在行动中出现转机。目标有难有易，但只要付诸行动，那么难的也会变得容易。不行动的话，容易的也会变得很困难。所以，从现在开始，行动吧！

再解释，鞋子也不会亮

拥有一只老鹰远胜过拥有1000只鸭子。

西方有句著名的谚语：与其诅咒黑暗，不如点亮蜡烛。言语并不能解决问题，只会把事情弄得更糟，只有行动起来才能解决问题。苏联著名的军事家朱可夫元帅就是少说多做、以身作则的典范，他的名言就是——再解释鞋子也不会亮！

1928年，朱可夫担任苏俄骑兵第39团团长。不久，苏军组织了第一批坦克团。朱可夫的部队被选中，改编成为坦克试点部队。为了培养一批优秀的坦克兵，朱可夫以罕见的耐心和以身作则的行动，赢得了士兵的尊敬和爱戴。

有一次，朱可夫在一次仪容检查的时候，对一个连队的仪容很满意，只是觉得有个士兵的皮鞋不够亮。

于是他就询问连长：“你觉得这个士兵的皮鞋怎么样？”连长没有回答，而是转身责备士兵为什么没有擦皮鞋。朱可夫打断他的话：“我问的是你，而不是他。我感兴趣的不是你的反应，而是你的意见。再解释，鞋子也不会亮起来！”

连长很难为情，一时不知道该说什么好。于是朱可夫口气缓和地说：“重要的不是皮鞋没有擦，而是你没有注意这个问题。士兵可能是由于疏忽，而你应该注意这个问题，仔细检查把好关。现在的问题是，看来除了团长，就没有别人去帮助他擦鞋。”

朱可夫让副官拿来小凳和擦鞋工具，然后一丝不苟地帮那个士兵擦起鞋来，直到油光可鉴为止。

这件事情在部队引起不少的笑谈，引发了很多争论。但是有一点是肯定的，朱可夫元帅以行代言的举动得到了人们的认可和尊敬，从此以后不仅士兵们擦鞋更起劲了，而且整个军队的面貌都焕然一新。

人们常说，行动是无声的命令。朱可夫亲自动手给士兵擦鞋，看起来是件小事，但反映出的是他作为团长对全军军容军纪的重视，从小事入手锻造了士兵的顽强作风，从而打造出一支英勇善战的铁军。朱可夫对军容军纪的重视，不是口头说教，而是抓住典型事件，身体力行，教育战士长官。这种身先士卒、以身作则的做法，是朱可夫治军的有力手段。

在美国最大的保险公司——大都市保险公司的新员工大会上，会议一开始，董事长就命令所有的新员工起立，看看自己的座位上有什么。结果每个人都在自己的座位下发现了一张钞票，面值大小不等。看到新员工迷惑不解，董事长继续说到：“这是你们成为大都市一员的第一课：如果坐着不动，就永远别想赚钱！坐着空谈不是大都市的作风！我现在宣布，会议结束！你们马上行动，去寻找客户。”

董事长的意思非常明白，一个人想要获得财富，决不能靠开会空谈，而要行动起来，业绩只会在行动中创造！所以，一个人想要成功，就要做勇于行动的老鹰，千万别做只会呱呱叫的鸭子。

从外形上看，老鹰和鸭子并没有太大的差别，但本质却截然不同。老鹰盘旋于高空，眼观八方，一旦发现目标便马上俯冲，悄无声息，捕杀猎物；而鸭子却只能在地面上生活，整天只会嘎嘎叫，什么都不会做。拥有一只老鹰远胜过拥有1000只鸭子。任何企业都愿意拥有老鹰式的员工，低调谦虚却总能出色地完成任务，而不愿意拥有许多鸭子式的员工，鸭子只会磨嘴皮子却不知付出行动。同样的道理，在生活中，人们也总是信赖喜爱那些踏实谦虚的实干派，而不是夸夸其谈的空谈家。

所以，要想成就卓越人生，走向成功，那么从现在开始做一只行动的老鹰，少说多做，轻言重行。

再好的口才也比不上行动

判断一个人，不是根据他自己的表白或对自己的看法，而是根据他的行动。

真正伟大的人，都是通过行动让人感受到其伟大之处的。行动是通往成功的唯一途径。“世界足球先生”齐达内，是除巴西的莱昂纳多外，仅有的两次获得“世界足球先生”称号的球员。齐达内性格比较内向，一直是少说话、多做事的人，因为他深信行动比光说话有效得多，“用球场上的表现说话”也是他的基本职业准则。

现实生活中，总有一些只会说不会做的人。如果你仔细观察他们，也都是一些不能成大事的人。因为干什么事，只停留在嘴上是不够的，关键要落实在行动上，因为只有行动才最有说服力！夸夸其谈的人永远不会有太大的作为，只有真正去做的人才会成功。

著名作家甘纳先生有一个女性朋友，一天这个朋友请求甘纳先生说服她的小儿子不要吃太多糖，她认为大作家说的话更有分量。于是，甘纳先生请求那个朋友给他三个月的时间做准备。

三个月后，朋友带着她的儿子出现在甘纳面前。甘纳用了最简单的话告诉那个小男孩最好不要吃太多糖，因为会损害健康。如果他能少吃糖，身体会越来越强壮。小男孩马上就接受了他的劝告。

事后，朋友问甘纳：“为什么这么简单的问题你也要准备三个多月？”

甘纳笑了笑说：“为了让说的话更有说服力，我自己必须放弃吃糖三个月。只有这样，以身作则，以行动说话。这样的话，要说服你的孩子，就不用费太多口舌了。”

同样，著名的科学家富兰克林也是个少说多做的优秀代表。富兰克林住在费城时，觉得这个城市需要街灯。他清楚地知道，与其费尽唇舌去与反对的人争辩，还不如用实际行动去说服他们。于是他在自家门口挂了一个很漂亮的灯笼，吸引了来来往往的人的目光。

没过多久，富兰克林的邻居也开始在家门口悬挂灯笼。又过了没多久，费城的市民开始准备装设街灯了。可见，富兰克林的口才再好，也比不上他的行动更有说服力。

行动比说话有效，再好的口才也比不上行动的力量。行动是成功的阶梯，行动越多，登得越高。只有在实践中锻炼，才会得到真才实学。

行动胜于言论，判断一个人是否有能力，要看他的行动而非言谈。战国时候的赵王就因没有认识到这一点，错用只会纸上谈兵的赵括为将，从而导致了赵国的灭亡，重言而轻行的危害由此可见一斑。

有一次，为了谈成一宗出口生意，日本本田公司总裁本田宗一郎在滨松一家餐馆招待外国商人。刚出饭店的门，客人不小心竟将自己的假牙掉进了下水道。

本田宗一郎听说后，二话不说，立即脱了外衣进了下水道捞了好一阵子，才找到假牙。

本田宗一郎将假牙打捞起来后，冲洗干净，并消毒处理后，然后才将它交给客人。完全失望了的外国客人感动并震惊了，宴会厅又沸腾了起来，生意当然也做成了。

本田宗一郎这种无声的行动，一边在告诉雇员：你们也要这样对待客户；同时也在告诉客户：我们是最值得信赖的合作伙伴。正是凭借着这种无声的行动，本田宗一郎赢得了员工和客户的心，迅速将本田公司发展壮大。

所以，面对任何一件该做的事，要立即行动。试一试，才知道结果。做，也许会失败；不做，只有失败。为此，你要记住以下的忠告：不要相信那些只会夸夸其谈的人，多谈不如多做，说得好不如做得好。

一分耕耘，一分收获

只瞄准，不射击，不是好猎手；只呐喊，不冲锋，不是好士兵。

著名科学家马萨森说：“我们成功靠的不是智慧，而是靠不断的努力。付出一分耕耘，才能有一分收获。”只要付出了努力，即使前进的道路曲曲折折，但总有一天，上天会给你相应的回报。音乐家卡罗斯·桑塔纳在谈到他的成功理念时，说道：“你应该拿出150%的努力，不管你做什么都要这样。因为只有付出的越多，你才能得到更多。”

卡罗斯·桑塔纳是一位世界级的吉他大师，他出生在墨西哥，17岁的时候随父母移居美国。由于英语太差，桑塔纳在学校的成绩非常糟糕。有一天，他的美术老师克努森把他叫到办公室，说：“桑塔纳，我翻看了一下你来美国以后的各科成绩，除了‘及格’就是‘不及格’，真是太糟了。但是你的美术成绩却有很多‘优’，我看得出你有绘画的天分，而且我还看得出你是个音乐天才。如果你想成为艺术家，那么我可以带你到旧金山的美术学院去参观，这样你就能知道你所面临的挑战了。”

几天以后，克努森便真的把全班同学都带到旧金山美术学院参观。在那里，桑塔纳亲眼看到了别人是如何作画的，深切地感到自己与他们的巨大差距。克努森先生告诉他说：“心不在焉、不求进取的人根本进不了这里。你应该拿出150%的努力，不管你做什么或想做什么都要这样。”克努森的这句话对桑塔纳影响至深，并成为他的座右铭。通过自己的不懈努力，2000年桑塔纳以《超自然》专辑一举获得了8项格莱美音乐大奖。

一个人难免有落魄或处于困境的时候，但不管面对什么样的境遇，不放弃任何希望，抓住各种机遇并付出150%努力的人，是不会失败的。只要付出了一分努力，就必然能得到一分收获。

“一分耕耘，一分收获”的确不假，也许一分耕耘不能换来一分收获，但一分收获却必须有一分耕耘！成功不会从天而降，人必须付出行动，才能有所成就，天才和成功其实就是不懈努力和积极行动的结果。邮差弗雷德就是一个通过持之以恒的行动从平凡走向成功的典范。

一位每天穿梭于社区间的普通邮差似乎总也不能引起很多人的注意，其默默无闻又日复一日的简单劳作，怎么也让人无法理解他与杰出之间的密切关系，然而美国有一位叫弗雷德的邮差，用自己的行为改变了世人对这项工作的看法，也改变了许多人对自己工作的认识。以至于许多年来，弗雷德的故事在美国家喻户晓，各行各业的人们纷纷从邮差弗雷德那里得到启示。那么先看看弗雷德是如何从平凡走向优秀的吧。

每当弗雷德服务的小区有新住户搬来，他就会上门拜访，自我介绍，同时了解住户的职业、爱好，决定自己服务的方式；

如果有住户经常出差，他会向住户要一份日程表，主人不在家期间，他替主人把邮件打包保存，防止有小偷窥探到被塞满的邮箱，判断主人不在家而行窃；

如果有邮件投错了地址，弗雷德会设法找到正确的收件人，附上字条，解释清楚；

如果主人不在，还要将邮件用脚垫遮住，以避人耳目；

给住户写好感谢信，即使是自己递送，弗雷德也要自费贴上邮票，严格遵守邮局的规定。

几乎全世界的邮差都一样：一身蓝色的工作服，一个帆布的口袋，走街串巷。不同的是，弗雷德在传递信件、报刊、包裹的同时，传递了他对职业真诚的敬重，传递了富有想象力的热忱与体贴，传递了服务者与被服务者之间的人情和人性温暖的光芒。

在美国，有很多公司设立了“邮差弗雷德奖”，鼓励那些热爱工作，尽职尽责，创新服务的员工。

热爱并付出努力，坚持行动，是迈向成功的第一步。成功是辛勤的劳动的结果，一分耕耘，一分收获。只要你能像邮差弗雷德那样，即使处于平凡的岗位，只要通过自己的想象力和创造力，坚持努力，把平凡的工作做得无与伦比，就可以跨越平凡成为精英和杰出人才。

只瞄准，不射击，不是好猎手；只呐喊，不冲锋，不是好士兵。永远躺在摇篮里四肢会萎缩；永远待在黑暗中，双目会失明。所以，不要为失败而彷徨，更不要畏缩不前，只要我们坚持行动，付出努力，就一定会穿过暴风雨，到达成功的彼岸。

成功，就是再坚持一分钟

成功不是将来才有的，而是从决定去做的那一刻起，持续累积而成的。胜利者，往往是能比别人多坚持一分钟的人。

卡耐基在被问及成功秘诀的时候说道：“假使成功只有一个秘诀的话，那应该是坚持。”

过去行的，现在不一定能行；过去不行的，现在也许就行。任何人，任何事都是从不行到能行，只有难易的不同。停止努力了，行的也变不行了；继续努力，不行的就能行了。成功的秘诀其实可以归结为两个字，那就是“坚持”！

生活的意义，并不在于你是否在经受挫折和磨炼，也不在于要经受多少挫折和磨炼，而是在于坚持不懈。经受挫折和磨炼是射击，瞄准成功的机会也是射击，但是只有经历了 99 颗子弹的铺垫，才会有一枪击中靶心的结果。

只要坚持到底，就一定会成功，人生唯一的失败，就是当你选择放弃的时候。因此，当你处于困境的时候，你应该继续坚持下去，只要你所做的是对的，总有一天成功的大门将为你而开。胜利者，往往是能比别人多坚持一分钟的人。

往往，再多一点努力和坚持便收获到意想不到的成功。以前做出的种种努力，付出的艰辛便不会白费。令人感到遗憾和悲哀的是，面对一而再，再而三的失败，多数人选择了放弃，没有再给自己一次机会。

在成功的道路上，永远没有失败，只有暂时停止成功或者将要成功。所以无论何时，我们都应该信心百倍地去全力争取人生的幸福和成功，并永远激励自己：离成功我只有一百米，只要再多一分钟的坚持！所以，要总对自己说，要坚持每天学一点东西，坚持每天快乐一点点，坚持每天进步一点点……

有好的想法就马上行动

临渊羡鱼，不如退而结网。与其羡慕不已，不如马上行动。

曾看过这样一则故事：有这么一个小男孩，资质平凡，没有什么过人之处。他小时想当班长，结果他连任三年班长；大学时，他喜欢上校花，终于在许多男孩嫉妒的眼光中做了她的男朋友；大学毕业后，他想开一家公司，三年后这家公司上了电视台；在他三十多岁时，忽然想学画画，结果在他四十几岁时成功举办了画展。

当别人都羡慕他时，他却说：“我很平凡，没有聪明的才智，也没有远大的抱负，只是想到就会去做。不管结果如何，我却认为我没有输。”简单朴素的话语却揭示了深刻的道理。

“想到就去做”这好像是一句广告词。说起来，人人皆知，可又有几个人能真的“想到就去做”呢？

天底下最可悲的一句话就是：我当时真该那样做，却没有去做。也经常听见有人说：如果我当年那样做，就发大财了。好的创意和想法每个人都有，如果没有付诸行动，只能白白浪费，胎死腹中，真叫人叹息不已。成功者之所以能够成功，主要是因为他们有好的想法就会付诸行动。

比尔·盖茨发现了个人电脑的巨大机会，于是果断地从哈佛大学退学，开创了微软公司；松下幸之助看到了电器的广阔前途，于是用仅有的100日元创建了松下公司……他们都是拒绝空想、迅速将想法转化为行动的典范。

同样的道理，这个世界的平凡者之所以如此多，主要因为有远大抱负并矢志不移地为之努力并最终取得成功的人实在是少得可怜。他们顾虑重重，缺乏勇气和行动，最后白白浪费了机会。

好的创意和想法，每个人都有，但是最终取得成功者只有极少数。成功者和平凡者的差别，就在于行动。

第三节　凡事都要讲方法

做事讲方法，就能事半功倍

努力地做事固然重要，但如果能讲究方法，就往往能事半功倍。

成功学家认为，成功有三个必要条件：有强烈的渴望成功的企图心；坚持不懈的努力；行之有效的成功方法。所以，努力地做事固然重要，但如果能讲究方法，达到事半功倍的效果，那就更为理想了。

开动脑筋，讲究技巧，你的成功目标也许就会提前实现。做事情若靠蛮力，而不懂得运用技巧，效果就会大打折扣。其实，要办好一件事情，有时候，方法比想法更重要。

一位衣冠楚楚的犹太人来到纽约一家大银行的贷款部："我想借一些钱。"

"好啊，只要你能提供相应的担保，无论借多少都可以。"贷款经理答道。

"1美元，可以吗？"犹太人问道。

"当然可以。我说过，只要有担保，再多些也没关系。"

"我只要借1美元。这些是担保。"犹太人说着打开皮包，取出一大堆票据，"总共价值50万美元，够了吧？"

"没问题。年息6%，为期1年，可以提前归还。归还时，我们将这些票据还给您。这里是合同。"贷款经理虽感不解，但这人带来的票据都是真的，而且显然没有违反规定。

"谢谢！"犹太人在合同上签字后，接过1美元，正欲转身离去。"等等，我想问的是，这些票据值那么多的钱，您为什么只借1美元呢？您知道，即使您要借个几十万美元的话，我们也是很乐意的……"

犹太人转身笑了笑："是这样的。我必须找个保险的地方存放这些票据，而租个保险箱又得花不少费用。放在贵行又安全保险，又能随时取回，一年只要6美分，实在划算。"

这位犹太人从银行的贷款制度中发现了“钻空子”的机会，以6美分利息的代价，获得了更为牢靠和安全的存放票据的场所。成功的商人就是这样绞尽脑汁地一点一滴积累着财富，令人叹为观止。犹太人之所以擅长经商，看来并非空穴来风，还是有一套独特方法的。从这个故事我们可以知道，成功是一定有方法的。

著名作家托尔斯泰说过：“成功一定有方法，失败一定有原因！世界上只有两种人：一种是观望者，一种是行动者。大多数人都想改变这个世界，但没有人想改变自己。”的确，做事如果注重方法的话，就很容易获得成功。

拥有30亿美元资产的美国艾乐公司总裁艾米莉，也是一个善于运用绝妙方法的高手。艾米莉在年轻的时候曾经做过一段时间的糖果店营业员。那时，前来购物的人都非常喜欢她，总是等着她卖东西。有人好奇地问艾米莉：“为什么顾客都喜欢找你呢？而不是找其他的店员，你有什么诀窍吗？难道是你给的分量多吗？”艾米莉摇了摇头说：“我绝对没有多给他们，只是一般人卖糖果的时候，都是开始拿的糖果过多，然后再一点点拿出来。而我是先少拿点，然后再一点点把分量加足的。这样一来，顾客们自然喜欢我了。”

艾米莉把握住了人们的微妙心理，改变了自己称糖果的方式，从而赢得了顾客的喜爱。可见，做事讲究方法技巧，会带来事半功倍的效果，成功目标也会提前实现。所以在生活或者工作中碰到问题百思不得其解的时候，你不妨试着换个方法看看，说不定能有意想不到的奇效。

其实，成功的人和不成功的人就差一点点：成功的人可以无数次修改方法，但绝不轻易放弃目标；不成功的人总是改变目标，却从不改变方法。

爱迪生发明电灯之前，曾经进行过上千次实验。注意，他是以“不同”方式进行实验。每一次的失败代表他又知道一种不能用的方法，而使他又接近成功一步。不必急着放弃一种方法，但是在某个程度时或许就必须改变方法或者策略。

世上的事情，办法总是多于困难。只要我们认准一个合理的目标并为之努力，采用了合适的方法，那么在困难面前，我们就会释放出超常的智慧和潜能。

循序渐进，每天进步一点点

一步登天做不到，但一步一个脚印能做到；一鸣惊人不好做，但全心做好一件事可以做到；一下成为天才不可能，但每天进步一点点有可能。

千里之行，始于足下。任何伟大的工程都起始于一砖一瓦，任何耀眼的成功也都始于一跬一步。成功之前所做的一切琐碎工作都很容易让人厌倦，但成功就是一砖一瓦、一跬一步不断累积的结果。单看一天，或许没有任何成效，但坚持不懈，放眼未来，总有一天，量变会引起质变，发生翻天覆地的变化。

据调查，世界500家大企业的CEO平均每天至少抽出15分钟以上的时间来阅读，每个星期就能翻阅大概30份杂志或图书，一个月可以翻阅100多本杂志，一年就能阅读1000本以上的书籍。看看吧，每天只要抽出15分钟，那些伟大的管理者们就能跟上时代的步伐、管理好企业。从此可以看出，每天进步一点点的力量是多么伟大。

千里之堤，溃于蚁穴。这句大家都非常熟悉的古代谚语告诉我们，任何微小的变化，积累到最后都会带来天翻地覆的变化。

竹子从种下竹鞭到破土而出就是一个量变到质变的典型。熟悉竹子的人都知道，种竹子非一日之功，需要有长远的眼光和足够的耐心。竹农首先要将竹苗栽到土里，接着在土壤表面铺一些干草。

在开始的时候，竹农还看不到竹苗，但是仍然需要每天清晨浇水、除草、松土和施肥，一直持续四年多。在漫长的四年多的时间里，竹农完全看不到竹苗，也不知道他付出的劳动是否能得到回报，他甚至都不知道，竹子是否还活着。终于，在第四年的时候，竹笋破土而出，在短短的三个月里，就长到了十米高。竹子一点点积蓄力量，坚持四年引而不发，在最后三个月终于破土而出，直冲云霄。可见，任何一件事物都有一个量变到质变的过程，任何一个人都不可能随随便便成功，没有平时的积累和努力，哪来人们的功成名就？

所以，无论你在什么时候开始，重要的是开始之后就不要停止。做任何事情都需要按部就班，不能操之过急。一切伟大的行动和成就，都有一个微不足道的开始。

做人也是同样的道理。一步登天做不到，但一步一个脚印能做到；一鸣惊人不好做，但全心做好一件事可以做到；一下成为天才不可能，但每天进步一点点有可能。一个人，如果每天都能进步一点点，哪怕是1%的进步，还有什么能阻挡得了他最终达到成功？

学会说话，做处世高手

一个人的成功有15%是依靠专业技术，而85%却要靠人际关系、有效说话等软科学本领。

美国著名人际关系专家戴尔·卡耐基曾说："一个人的成功有15%是依靠专业技术，而85%却要靠人际关系、有效说话等软科学本领。"如果一个人学会运用得体的语言，具有良好的说话能力，那么，他一定会展现出无穷的魅力，无论是立身处世，还是交友待人，都一定会挥洒自如。

小马与小赵同时进了这家公司。小马是专科生，小赵是研究生。两个人同时被老板安排到车间从技术员做起。两个人对待本职工作都兢兢业业，任劳任怨，工作干得都很出色。

不同的是，小马对人总是很随和，同事们在工作中有什么事请教他或有什么事求他帮忙，只要他有空闲，他都尽力而为，很快他获得了同事们的好感，和同事们相处和谐。而小赵则个性孤傲，总觉得自己的学识是公司里最高的，领导把自己放在这里是屈才。平时他总喜欢独来独往，见了同事也比较冷淡，有时见小马与大家打成一片，还隐隐地不屑一顾。一次，一个同事找他请教问题，他听后皱着眉头说："怎么搞的？这么简单的问题都不知道。"此话一出口，羞得那位同事无地自容，转身就走。从此，谁也不愿向他请教问题，也没几个人愿意同他接触。

不久，公司要提拔技术部主管，经过考查，决定让小马担任技术部主管。小赵不服，找到老总评理。老总告诉小赵："我们的技术部主管，当然要懂技术，如果仅仅懂得技术，他永远都只能做技术员；我们的技术部主管，他更要懂得如何去管理好他手下的员工，让他的员工信他服他。小马虽然技术上比你略逊一筹，但他能让员工们上下一心。我们的企业需要的正是这种能实现人性化管理的人才，而不是一架只知干活的冷冰冰的机器人。"小赵对这个解释不以为然，觉得老总不会赏识人才，于是跳槽到另一个公司。

十年后，小马已经从一名技术员做到总经理，而小赵总是在各大公司间跳来跳去，做着他的技术工作。

其实，小赵人品不错，技术上也比小马专业，他们之间之所以现在有这么大的差异，原因就在于小马善于用得体的语言为自己打造良好的人际关系，而小赵就有点恃才傲物，说话不注意言词，从而影响了自己的人缘。

现实社会中，有好人缘的人，人们都愿意与他们合作。人情是一种复杂的关系，如何在与人交往中一言一行恰到好处，让自己大受欢迎，这就是人生的一门艺术。但若能做到以下几点，你就是口才出众的处世高手：

（1）包装一副好形象。你的外在形象影响着别人对你的印象，穿着得体，笑容恰到好处的你，给人的印象就是“这是一个重要的人，有品位，有气质，很讨人喜欢”。完美的装束再加上得体的语言，你将大受欢迎。

（2）寻找共同的立场。美国著名人际关系专家彭特斯在《合作的六大习惯》一书中告诉了我们一个人际交往中的秘诀：“合作的可能性只有一条：站在同一立场上。”人际关系中根本就没有中间地带，你我之间不是冷漠就是熟悉；不是差之千里，就是观点相同，没有别的选择。所以，想跟别人合作就必须站在对方的立场上，这样才有合作的可能。

（3）适当地投其所好。别以为“投其所好”是个贬义词而不屑一顾，在人际交往中，“投其所好”可能起到引导和激发的作用。比如你知道她喜欢旅游，如果你感兴趣地问起旅途中的见闻，她一定会滔滔不绝地讲给你听，你们的信任度和亲密度也就随之加强了。

（4）有幽默感和随机应变能力。幽默和机智，可以显示出你的聪明和与众不同，既调节了气氛，也容易赢得别人的注意和喝彩。

（5）多赞美别人。每个人都有自己的优点，也都希望得到别人的肯定和赞扬。对别人的长处多给一些赞美，对方听着舒服，你也并不损失什么。要想让别人喜欢你，接受你，你先要赞美别人。

（6）多说谢谢。有人总结出对于人生最重要的十八个字，即：“谢谢，您好，对不起，麻烦您，再见，我错了，请，我们。”其中居首位的就是“谢谢”二字，英文中也有一个词使用率最高，人们几乎每天词不离口，那就是“Thank you”，由此可见“谢谢”这个词被使用的重要性和频繁性。土地失去水分便成了沙漠，世间如果没有了“谢谢”，比沙漠更可怕。

（7）记住别人的名字。给人亲近感的最好方法就是以名相称，特别对那些和你没有工作上来往的人。稍加体会你就会发现，他人叫出你的名字的时候，其中包含的尊重和重视。

（8）找到合适话题。“酒逢知己千杯少，话不投机半句多”。我们与人初次交谈不一定要苛求与对方成为知己，但应尽可能地寻找双方的共同话题，寻找较多的“共鸣点”。

机会不等人，成大事要果断

令人精疲力尽的并不是要做的事本身，而是事前事后患得患失的心态。一个失败者的最大特征就是顾虑再三，犹豫不决。

伟大的作家雨果说过：“最擅长偷时间的小偷就是‘迟疑’，它还会偷去你口袋中的金钱和成功。”虽然我们没有 100% 的把握保证每一次决定都能获得成功，但是现实的情况就是等待不如决断。所以，在机会转瞬即逝的当代社会，等待就意味着“放弃”，成功者宁愿“立即失败”，也不愿犹豫不决。SAP 公司的 CEO 普拉特纳曾经说过这么一句话：“我宁可做 6 个正确决定和 4 个错误决定，也不要犹豫等待。”

当凯撒大帝来到意大利的边境卢比孔河时，看似神圣而不可侵犯的卢比孔河使他的信心有所动摇。他想到，如果没有参议院的批准，任何一名将军都不允许侵略一个国家。此时他的选择只有两种——“要么毁灭我自己，要么毁灭我的国家”，最后他毅然做出决定，喊着：“不要惧怕死亡！”带头跳入了卢比孔河。就是因为这一时刻的决定，世界历史随之而改变。

所以，获得成功的最有力的办法，是迅速做出该怎么做一件事的决定。排除一切干扰因素，而且一旦做出决定，就不要再继续犹豫不决，以免我们的决定受到影响。有的时候犹豫就意味着失去。

古希腊有一位哲学家，饱读经书，富有才情，很多女人迷恋他。一天，一个女子来敲他的门，说：“让我做你的妻子吧！错过我，你将再也找不到比我更爱你的女人了！”哲学家虽然也很喜欢她，却回答说：“让我考虑考虑！”

哲学家犹豫了很久，终于下定决心娶那位女子。哲学家来到女人的家中，问女人的父亲：“你的女儿呢？请你告诉她，我考虑清楚了，我决定娶她为妻！”女人的父亲冷漠地回答：“你来晚了10年，我女儿现在已经是3个孩子的妈了！”

哲学家听了，几乎崩溃。后来，哲学家抑郁成疾。临终，他将自己所有的著作丢入火堆，只留下一句对人生的批注——下一次，我绝不犹豫！

所以，面对选择，一定要迅速做出决断，哪怕做出错误的选择也好过犹犹豫豫。因为，机会一旦错过了，是不会再有的。

有一个小男孩，一天在外面玩耍时，发现一只不会飞的小麻雀，决定把小麻雀带回家喂养，但是想起应该先和爸爸说一声，取得他的同意。于是他想了想，决定先去找爸爸。

爸爸一听就同意了，可是等小男孩回来的时候，一只黑猫正好把地上的麻雀叼走吃了。小男孩伤心不已，暗暗下定决心：只要是自己认定的事情，决不优柔寡断。后来这位小男孩成为了电脑名人，他就是王安博士。

人生的道路上，许多机会都是转瞬即逝的。机会不会等人，如果犹豫不决，很可能会失去很多成功的机遇。

犹豫拖延的人没有必胜的信念，也不会有人信任他们。果断积极的人就不一样，他们是世界的主宰。放眼古今中外，能成大事者都是当机立断之人，他们快速做出决定，并迅速执行。

在确定圣彼得堡和莫斯科之间的铁路线时，总工程师尼古拉斯拿出了一把尺子，在起点和终点之间画了一条直线，然后用不容辩驳的语气斩钉截铁地宣布：“你们必须这样铺设铁路。”于是，铁路线就这样确定了。

纵观历史，成功者比别人果断，比别人迅速，较别人敢于冒险，因此，能把握更多的机会。实际上，一个人如果总是优柔寡断，犹豫不决，或者总在毫无意义地思考自己的选择，一旦有了新的情况就轻易改变自己的决定，这样的人成就不了任何事，只能羡慕别人的成功，在后悔中度过一生！

关注细节，才有资格做大事

一个微不足道的动作，或许会改变人的一生。一些小细节上的疏漏，甚至能使一个国家灭亡。

范德罗是20世纪世界上四位最伟大的建筑师之一，当记者问及他成功的原因时，他回答说："不管你的建筑设计方案如何独特宏伟，如果对细节的把握不到位，就不能称之为一件好作品。细节的精细生动可以成就伟大的作品，而细节的疏忽只会毁坏一个绝佳的设计。"

对于细节的重要性，实在是无须多言。世上很多事物的成与败，优与劣，美与丑，皆是源于细节。许多人的成功，也多出自自身修养的提高，一些微小细节可以改变别人对他的印象，进而促成了他的成功。所以，千万不要轻视细节，因为细节就是成功的资格证，只有在小事上一丝不苟的人，才有资格做大事。

几十年前，前苏联宇航员加加林，乘坐"东方"号宇宙飞船进入太空遨游了108分钟，成为世界上第一位进入太空的宇航员。他之所以能在20多名宇航员中脱颖而出，起决定作用的是一个偶然事件。原来，在确定人选前一个星期，主设计师罗廖夫发现，在进入飞船前，只有加加林一个人脱下鞋子，只穿袜子进入座舱。就是这个细节一下子赢得了罗廖夫的好感，他感到这名27岁的青年如此懂得规矩，又如此珍爱他为之倾注心血的飞船，于是决定让加加林执行人类首次太空飞行的神圣使命。

一个微不足道的动作，或许会改变人的一生，这绝不是夸大其词，可以作为证明的事例随手便能拈来。

美国福特公司名扬天下，不仅使美国汽车产业在世界独占鳌头，而且改变了整个美国的国民经济状况，谁又能想到该奇迹的创造者之一艾柯卡当初进入公司的"敲门砖"竟是"捡废纸"这个简单的动作?

那时候艾柯卡刚从大学毕业，他到福特汽车公司应聘，一同应聘的几个人学历都比他高，条件比他优秀，在其他人面试时，艾柯卡感到没有希望了，感觉有点沮丧。当他敲门走进董事长办公室时，发现门口地上有一张纸，很自然地弯腰捡了起来，看了看，原来是一张废纸，就顺手把它扔进了垃圾篓。董事长把这一切都看在眼里。艾柯卡刚说了一句话："你好，我是来应聘的艾柯卡。"董事长就发出了邀请："艾柯卡先生，你已经被我们录用了。"这个让艾柯卡感到惊异的决定，实际上源于他那个不经意的动作。从此以后，艾柯卡开始了他的辉煌之路，重新振兴了福特汽车，而艾柯卡的名声也开始响遍全世界。

千里之堤，溃于蚁穴。千万不要小看了一些细节，有时候，一些小细节上的疏漏，甚至能使一个国家灭亡。在中国，还真有这么一个关于细节导致亡国的实例。

明王朝是14世纪末至17世纪中叶世界上最强大的帝国。虽然明末的大半军事力量被消耗在了同李自成的内战上，但是，真正灭亡了明王朝的却是满洲人。而导致明军战败的一个重要原因，更是小得令人诧异：衣服袖子太短！

在东北天寒地冻的天气中作战，人的手指非常容易冻僵。满洲人生长在这样的环境中，他们非常习惯在这样的环境里活动。满洲人还发明了一种能够保护住手指的长袖铠甲，使士兵在寒冬中依然能够自如地使用兵器。而明军的铠甲却是短袖的，仗还没开始打，手指已经冻得不能动弹。连武器都握不住，明军当然无法打胜仗了。就这样，明军节节败退，终于在满洲八旗铁骑和农民起义军的双重打击下走向灭亡。

所以，要想成大事，要想把工作做好，“认真”态度是绝不能少的。对于细节，思想上要重视，行动上要落实。好高骛远的结果只会是事倍功半，甚至更糟。记住，在细节上一丝不苟的人，才有资格做大事。

学会合作，没有人能搞定一切

一个企业如果没有团队精神将成为一盘散沙，一个民族如果没有团队精神也将无所作为。

不知你有没有注意到天空中飞行的大雁？它们常常会排成V字形飞行。为什么是V字形呢？因为每一只大雁在振翅飞行时，都会激荡起周围的空气，而这对于紧跟在它后面的同伴是非常有利的，能帮它省力。

因此，大雁会排成一长队，彼此借力。但是，为首的大雁因为前面没有同伴就不能省力，于是，它们便定期变换领导者，以此形成互惠互利的合作局面。据科学测算，成群的大雁以V字形飞行，比一只大雁单独飞行能多飞20%的距离。

和大雁飞行同样的道理，人为了能达到更高的目标，也必须选择与人合作，这是一种必须的人生态度。否则，不齐心合力，就只会南辕北辙，离梦想越来越远。

两头拴在一起的驴想吃草，一头想吃东边那一堆，一头想吃西边那一堆；两头驴互不相让，一个往东拽，一个往西拽，以至于谁也没吃成；冷静下来之后，两头驴换了种方式，一起先往东再往西，这样谁都能吃到想吃的草，还不用费那么大劲儿。

驴子只有合作才能吃到草，否则便只能在互相扯皮中饿死。驴虽然是动物，但从它们身上我们能看见人类历史上最为重要的品质之一，这就是“合作”。

天堂与地狱有什么差别呢？关于这个差别有这么个故事：一位行善的基督徒，死后想看看天堂与地狱究竟有何差异。于是天使就先带他去参观地狱。

在他们面前出现了一张很大的餐桌，桌上摆满了丰盛的佳肴。地狱的生活看起来还不错。

过了一会，用餐的时间到了，只见一群骨瘦如柴的饿鬼纷纷入座。每个人手上拿着一双长十几尺的筷子。可是由于筷子实在是太长了，最后每个人都夹不到。

到了天堂，同样的情景，同样的满桌佳肴，每个人同样用一双长十几尺的长筷子。围着餐桌吃饭的人们，他们也用同样的筷子夹菜，不同的是，他们喂对面的人吃菜，对方也喂他吃，每个人都吃得很愉快。

从这个故事，我们可以看出，天堂和地狱唯一的差别就在于合作。社会在合作中才有进步，人也只有学会合作，才能走向成功。曾经有人采访比尔·盖茨成功的秘诀。比尔·盖茨说：因为又有更多的成功人士在为我工作。成功学家陈安之这样揭示成功秘诀：先为成功的人工作，再与成功的人合作，最后是让成功的人为你工作。在草原上，最令食草动物害怕的不是猎豹，也不是狮子，而是狼群。

合作可以产生一加一大于二的倍增效果。据统计，诺贝尔获奖项目中，因协作获奖的占 2/3 以上。在诺贝尔奖设立的前 25 年，合作奖占 41%，而现在则跃居 80%。所以说，没有完美的个人，只有完美的团队。

当今社会的结构方式，决定了孤军奋战的劣势。要想攻克难关，就必须要有合作意识和团队精神。如果你能够使别人乐意与你合作，不论是工作还是生活，你都会有所成就。奥地利著名的心理学家阿德勒先生说：“我们的最大目标就是：在我们居住的地球上，和我们的同类合作，以延续我们的生命。假使每个人都能独立自主，都能以这种合作的方式来应付其生活，那么人类社会的进步必然是无止境的。”

美国总统罗斯福说：“一个企业如果没有团队精神将成为一盘散沙，一个民族如果没有团队精神也将无所作为。”同样的道理，一个人没有合作精神，也必定成不了什么大气候，要知道红花虽好，也要绿叶扶持。学会了合作，你才能在人生的道路上走得更远！

管理好时间，就是爱惜生命

时间等于金钱：各位，算算自己今天赔了多少钱？

著名的化学家卢瑟福有一间实验室，四周的墙角摆着装满各种仪器的木柜，屋子中间的长条桌上，也放着盆、烧杯和其他奇形怪状的东西，空气中充满了酒精、硫磺和其他药物混杂在一起的怪味儿。

屋内，卢瑟福正和他的助手在做实验。他是一个严肃认真的人，为了争取时间，往往忘了自己的一切。他同助手忙了一阵，实验做完了。卢瑟福读着硫化锌的闪烁读数，对助手说：“快，把我的读数记下来。”

“实验记录本？”助手跳起来惶然四顾。他忽然记起了记录本还在另一个房间，他正想去拿，卢瑟福生气了，厉声叫道：“记在你的袖子上。”惊慌的助手便真的在袖子上写了起来。

事后，卢瑟福看见助手弄脏了的衣服，说：“真对不起！但有什么办法呢？注意力要高度集中呀，当时不记在袖子上，就会忘记，那样我们的实验还得从头做，那浪费的时间就太多啦。”助手深有所悟地点点头。

每天你一起床，就有一笔财富在你手里，那就是时间。只要我们拥有时间，那么我们就是富有的。因为，我们每天都拥有 86400 秒的时间可以支配。如果你不珍惜，时间就会像风一样从你的身边溜过，给日子留下一片苍白。当你懂得珍惜，知道让每一秒的时间都应该给生活涂上一抹色彩，那么你的人生自然就绚丽起来了。上天最公平，它给每个人的都是一天 24 小时、1440 分钟。穷光蛋与百万富翁的差别就在于他们是如何利用这些时间的。

一个人珍惜时间，就是爱护他自己的生命。自古以来，大凡取得成就的人，他们没有一位是不珍惜时间的。大发明家爱迪生，平均三天就有一项发明，正是抓住了分分秒秒的时间进行了仔细的研究，单是寻找用什么材料来作电灯丝就做了无数次实验。马克思临终前还在争分夺秒地写《资本论》。这些事例都生动地说明了：一个人要想在有生之年做点贡献，就必须珍惜时间。所有的成功人士都是珍惜时间的高手，成功与失败的界限也就在于如何管理时间。

有许多名人很会利用时间。法国著名空想社会主义者圣西门，年轻的时候，为了改掉睡懒觉的坏习惯，每天早晨，规定仆人用这样一句响亮的话来喊醒他："起来吧，伟大的事业在等待着你！"还有更绝的法子：法国著名博物学家布丰，早晨难以按时起床，他雇了个仆人来催促他，交代仆人每天早晨5点钟一定要把他叫起来，并且规定，如果叫不醒，可以把他拖到地板上。要是他发脾气的话，仆人可以动武。

惜时如金，是一切成功人士必备的素质。明日复明日，把一切事情都留待明日去做，将一事无成。要想成功，就必须善于管理时间，把握现在，珍惜分分秒秒，才有成功的可能。

比利时《老人》杂志曾在全国范围内，对60岁以上的老人开展了一次题为"你最后悔什么"的专题调查活动。调查结果很有意思：

72%的老人后悔年轻时努力不够，以致事业无成；

67%的老人后悔年轻时错误地选择了职业；

63%的老人后悔对子女教育不够或方法不当；

58%的老人后悔锻炼身体不足；

56%的老人后悔对伴侣不够忠诚；

47%的老人后悔对双亲尽孝不够；

41%的老人后悔选错了终身伴侣；

36%的老人后悔自己未能周游世界；

32%的老人后悔自己一生过于平淡，缺乏刺激；

11%的老人后悔没有赚到更多的金钱。

60岁的人，已是夕阳晚照，回首往事，对自己自然能够做出较为客观而公正的判断。这些对于回首往事的老人们虽然是终身遗憾，但对于年轻人来说，却比什么都珍贵。

著名作家茅盾说过："过去的，让它过去，永远不要回顾；未来的，等来了时再说，不要空想；我们只要抓住现在，用我们现在的理解，做我们所应该做的。"

那么，要想人生没有遗憾，成就你的卓越人生，那就从现在起，珍惜时间，做好时间管理！

反省是人生的助推器

花一点点时间好好反省自己，你的人生道路就会大大改观。

夏朝时候，诸侯有扈氏叛乱，夏禹派他的儿子伯启抵抗，结果伯启吃了败仗。他的部下很不服气，要求继续进攻，但是伯启说："不必了，我的兵比他多，地也比他大，却被他打败了，这一定是我的德行不如他，带兵方法不如他的缘故。从今天起，我一定要努力改正过来才是。"

从此以后，伯启每天很早便起床工作，粗茶淡饭，照顾百姓，任用有才干的人，尊敬有品德的人。过了一年，有扈氏知道了，不但不敢再叛乱，反而自动投降了。

这个故事提醒我们，当遇到失败或挫折，假如能像伯启这样，肯虚心地反省自己，马上改正有缺失的地方，那么最后的成功，一定是属于你的。

自古以来，凡是成就大业的人，无不把反省作为自我修养的重要手段。早在两千多年前，周公一日三省其身，孔子提出了"吾日三省乎"，越王勾践就以"卧薪尝胆"的方式进行反省。早一天反省，早一天改过。反省的过程，就是学习的过程。

只有不断反省，才能保证正确的方向。反省，是一种最优秀的品质，只有经常反省的人才能进步。犹太人习惯于在周六长时间反省，因此他们才成为世界上最有名的商人。

"金无足赤，人无完人"，每个人都有缺点，都会犯错，为什么我们不静下心来反省一下自己呢？

心静则一切豁然开朗。人生会遭遇许多事情，其中很多是难以解决的麻烦事，这时如果心情浮躁，茫然不知如何面对。如果能静下心来好好想想，往往会恍然大悟，有意想不到的收获。

人们总是在出了问题的时候才想到去改变，很少有人能够在一切看起来都非常美好时，抽点时间冷静地想想自己的问题，做出适应性的调整或者准备解决问题的对策。不反思自己的后果往往是而且只能是——所有的问题集中爆发，造成严重的后果。爱立信在世界的突起，然后又迅速消沉，最后不得不和索尼合并以图发展，就是一个明证。

反省是人生重要的功能，它是一种自我检查的活动，还是一种学习的能力，是认识错误、改正错误的前提。反省的过程，就是学习的过程。

美国通用公司前 CEO 韦尔奇虽然在任时工作很忙，但是每个星期六晚上，他总要抽出一晚上的时间，把自己关在书房里，安安静静地检查反思自己：自己在工作上有什么没做好，哪些地方今后应该继续做好，自己有没有武断地做出主观的决定。对于这每周必做的必修课，他的理由是：若每年检查一次实施成果，则一年只有一次机会可以改正错误；若每月检查一次，则一年有十二次机会改正错误；若每天衡量一次，则一年就有三百多次机会改正错误。所以，每天的衡量次数增多，机会当然会相对增加。因为韦尔奇的工作实在太忙了，所以只能一周一次。正因为这样，韦尔奇才能领导着危机重重的通用一步步走向辉煌。

花一点点时间好好反省自己，你的人生道路就会大大改观。韦尔奇之所以取得这么大的成就，不能不说和他的坚持自我反省有着巨大关系。

反省是一种能力。反省意味着对自己的行为思想做深刻思考，自我检查自己的行为思想，把自己为人做事欠妥当的地方想清楚，然后纠正自己的错误，修正自己所走的人生道路。反省是人生的助推器，通过反省，我们做人会越来越舒畅，我们的事业会越来越成功，我们的生活会越来越幸福。

好习惯是成功的钥匙

习惯成自然，自然成人生，成功其实就是良好习惯的结果。

也许你并没有优秀的天赋，但是一旦你有了良好的习惯，一定会给你带来丰厚的回报。习惯性的行动，让你自动自发，使你感到精力充沛。习惯成自然，自然成人生，成功其实就是良好习惯的结果。

那么，究竟什么是习惯呢？从心理学角度来说：习惯是生活中长时间重复动作而形成的，一种在惯性思维所指导下的，近乎于下意识的动作。就像有的人紧张时会不断扭动手指，有的人紧张时会咬下嘴唇……当然，习惯能成就人，也能束缚人。一些好的习惯使你受益匪浅，加速你的成功，而一些坏习惯则只会让你在成功的路上渐行渐远，后患无穷。它会成为你获取成功的障碍，让你扔掉握在手里的机会。那些恶劣的习惯一朝播种，往往10年都难以清除。到了25岁或30岁的时候，我们就会发现那些拥有坏习惯的人很难再有什么变化，更不会有什么作为。要知道，习惯一旦养成，是根深蒂固、极难更改的。

一次，各国使节观阅英国军事演习。发射炮弹的时候，英国士兵身手矫健，一个横跨，双手往下一拉，一声轰响后，炮弹便飞了出去，众人赞叹不已。有位美国使节看到后，觉得士兵下拉的动作很奇怪。他百思不得其解，于是请教身边的一位老将军，老将军想了想说道："很久以前，大炮都是由马拉着的，在发射炮弹的时候，为了避免马受惊乱窜，所以必须要拉紧缰绳。结果到了汽车拖运大炮的现在，这个拉缰绳的动作还被保留下来了。"

美国使节听了后，哑然失笑，这不就像上了岸还把船扛着走一样可笑吗?

不要觉得上面这个故事荒诞，这是一个真实的现代故事。从这个故事可以看出，习惯对人类的影响是非常深远的。

事实上，已经失败的人和已经成功的人之间，唯一不同的地方，在于他们不同的习惯。良好的习惯，是一切成功之门的钥匙。坏的习惯，是通向失败之渊的指路牌。因此，若要享有成功的人生，要遵守的第一个法则就是：要养成良好的习惯，并全心全意地去实行。

萧伯纳是英国著名的戏剧家，活了94岁。他不仅才思敏捷，有着"当代人最清楚的头脑"，还有着可与运动员媲美的强壮身体。他一生坚持每天运动锻炼，不吸烟喝酒，按时作息，保持着良好的生活习惯。有强健的身体作保证，萧伯纳才能得以精力充沛地笔耕不辍，创作了大量文学作品。他的良好习惯提醒人们：好习惯越多，驾驭自己的能力也就越强，你也就能更容易走向成功。

成功是习惯的结果，这句话是古希腊哲学家亚里士多德说的。成功在某种程度上是良好的习惯造就的。世界上最伟大的推销员乔·吉拉德说过："我的成功来源于我的好习惯。所以，如果看到一个优秀的人，你就应该挖掘他的优秀品质，然后移植到你自己身上。"那么，任何一个想成功的人，必须明白习惯的力量，然后从实际生活中的小事入手，养成好习惯。

其实，让我们晕头转向的并不是大的工作量，而是我们没有良好的工作习惯，不知道自己有多少工作、该先做什么。为了让我们的生活和工作更加美好，你应该养成以下几种好习惯：

（1）对工作生活要有积极主动的态度。要热爱自己的工作，把工作当成一种乐趣。这样把压力变成动力，工作和生活就变得非常愉快。

（2）拿走你办公桌上所有的杂物，只留下和你手头事务有关的。这样你会发现你的工作更容易处理，也更有头绪可寻。如果桌子上堆满了信件、报告、备忘录之类的东西，就足以使人产生混乱、紧张和焦虑的感觉。卡耐基说过："人不会死于工作过度，却会死于浪费和忧虑。"

（3）要学会合理、统筹地安排工作。将事情按照轻重缓急分别对待，将精力优先放在重要紧急的事务上。同时，做好时间管理，充分利用好时间，提高效率。

（4）当你碰到问题时，如果必须做决定，就当场解决，不要拖延。

（5）学会如何授权、获得帮助支持、分层负责和监督。很多人都不懂得怎样把责任分摊给其他人，而坚持事必躬亲。其结果是，很多枝节小事使他手忙脚乱，他总觉得匆忙、焦虑和紧张。

（6）在工作和学习中还要注意不断更新调整习惯。在每天的工作中总结出成功的工作方法和不足之处，将成果应用在日后的工作中，这样才能进步。

良好的习惯是成就事业的最有力保障，也是取得成功的关键，更是不断进取的前提！用良好的工作习惯来指导日常工作、生活，你必将是成功者！

成就与专心程度成正比

成就与你专心的程度往往是成正比的。

比尔是个成功的演说家和作家，喜欢在闲暇时间观察鸟类。几年前，比尔买了一幢新房子，附近草木葱茏。入住后的第一个周末，他就在后院里装了个喂鸟器。就在当天日暮时分，一群松鼠弄倒了喂鸟器，吃掉里面的食物，把小鸟吓得四散而去。在接下来的两周里，比尔绞尽脑汁想出各种办法让松鼠远离喂鸟器，就差没有使用暴力了，但丝毫不能起作用。

万般无奈之下，他来到当地一家五金店。在那儿他找到了一种与众不同的喂鸟器，带有铁丝网，还有个让人动心的名字，叫“防松鼠喂鸟器”。这回可保万无一失，他买下它并安装在后院里。但天黑以前，松鼠又大摇大摆地光顾了“防松鼠喂鸟器”，照样把鸟儿吓跑了。

这回比尔一败涂地。他拆下喂鸟器，回到五金店，颇为气愤地要求退货。五金店的经理回答说：“别着急，我会给你退货的，不过你要理解：这个世上可没有什么真正的‘防松鼠喂鸟器’。”比尔惊奇地问：“你想告诉我，我们可以把人送到太空基地，可以在几秒钟之内把信息传到全球任何一个地方，但我们最尖端的科学家和工程师都不能设计和制造出一个真正有效的喂鸟器，可以把那种脑子只有豌豆大的啮齿类小动物阻挡在外？你是想告诉我这个吗？”

“是啊，”经理说，“不过没花你那么长时间。”比尔好奇心更盛，请他说得仔细些。店铺经理说：“先生，要解释，我得问你两个问题。首先，你平均每天花多少时间让松鼠远离你的喂鸟器？”比尔想了一下，回答说：“我不清楚，大概每天10到15分钟吧。”

“和我猜的差不多，”那位经理说，“现在，请回答我第二个问题：你猜那些松鼠每天花多少时间来试图闯入你的喂鸟器呢？”

比尔马上会意：在松鼠醒着的每时每刻。

回去后，比尔特意查了一下资料，大吃一惊。原来松鼠不睡觉的时候，98%的时间都用于寻找食物。

在专一的用心面前，智慧的大脑和强壮的体格又能有什么作用呢？其实，专心的程度是和收获成正比的。

一条臭水沟旁，有一个人低着头坐在那里，坐了很久都没走。为什么他要久久坐在臭水沟旁呢？

过往行人觉得很奇怪。后来有人跑近一看，原来是画家门采尔在画画呢！门采尔是一个异常勤奋的人，他总是随身带着铅笔和画纸，遇到他觉得有意思的东西，就立刻把它画下来。刚刚他跨过水沟时，不小心弄脏了鞋子，便坐下来专心致志地画他满是污泥的鞋子。

门采尔无论在何时何地都手不离画笔，所以有人对他开玩笑说：“你大概是患了绘画狂热症吧？”门采尔兴奋而诙谐地答道：“我希望我的这个病永远都治不好。”

从门采尔的故事我们可以得出一个道理：成就与你专心用心的程度往往是成正比的。干任何一件事，如果不达到痴迷的程度，也就不会取得大成就。门采尔的“狂热症”，是他成功的动力。他之所以能取得巨大成就，与他的这种专心的态度是分不开的。

有一天，一位老朋友去看望作家巴尔扎克。一进门，巴尔扎克突然向他迎面走来，大声叫嚷着说：“你，你使这个不幸的少女自杀了！”那位朋友被弄得莫名其妙，吓得后退几步。巴尔扎克睁开眼睛看了几秒钟后才笑了笑说：“对不起，老朋友！”原来，巴尔扎克正在构思著名小说《欧也妮·葛朗台》。他所说的少女，就是这部小说中的欧也妮。

据研究巴尔扎克的学者介绍，这位大名鼎鼎的作家在创作过程中总是这样全神贯注。巴尔扎克也常用“聚焦”来形容他的思维方式，他说：“目标确定之后，就要把自己的注意力集中在一个关键性的突破点上，犹如凸透镜一般，将阳光集中于一点，才能形成突破性的思维力。”

巴尔扎克的“聚焦”思维确实是一种值得借鉴的经验。精力分散，思维力度肯定不够，又怎么能使你思考的问题有所突破呢？只要你具有专心的态度，全力以赴用心去做，才能实现人生的改变。反之，思前顾后，因顾虑太多从而分心就很难做好事情。

心理学上有一种“瓦伦达心态”。瓦伦达是美国一个著名的高空走钢丝表演者，他几十年的高空走绳表演令千百万人紧张激动。他走绳的足迹几乎遍及了各种人群聚集的场合。他曾说过对他而言，生命就是走钢丝，这是他的天性。

但是在一次重大的表演中，他却意外地不幸失足身亡。他的妻子事后说：“我知道这次一定要出事，因为他上场前总是不停地说，这次太重要了，不能失败，绝不能失败；而以前每次成功的表演，他只想着走钢丝这件事本身，而不去管这件事可能带来的一切。”后来，人们就把专心致志做事情本身而不去管这件事的意义、不患得患失的心态，叫做瓦伦达心态。

美国斯坦福大学的一项研究也表明，人大脑里的某一图像会像实际情况那样刺激人的神经系统。比如当一个高尔夫球手击球前一再告诉自己“不要把球打进水里”时，他的大脑里往往就会出现“球掉进水里”的情景，而结果往往是——球掉进水里。这项研究从另一方面证实了瓦伦达心态。

只有专心，才会把事情做好；一旦分散精力，越担心的事就越容易发生。所以，当你做某一件事时，一定要全身心投入才行，因为成就与你专心的程度往往是成正比的。

第四节 决不放弃自己的梦想

信念是生命的脊梁

在漫长的人生旅途中，苦难并不可怕，受挫折也无须忧伤。只要心中的信念没有萎缩，你的人生旅途就不会中断。

有时候，创造奇迹的不是巨人，而是一种坚定的信念。马尔登博士说过："喷泉的高度不会超过它的源头。一个人的事业也是这样，他的成就绝不会超过自己的信念。"

罗杰·罗尔斯是美国历史上第一位黑人州长，但是谁也想不到，他的成功居然是源于小学老师的一句话。

罗杰·罗尔斯出生在纽约的贫民窟，受环境影响，有着和其他孩子一样的恶习：打架逃学、暴躁好斗。

小学老师保罗想尽了办法改造他们，但是没有用。

有一次保罗发现小孩子特别喜欢看手相，于是就在课堂上给学生看手相。按照保罗的解释，孩子们长大以后，不是有钱人、贵人，就是体育界明星，孩子们都很高兴。

罗尔斯把自己脏兮兮的黑手伸过去，保罗研究了很久说："你以后一定是纽约州的州长，我敢打赌。"他望着罗尔斯很确定地说。

罗尔斯有点不相信自己的耳朵，暗暗下定了当州长的决心。从此，罗尔斯慢慢克服了自己的坏习惯，按照州长的要求来要求自己。终于在他 51 岁的时候，罗尔斯真的成为了纽约州第 53 任州长。

"这个世界上，没有人能够使你倒下。如果你自己的信念还站立着的话。"这是著名的黑人领袖马丁·路德·金的名言。即使在最困难的时候，也不要熄灭心中信念的火把。信念是一种无坚不摧的力量，人只要拥有坚定的信念，就拥有了战胜一切困难的力量。

浩瀚的沙漠中，一支探险队在艰难地跋涉。头顶骄阳似火，探险队员们口干舌燥，挥汗如雨。最糟糕的是，他们没有水了。水就是他们赖以生存的信念，信念破灭了，一个个塌了架、丢了魂，不约而同地将目光投向队长。这可怎么办？

队长从腰间取出一个水壶，两手举起来，用力晃了晃，惊喜地喊道："哦，我这里还有一壶水！但穿越沙漠前，谁也不能喝。"沉甸甸的水壶从队员们的手中依次传递，原来那些濒临绝望的脸上又显露出坚定的神色，一定要走出沙漠的信念支撑他们，踉跄着一步一步地向前挪动。看着那水壶，他们舔了舔干裂的嘴唇，陡然增添了力量。

终于，他们死里逃生，走出茫茫无垠的沙漠，大家喜极而泣之时，久久凝视着那个给了他们信念支撑的水壶。

队长小心翼翼地拧开水壶盖，缓缓流出的却是一缕缕沙子。他诚挚地说："只要心里有坚定的信念，干枯的沙子有时也可以变成清冽的泉水。"

信念是强大的精神力量，是追求理想目标的强大动力。人有了信念，就会生出勇气，爆发热情，不惧任何困难，并在克服困难的过程中闪烁出睿智的光芒，最终成为人生的胜利者。

一个人活着，无论外界的环境多么恶劣，只要心中信念的灯亮着，所有的绝境和困苦都算不了什么。而人一旦失去了信念的支撑，就如同航船没有了航标，列车没有了铁轨，人生也失去了意义。

有信念就有创造奇迹的机会，它可以使许多匪夷所思的事情变成现实。只要我们善于运用内心的信念，它就会成为一股取之不尽的力量源泉。

决不放弃自己的梦想

当一个人明白他想要什么并且坚持自己的理想，那么整个世界都将为他让路。

他生长在一个普通的农户家里。家里很穷，他很小就跟着父亲下地种田。在田间休息的时候，他望着远处出神。父亲问他想什么？他说，将来长大了，不要种田，也不要上班，每天待在家里，等人给他寄钱。

父亲听了，笑着说："荒唐，你别做梦了！我保证不会有人给你寄。"

后来他上学了。有一天，他从课本上知道了埃及金字塔的故事，就对父亲说:“长大了我要去埃及看金字塔。”父亲生气地拍了一下他的头说:“真荒唐！你别总做梦了，我保证你去不了。”

十几年后，少年成了青年，考上了大学，毕业后做了记者，每年都出几本书。他每天坐在家里写作，出版社、报社给他往家里邮钱，他用邮来的钱到埃及旅行。他站在金字塔下，抬头仰望，想起小时候爸爸说的话，心里默默地对父亲说:“爸爸，人生没有什么能被保证！”

他，就是台湾最受欢迎的散文家林清玄。那些在他父亲看来十分荒唐不可能实现的梦想，在十几年后都被他变成了现实。为了实现这个梦想，他十几年如一日，每天早晨4点就起床看书写作，每天坚持写3000字，一年就是100多万字。靠坚持不懈的奋斗，他终于实现了自己的梦想。

如果轻易放弃，梦想就只能是梦想；只有坚持到底，梦想才不仅仅是梦想。只有无论如何都不放弃梦想的人，才有可能让美梦成真。许多人之所以不能实现梦想，并不是因为梦想太高，而是太容易就轻易放弃。

一位小学教师给他的学生布置了一个作业：写一个报告，题目是《你的梦想》。

其中有一位小男孩，洋洋洒洒写了9张纸，描述他的伟大志愿。他想拥有一座属于自己的牧马农场，并且仔细地画了一张200亩农场的设计图，上面认真地标有马厩、跑道等的位置，然后在这一大片农场中央，还要建一栋占地4000平方英尺的豪宅。

他花了很多心血才把这份报告做出来，第二天交给了老师。然而，三天后当他拿回报告翻开一看：第一页上打了一个又红又大的叉，旁边还有一行字“下课后来见我”。

小男孩下课后带着报告去见老师:“为什么我的报告是不及格的？”

老师回答道:“你年纪虽然小，但也不要老做白日梦。你们家里没有钱，也没有雄厚的家庭背景，什么都没有。盖农场是需要花很多钱的大工程，你要花钱买地，花钱买纯种马匹，花钱照顾它们，所以你的志愿是不可能实现的。因此，我建议你再写一个比较不离谱的志愿，我会重新给你分数的。”

这个男孩回到家后征询父亲的意见。父亲只是告诉他:“儿子，这个决定对你来说非常重要，你必须自己拿主意。”

于是这个小男孩再三考虑后，决定将原稿交回，一个字都不改。他告诉老师："即使是不及格，我也不放弃梦想。"

几十年后，当老师到小男孩的牧场做客的时候，他才知道小男孩没有放弃自己的梦想是对的。

有位哲人说："世界上一切的成功、一切的财富都始于一个意念！始于我们心中的梦想！"也就是说，成功其实很简单：你先有一个梦想，然后努力经营自己的梦想，不管别人说什么，都不放弃。

舌头是天使也是魔鬼

毁灭人只要一句话，培养一个人却要千万句话，请你多口下留情。舌头，是最好的东西，也是最坏的东西。

寓言家伊索年轻时曾经在一个贵族家做厨师。有一天他的主人要他准备最好的酒菜，来款待一些哲学家。当菜都端上来时，主人发现满桌都是各种动物的舌头，简直就是一桌舌头宴。全桌客人议论纷纷，气急败坏的主人将伊索叫了进来，问道："我不是叫你准备一桌最好的菜吗？"

伊索谦恭有礼地回答："在座的贵客都是知识渊博的哲学家，需要靠舌头来讲述他们高深的学问。对于他们来说，我实在想不出还有什么比舌头更好的东西了。"哲学家们听了他们的对话都开怀大笑。

第二天，主人又要伊索准备一桌最坏的菜，招待他不喜欢的客人。宴会开始后，没想到端上来的还是一桌舌头，主人不禁火冒三丈，气冲冲地跑进厨房质问伊索："你昨天不是说舌头是最好的菜吗？怎么这会儿又变成了最不好的菜了？"

伊索平静地回答："祸从口出，舌头会为我们带来不幸，所以它也是最不好的东西。"一句话让主人哑口无言。

从这个故事可以得知，语言确实是非常奇妙的东西，最好的是它，最坏的也是它；既是天使，也是魔鬼。语言，用好了让你获益匪浅，用不好甚至会招来杀身之祸。法国著名作家福楼拜说过："一个机会可以失而复得，但是一句蠢话却驷马难追。"

任何人都避免不了与人进行口头交流，如果不能掌握一定的说话方式和技巧，就会体会到"祸从口出"的感觉了。说话不可随心所欲地信口开河。

从古今中外的历史我们可以了解，有许多的是非，都是由于说话不当所造成的，所以古语才会有“一言兴邦，一言丧邦”的说法，目的也就在于告诫我们要注意说话，不要逞一时口头之快，从而给自己带来严重的后果。

多嘴的人从来不会得到器重，只有少说多做、能藏得住话的人才会得到赏识和重用。试想，谁敢把公司的机密和企业的未来交给一个“长舌头”！

事实上，有很多工作或生活上应该保守的隐私机密，常常就在我们没有警觉的情况下，泄露了出去，而这些我们看起来零星不重要的事，在有心人士的拼凑下，就会产生恶劣的后果。

生物学家童第周曾这样告诫晚辈：“我们的事业，需要的是手，而不是嘴。”所以，我们应该引以为戒，除了对自己的工作，养成少说多做的习惯外，另外更应拒绝一切个人感情与诱惑，谨言慎行，不该对人说的，不要对人说，否则一旦隐私泄露出去，影响的不只是个人的身家财产，更可能造成不可挽回的严重后果，实在是不可不小心！

少想少说，行动最重要

每个人都知道，把语言化为行动，比把行动化为语言困难得多。

言语要有价值，必须以行动来支持。“只想不做的人只能生产思想垃圾。”著名作家布莱克说：“成功是一把梯子，双手插在口袋里的人是爬不上去的。”

吉列公司的创始人金·吉列1901年向世人推出了安全剃须刀，这个产品非常成功。那时，士兵们必须将脸刮干净以确保他们的防毒面具使用正常。

战争确立了这种安全剃刀在美国的地位，但士兵雅克布·希克对这种剃刀却不以为然。因为当有热水时，这种剃刀无疑是很好的，然而希克的驻地在阿拉斯加，每天早晨他都得敲开冰层取水刮脸。于是，发明一种新产品的念头开始在他脑中转动。

于是，希克决定发明一种干剃刀。他遇到的最大难题在于需要有一个足以发动小机器的小型电动马达。希克用了五年时间才得以完成他的这项发明，并于1923年取得该发明的专利权。1931年经济大萧条时期，他将所有财产抵押出去，获得贷款将剃须刀推向市场。25美元的标价虽然高了些，但他还是卖出了3000把。慢慢地，这种剃须刀开始盈利了。接着，希克将所有利润投入到广告宣传中去，结果到1937年的时候，他已售出了200万把电动剃须刀，希克成为了“电动剃须刀大王”。

看来，好的创意的实现还要靠锲而不舍的努力。阿拉伯有句格言：聪明人把希望寄托在行动上，糊涂人把希望寄托在幻想上。思想固然重要，但行动往往更重要。

从前，有一位满脑子都是智慧的教授与一位文盲相邻而居。尽管两人地位悬殊，知识水平、性格有天壤之别，可两人有一个共同的目标：尽快富裕起来。

每天，教授跷着二郎腿大谈特谈他的致富经，文盲在旁虔诚地听着，他非常钦佩教授的学识与智慧，并且开始依着教授的致富设想去付出行动。若干年后，文盲成了一位百万富翁，而教授还在空谈他的致富理论。

艾柯卡就任美国克莱斯勒公司经理时，公司正处于一盘散沙状态。他当时的职责就是动员员工来振兴公司。艾柯卡没有做任何动员和号召，而是主动把自己的年薪由100万美元降到象征性的1美元。这100万美元与1美元的差距，使艾柯卡超乎寻常的牺牲精神在员工面前闪闪发光。榜样的力量是无穷的，很多员工因此感动得流泪，也都像艾柯卡一样，不计报酬，团结一致，自觉为公司勤奋工作。不到半年，濒临破产的克莱斯勒公司一举扭亏为盈。

种种事实已经证明，让自己立于不败之地的最好方法就是不卖弄口舌，以行动说话。行为有时比语言更重要，人的力量，很多时候往往不是由语言，而是由行为和动作体现出来的，聪明的人尤其如此。

守口如瓶，只说三分话

逢人只说三分话，不可全抛一片心。这不是心机，仅仅是保护自己的一种方法而已。

俗话说，逢人只说三分话。你也许以为做人应该光明磊落，没有不能和人说的话，又何必只说三分话呢？其实说话须看对方是什么样的人，对方如果不是可以交心的人，你说三分真话已经是不少了。这些道理，稍微有些阅历的人都清楚地知道。

中国有句古语：言多必失！有位西方哲学家也说过："我宁愿什么也不说，也不愿意暴露自己的愚蠢！"事实上，历史上就有一个因为多言而导致败亡的真实故事。

蜀汉建兴十二年，诸葛亮休养生息三年后，为恢复汉室，举兵伐魏。战事一开始，诸葛亮连战皆捷，而魏军大将司马懿则是坚守城池，不与诸葛亮正面交锋，最后两军在五丈原形成对峙，诸葛亮屡次击鼓要求出战，司马懿皆不予回应。

为了化解僵局，诸葛亮决定派遣使者送信和女人的衣服给司马懿，讽刺他像女人一样，胆小如鼠，不敢决一死战。司马懿看到信和女人的衣服后虽然生气，但他却不动声色，反而笑着问使者："诸葛亮说我像女人，我就是女人，那我就像女人一样啰唆地问一句：不知道诸葛亮最近吃睡如何？"结果使者在毫无警觉心的情况下，道出实情："我们丞相勤于政事，事情不管大小都要亲自过问，而且吃的东西很少。"

司马懿听了之后，非常高兴，他知道诸葛亮撑不了多久，于是对诸葛亮的诸多挑衅，完全置之不理。最后诸葛亮终于因为操劳过度而病倒在五丈原，蜀国伐魏大业痛失好局，只能班师回朝。

使者的目的仅止于送信而已，但他却在和司马懿闲聊中，不小心将诸葛亮的生活作息说了出去，结果就因为这几句话而拖垮了诸葛亮，也让蜀军败亡。看来逢人只说三分话的说法，还是很有道理的，更是放之四海而皆准的为人处世准则。

不论对别人说自己的秘密，或去听别人的秘密，那都没什么好处。社会上有人唯恐天下不乱，每天都在兴风作浪，把别人的短处和隐私，把人际间的是是非非编排得有声有色，夸大其词地逢人就说，不知由此种下了多少怨恨的种子。

俗语说："祸从口出。"这个世界上每个人都有弱点和缺点，但是这些弱点和缺点，一旦从别人的嘴里出来，就成了短处和隐私。所以，一方面，我们不应散布别人的是非，另一方面，对自己的秘密也应该少开口为妙。俗话说："逢人只说三分话，不可全抛一片心"，这不算心机，仅仅是保护自己的一种方法而已。

节俭让你受用一生

在能成大事人的眼里，一分钱就是资本，是财富得以生长的种子。

老子说他有三件宝：一曰慈，二曰俭，三曰不敢为天下先。由此看来，节俭就是人生的一件宝物了。只要你拥有它，它就会伴你一生，受用无穷。

有一个人从一无所有变成一个全城最富有的人，许多人就去找他询问致富的方法，富翁说："假如你有一个篮子，每天早晨在篮子里放进10个鸡蛋，每天晚上再从篮子里拿出9个鸡蛋，最后将会出现什么情况呢？""总有一天，篮子会满起来，"有人回答，"因为每天放进篮子里的鸡蛋比拿出来的多一个。"富翁笑着说："致富的原则就是在你放进钱包里的10个硬币中，最多只用掉9个。"

这个故事告诉人们，除非养成节俭的习惯，否则你永远不会积聚财富。一元钱对你来说可能微不足道，在能成大事人的眼里，钱就是资本，是财富得以生长的种子。

很多白手起家的大富翁们，在投资、捐赠等方面出手阔绰，但在己身的支出上却又异常俭省。

李嘉诚的钱在华人中是最多的，而他对钱的"吝啬"程度也是罕见的。对于每一分钱的去向，他都要亲自过问。据说哪怕是一分钱掉在地上，他也会弯腰把它捡起来。

俭朴是一种美德，也是致富的手段。否则，纵使你有再多的钱，也禁不住无谓的奢侈。

有张三、李四两位好朋友，他们人口、家底及收入均相当，可是不知什么原因，张三的日子越过越富裕，李四的日子却越过越贫穷。

李四心里很纳闷，一天早上，他跑去向张三请教过日子的诀窍。

张三仔细思索了一会，然后把李四带到后院井边，并要求他打水，打完了水再告诉他过日子的方法。

张三交给李四两只水桶，叫李四用有底的水桶打上水倒在没底的水桶里，待没有底的水桶倒满了才能回去。李四心里很奇怪，明知没有底的水桶倒不满水，但既然张三说了，就只好照办。

李四用有底的水桶打上满满一桶水，可是倒进没有底的水桶就漏光了。打到天黑他才回家。张三叫李四明天再来。

次日，张三又带着李四到井边打水，这次要他用没有底的水桶打上水往有底的水桶里装。李四心里仍然感到很奇怪：这还不是仍然打不满水吗？可是既然张三说了，他只好照办。

李四用没底的水桶打水，每次都能带上一点点水，装在有底的水桶里。打到天黑，倒水的次数多了，有底的桶居然盛满了水。

李四高兴极了，急忙跑来告诉张三，并叫李四快告诉他过日子的秘诀。

张三大声笑着说："秘诀不是已经告诉你了吗？打水好比家庭经济收入，漏水好比家庭生活开支！如果不注意节约，你赚得再多也存不下钱；相反，注重节约，你赚得再少，日积月累，也是一笔不小的数目。"

李四恍然大悟，说："知道了，知道了，过日子光靠勤劳还不行，还一定要重视节约！"

如果把生活比作一口缸的话，那么我们生活的目的就是要在这口缸里注满水。在这个过程中，我们常常忘了这口缸既有出口，又有进口，所以在我们拼命往里面灌水的时候，忽略了应该先把出口尽可能开到最小——节约。节约和赚钱应是两条平行的线！

省的就是赚的，节省永远是最简单有效的理财方法。如果连省钱都做不好，那么你赚得再多也是没有意义的。所以，我们每一个人都要省下每一分能省的钱，做一个彻头彻尾的"守财奴"和"小气鬼"。

生活中处处充满着不可预知的风险，每个人都应该未雨绸缪，为未来多做点打算。年轻的时候不把钱当回事，老年时必然会为钱所累。所以，有钱的人需要理财省钱，没钱的人更需要节俭。

善于倾听是一种难得的修养

向别人诉说，是人的一种天性；听别人诉说，则是一种难得的修养。

乔·吉拉德说："有两种力量非常伟大，一是倾听，二是微笑。"当你和别人交流时，如果我们总是说，就学不到什么东西，人们也只有在全心倾听时才能实现高效的交流。因而，在和他人沟通的时候，让别人说，给人以表达的机会，去倾听他们的意见、悲伤和情感，才能完全理解别人要表达的意思，实现心灵的互动。

约翰·洛克菲勒就特别注重倾听。他所实行的政策都是经过倾听员工的意见，进行开诚布公的论证才下的结论。所以，只有懂得倾听的人，才有可能把握住别人错过的机会，在感情、事业等各方面取得成功。

古希腊先哲苏格拉底说：上天赐人以两只耳朵两只眼睛，但只有一个嘴巴，无非是让人多听、多看、少说罢了。寥寥数语，形象而深刻地说明了“听”的重要性。善于倾听，才是成熟的人的最基本的素质。

看出伯纳斯受欢迎的秘诀了吗？很简单，伯纳斯只是让乔安谈自己。他对每个人都这样——对他人说“请告诉我这一切”，这足以让一般人激动好几个小时。人们喜欢伯纳斯就因为他能用心倾听。

向别人诉说，是人的一种天性；听别人诉说，则是一种难得的修养。对于这个人性的特点，伯纳斯看得非常清楚。正因为如此，他可以在人际交往方面做得游刃有余。

当你抱怨朋友太少的时候，你是否考虑过他人的需要和感受呢？只有多体贴他人，用心交流，我们才能得到更多的朋友。要知道，人能说会道固然重要，但善于倾听更为重要，因为倾听是心灵沟通的桥梁。美国总统林肯曾与一位老邻人谈论了数小时之久，几乎所有的话都是邻居一个人说的，林肯所做的只是诚恳地倾听。这大概就是林肯被人爱戴的原因吧。

耳听八方，能使人与时俱进、广纳群言，能使人保持清醒的头脑；更能启迪思维，使人增长知识与才干。当然，这一切的前提就是要学会倾听。智者往往选择做一个倾听者，而不是说话者。

必要的时候需要沉默

真正的领袖人物要超脱，要神秘，有个人魅力，有时则要沉默寡言。

西方有一句谚语：“沉默是金。”可见张嘴说话，可以更好地交流；但闭紧嘴巴，仔细倾听，也是一种难得的境界。当我们说话时，我们很少倾听；当我们高声说话时，我们不再倾听。因此，一个极端高傲自满的人，他的声音总是异乎寻常地高。而当我们沉默时，我们仿佛把自己变成了一张白纸、一盘空白磁带，外界的一切都成了被描绘、被录制的对象。长此以往，我们形成了一种随时随地可以充实自我的谦虚状态，使我们逐步成为一个品德高尚而为别人所尊重的人。戴高乐将军就曾经说过，真正的领袖人物要超脱神秘而有个人魅力，有时则要沉默寡言。

沉默是金，它的确是人生必有的一种态度。金钱有价，沉默无价，沉默能为你带来许多用钱买不到的东西或好处。人，学会说话不难，学会沉默、学会真正沉默才是一件不容易的事。

美国第一任总统华盛顿曾经请教父亲："爸爸，人在学会了说话之后，还要学什么吗？" 父亲想了想回答说："要学会沉默。"

美国的艺术家安迪渥荷曾经告诉他的朋友说："我自从学会沉默后，获得了更多的威望和影响力。" 所以在研究说话这门艺术的时候，第一要先学会 "沉默"。

社会复杂，人心难测，有些事有些话不能随便说，也不能多讲或不能全讲，或许不能真讲。如果半信半疑或还没完全搞明白，那就更不要讲，讲了只会给你惹事生非、平添麻烦。

真话不能讲，很多人受不了；假话不能讲，讲了说你不老实。

客套话不能讲，人家会说你虚伪；奉承话不能讲，别人说你是小人。

你有钱了不能讲，别人说你摆阔。你没钱更不能讲，赚不到钱只能证明你无能。

你事业有成不能讲，讲了说你骄傲；一事无成更不能讲，讲了人家会笑话你没本事。

你心里高兴不能讲，讲了人家会说你得意忘形；你不高兴更不能讲，讲了人家会说你闹情绪。

你有自己的想法不能讲，讲了人家会说你标新立异；你没有自己的想法也不能讲，讲了人家会说你没有主见。

这么多话不能讲，那讲什么呢？还是沉默吧。

波斯诗人萨迪说过，话不像话最好不说，话不投机最好沉默。沉默是一种人生艺术，更是最有力的态度。